Die Kelten

Dorothee Ade / Andreas Willmy

DIE KELTEN

Theiss WissenKompakt

THEISS

Inhalt

Kelten und kein Ende?

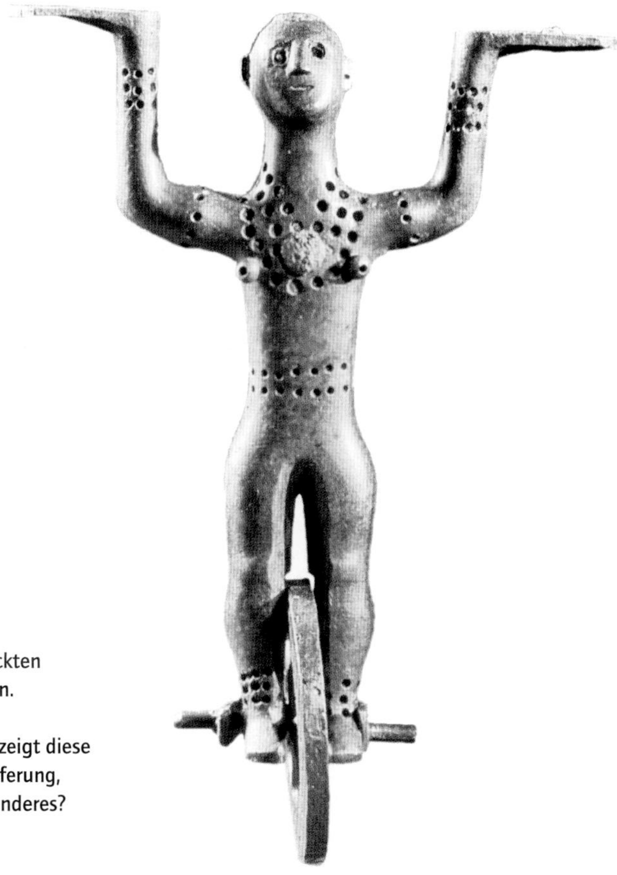

Die Bronzeliege von Hochdorf wird von nackten Hydrophoren (Trankspenderinnen) getragen.

Abbildung S. 2: Raum für Spekulationen – zeigt diese Platte des Kessels von Gundestrup eine Opferung, Initiation, Wiedergeburt oder etwas ganz anderes?

Wer waren die Kelten? Eine Annäherung

»Keltisches« hat Konjunktur: In Fernsehdokumentationen und Zeitschriften, bei »Keltenfesten« in Museen oder auf dem Dorf, in Buchhandlungen und nicht zuletzt auf unzähligen Web-Seiten – doch mit kaum einem ethnischen Etikett sind derart widersprüchliche Vorstellungen verbunden.

Keltenbilder – Wie sie wurden, was sie heute für uns sind

Der Bogen dessen, was »keltisch« sein soll, spannt sich weit, von Irish Folk, Highland-Games und Ogam-Schrift, Artus, Merlin und Morgane über wilde Widersacher römischer Legionen, Druiden bei grausigen Ritualen, »Braveheart« und Stonehenge bis hin zu »Fürstengräbern« mit kostbarem Goldschmuck und zu Baumhoroskopen. Die Aufzählung ließe sich beliebig verlängern. Doch woher rührt diese Vielfalt? Wie kann all das mit diesem einen Begriff gemeint sein – und kann das richtig sein?

Darauf gibt es viele Antworten. Einige sind ganz einfach: Stonehenge etwa ist eine Anlage aus der Bronzezeit, viel älter als Kelten und Druiden, trotz allem neuheidnischen Brimborium, das sich alle Jahre wieder dort abspielt. Das »keltische Baumhoroskop« – wahlweise auch »Baumkalender« – war eine Auftragsarbeit, frei erfunden für ein französisches Frauenmagazin (s. S. 179).

Komplizierter ist die Frage, wie dieser bunte Strauß von Assoziationen entstanden ist. Eine Ursache ist, dass der Begriff »keltisch« auf ganz unterschiedlichen Gebieten verwendet wird: Sprachwissenschaft, Archäologie, Musik, Volkskunde, Kunstgeschichte und noch einige Fächer mehr benutzen ihn für unterschiedliche Epochen und verschiedene Regionen; alle haben ihre eigenen Definitionen und oft mehr als eine. Ein weiterer Grund liegt in der langen und windungsreichen Geschichte, wie der »Öffentlich-

»Brennus und seine Beute« von Paul Joseph Jamin, gemalt 1893. Es sagt wenig über die Ereignisse von 387 v. Chr., umso mehr jedoch über seine Zeit und sein Publikum.

keit« – das heißt denen, die lesen konnten, Zugang zu Geschriebenem hatten und es weiter verbreiten konnten – die Kunde von den Kelten vermittelt wurde. Von den frühesten Zeugnissen griechischer Gelehrter über die Chronisten römischer Geschichte und die humanistischen »Wiederentdecker« der Antike bis zum Altertumskundler unserer Tage: Jeder gibt seine Sicht der Dinge wieder, ob er nun als Forscher redlich um Erkenntnis ringt, unerhörte Eigenmächtigkeiten rechtfertigt wie Caesar oder die heroischen Urahnen seiner Nation schildert. Hinzu kommt, dass die Betroffenen selbst weitgehend stumm bleiben. Caesar berichtet zwar vom Gebrauch der griechischen Schrift bei den Galliern, aber auch von einem religiösen Verbot, »wichtige Dinge« aufzuschreiben.

Quellenkritik

Dies zu berücksichtigen ist ein Grundpfeiler wissenschaftlicher Forschung: Zu fragen, woher die Informationen stammen, was der Autor wissen konnte, was er vielleicht auch verschweigt, warum er es gerade so darstellt, und wen oder was er damit erreichen will. Das gilt in anderer Form auch für die Archäologie, deren Quellen nicht selbst sprechen. Sie müssen interpretiert werden unter Beachtung ihrer Möglichkeiten, Grenzen und Lücken, verbunden mit der kritischen Frage, auf welchen – vielleicht auch unbewussten – Vorstellungen diese Interpretationen ruhen.

Den Boden, auf dem man steht, immer wieder zu überprüfen, ist eine weitere Prämisse. Nach außen entsteht so leicht der Eindruck, man wisse ja doch nichts Genaues. Das ist in vielen Bereichen tatsächlich der Fall, aber schon eine genauere Bestimmung dessen, was man nicht weiß, ist ein Fortschritt wie auch der Abschied von überholten Vorstellungen. Vergleicht man dann die aktuelle Situation mit der vor einigen Jahrzehnten, so wird der Zuwachs an Erkenntnis deutlich.

Schriftquellen

Am Anfang steht kaum mehr als bloße Erwähnungen von Leuten, die *keltoi* genannt wurden, in den Beschreibungen der damals bekannten Welt eines Hekataios oder Herodot: Man wusste so wenig, wie man mit ihnen zu tun hatte. Das änderte sich mit Beginn des 4. Jh. v. Chr. dramatisch, zumindest für Etrusker, Veneter, Picener, Römer und andere im nördlichen und mittleren Italien, als die keltischen Scharen massiv in die Poebene drängten und bald auch darüber hinaus. Man hatte wohl andere Sorgen, als darüber zu schreiben, zumindest ist uns unmittelbar aus dieser Zeit fast nichts überliefert.

Die Griechen konnten sich diese Kelten noch aus sicherer Entfernung und eher aus philosophischer Warte betrachten. Ephoros von Kyme bezeichnete sie sogar als »Griechenfreunde«, vielleicht ein – zu seiner Zeit schon nicht mehr ganz aktueller – Reflex einstmals einträglichen Handels mit ihnen.

Um 350 v. Chr. nennt der Philosoph Platon dann zwei Eigenschaften, die den Kelten für Jahrhunderte anhängen sollten: kriegerisch und versoffen – so wie Barbaren halt sind. Sein Schüler Aristoteles, der Lehrer Alexanders des Großen, vertrat die in der Antike noch lange aktuelle Lehre, dass Körper und Charakter der Völker von der Klimazone bestimmt werden, in der sie leben. Demnach seien die Kelten wie alle Bewohner kalter Gebiete stolz, aber unbedacht, unfähig zur Bildung von staatlichen Gemeinwesen und zur Herrschaft über ihre Nachbarn. Furchtlos bis zum Unverstand, ziele ihre ganze Erziehung auf Krieg und Abhärtung schon der kleinen Kinder.

Von dem, was Pytheas von Massilia um 320 v. Chr. von seiner Seereise nach Britannien, vielleicht sogar Skandinavien berichtete, kennen wir nur einige Zitate bei späteren Autoren – die ihn meist für einen Lügenbeutel hielten –, ebenso von der angeblich systematischen Aufzeichnung der Sitten von Iberern, Ligurern und Kelten bei Timaios von Tauromenion.

Seit der Wende zum 3. Jahrhundert v. Chr. konnten auch die Griechen verstärkt persönliche Erfahrungen mit Kelten sammeln, spätestens aber der Überfall auf die altehrwürdige Orakelstätte von Delphi mit seinen Schatzhäusern 280 v. Chr. begründete ihren Ruf als gottlose Frevler, die sich um ihrer Raubgier willen an allem vergreifen. Dieser Schock scheint tief gesessen zu haben, da sich noch viel spätere Autoren darauf beziehen.

Kelten – Gallier – Galater bedeutet im Grunde das Gleiche. Heute ist Kelten (gr. *keltoi*) der Oberbegriff, Gallier (lat. *galli*) meint die Bewohner Galliens (des heutigen Frankreich) und Oberitaliens. Beides könnte »die Großen, Erhabenen, Mächtigen« bedeutet haben. Galater (gr. *galatai*, aus lat. *galli*) heißen seit Timaios (Anfang 3. Jh. v. Chr.) die in Kleinasien siedelnden Kelten (Galater-Brief des Paulus). Die Griechen nannten auch Germanen so, manchmal noch lange nachdem Caesar sie genauer von den Galliern unterschieden hatte. *Keltoi* ist die früheste überlieferte Bezeichnung (Hekataios, gegen 500 v. Chr.). Nach Strabon (geogr. 4,1,14) hießen zunächst nur die Bewohner um Narbonne so, laut Caesar (bell. gall. 1,1,1) heißen die Gallier zwischen Garonne, Rhône und den Belgern in der Landessprache *celtae*.

Erst von Polybios (ca. 200–120 v. Chr.) sind größere zusammenhängende Teile seines Werks überliefert. Er schildert knapp und trocken die Einwanderung der Kelten nach Italien (um 400 v. Chr.), die Kämpfe mit Etruskern und Römern sowie Hannibals Feldzüge in Italien. Seine eher beiläufig eingestreuten Bemerkungen bieten ein teilweise widersprüchliches Bild: Einerseits Streit um Beute, maßloses Trinken, zu Zeiten »epidemische

Kriegswut«, Lärm und Gepränge, Kopflosigkeit, Untreue und Hinterlist, aber auch Vernunft, Umsicht und Tapferkeit. Er versucht, Geschichte objektiv zu erklären, ohne pauschale Verunglimpfungen. Ein kurzer Exkurs schildert die italischen Kelten als in sehr einfachen Verhältnissen lebend, wobei die Mobilität des Vermögens (Gold und Vieh) und große Gefolgschaften geschätzt würden. Dieses beinahe halbnomadische Bild wird wohl eher die Verhältnisse kurz nach der Einwanderung widerspiegeln. Über ihre Herkunft weiß er wenig.

Poseidonios (ca. 135–50 v. Chr.) wurde schon zu Lebzeiten als Kapazität, nicht nur für Kelten, geschätzt, auch weil er den Süden Galliens selbst bereist hatte. Sein Werk ist nur in ausführlichen Auszügen späterer Autoren erhalten. Vor allem Diodor, Strabon und Athenaios, aber auch Caesar haben seine keltische Ethnographie benutzt.

Am ausführlichsten zitiert ihn Diodor – auch wenn er ihn nicht nennt und immer wieder kürzt. Hier findet sich der Hang zum Alkohol wieder – aber auch die Geschäftemacherei der römischen Weinhändler – und die Freude an auffälligem Ringschmuck. Die bis – oder gerade – heute immer wieder abgedruckte Beschreibung der gekalkten Haare und des Schnauzbartes, der Hosen und bunt gemusterten Mäntel, von Lanze, Schild, Schwert und Helm stammen von hier, ebenso die Erwähnung von Druiden und Barden. Auch Menschenopfer – samt ihrem religiösen Hintergrund – und Kopfjägerei werden beschrieben, die Todesverachtung mit dem Glauben an eine Wiedergeburt erklärt. Bei Athenaios (ca. 200 n. Chr.) hat sich Poseidonios' Beschreibung der Tisch-

Typisch: Heiligtümer plündernd, Opfergefäße raubend und hier vor der strafenden Gottheit flüchtend. Haarwust, Schnauzbart und Nacktheit kennzeichnen die Gallier. Terrakottafries aus Civitalba (Italien), 2. Jh. v. Chr.

sitten erhalten, bei der deutliche Reminiszenzen an homerische Helden anklingen. Insgesamt sind diese Schilderungen nicht pauschal abwertend, auch wenn der Autor aus seiner Abneigung gegen das Sammeln von Köpfen und Menschenopfer kein Hehl macht. Er beschreibt sie als Menschen, die anders sind, weil sie aus einer anderen – soll heißen: weniger gesegneten – Gegend des Erdkreises kommen, und die vielleicht, trotz allem, den früheren, glücklicheren Zeitaltern des Menschengeschlechtes noch näher sind.

Caesar ist der Erste, der alle Winkel Galliens mit Poseidonios im Hinterkopf aus eigener Anschauung beschreiben kann – und dabei diskret das betont, worüber er mehr sagen kann als dieser. Die Völkerkunde steht bei ihm jedoch im Dienste eines anderen Zweckes: Er muss die Ereignisse, Land und Leute so darstellen, dass seine ungeheuren Eigenmächtigkeiten in Gallien dem Senat in Rom als zwingende Notwendigkeit erscheinen, ohne die Realität über Gebühr zu verbiegen – eine Aufgabe, die er höchst souverän und gekonnt löst. Zwar dient ihm hier das gallische Bedrohungsszenario als Rechtfertigung seines Eingreifens, doch schildert er die durch ständige Parteienkämpfe zerrissene Stammesorganisation als im Grundsatz den römischen Verhältnissen nicht allzu fern, die Gallier als nicht dumm und deutlich lernfähig, kurz so, als ob Gallien nur der ordnenden römischen Hand bedürfe, um ein wertvolles Mitglied des Imperiums zu werden. Die neue Bedrohung, die »neuen Gallier« waren nun die Germanen von jenseits des Rheins.

Halloween Am 31. Oktober gefeiert, wurde Halloween in den letzten Jahren in ganz Mitteleuropa immer populärer. Das »keltische« Fest kam mit irischen Einwanderern im 19. Jh. nach Nordamerika und von dort – stark umgeformt – wieder nach Europa zurück. Sein Markenzeichen, den Kürbis, kannten die Kelten allerdings noch nicht, denn er wurde erst von Christoph Columbus nach Europa gebracht. In Irland war es im 19. Jh. Brauch, am Vorabend vor Allerheiligen (*all hallows' eve* = Halloween) gewaltige Feuer zu entfachen, um böse Geister zu vertreiben. Verbindungen zum altirischen Samain liegen zwar nahe, lassen sich aber nicht sicher belegen. Man glaubte, dass an Samain Verstorbene, Feen und Elfen ins Diesseits gelangen konnten. In Irland wurde dieses Fest vor Einführung des julianischen Kalenders um 450 n. Chr. übrigens erst am 22. Dezember gefeiert.

Bei Strabon (63 v. bis 26 n. Chr.) ist diese Verwandlung abgeschlossen. Er schildert erst die früheren Verhältnisse nach Poseidonios, bevor er die aktuellen Korrekturen anfügt: Früher wilde Kerle, sind sie nach der römischen Unterwerfung heute brave Untertanen, fleißig und produktiv – Schwerter zu Pflugscharen als Erfolgsmodell.

Etwa gleichzeitig entstand das große Geschichtswerk des Livius, so etwas wie das offiziöse Standardwerk der römischen Geschichtsschreibung zur Zeit des Augustus und noch lange danach. Ihm geht es darum, Aufstieg und Größe Roms sowie deren Ursachen darzustellen. Die Gallier dienen ihm dabei als negatives Gegenbild, als Folie, vor der er besonders die moralische Überlegenheit Roms herausstreichen kann. Ethnologisches wie Sitten und Gebräuche, keltische Kultur überhaupt interessieren ihn nicht, würden auch nur sein Konzept stören. Sie sind die Barbaren schlechthin, stereotyp kriegswütig, trunksüchtig, disziplinlos und ohne Ausdauer, und schneiden auch im Vergleich mit anderen Gegnern Roms wie Iberern oder Numidern am schlechtesten ab. Damit steht er, soweit wir sehen können, prinzipiell in der Tradition römischer Geschichtsschreibung seit Fabius Pictor (ca. 200 v. Chr.), die geprägt war von den nicht enden wollenden Kriegen gegen diese Gallier. Waren sie doch mit einem Paukenschlag, der Einnahme Roms 387 v. Chr., in die römische Wahrnehmung eingebrochen – ein Trauma, das noch bis in die Zeit nach Livius im Bewusstsein blieb. Immer wenn man sie nach langen und wechselvollen, meist als existenzbedrohend empfundenen Kämpfen besiegt glaubte, tauchten wieder welche auf: Als Hilfstruppen Hannibals, mit den Kimbern – die man lange für Kelten hielt – oder zum Schluss noch die Helvetier, von Caesar wohlkalkuliert übertrieben. Aber niemand scheint sie negativer gezeichnet zu haben als Livius, so dass man beinahe persönliche Antipathie vermuten könnte.

Damit dürfte wenigstens ein Teil des Bildes der »alten Kelten« fixiert gewesen sein, denn ihre Nachfahren, Livius' Zeitgenossen, waren ja bereits römische Untertanen. Die Aura des düster Geheimnisvollen umgab allerdings noch die Opferstätten und grausigen Kulte der Druiden und Wahrsager, die im 1. Jahrhundert n. Chr. mehrfach verboten wurden und von denen noch Tacitus aus Britannien berichtet. Das »kanonische« Druidenbild mit weißen Gewändern, auf heiligen Eichen mit goldener Sichel Misteln schneidend, stammt vom älteren Plinius (gestorben 79 n. Chr.). Den Sanktionen zum Trotz hört man bis ins 4. Jahrhundert n. Chr. gelegentlich von gallischer Wahrsagerei; am Ende rühmt man sich als Angehöriger der römischen Oberschicht sogar der Abstammung von Druiden, wie etwa der Dichter Ausonius (4. Jh. n. Chr.).

Mittelalter

Das Mittelalter hatte an den antiken Kelten kein Interesse. Hier kannte man Artus und Merlin, die in der Fassung von Geoffrey of Monmouth im 12. Jh. ziemlich schnell als mittelalterlicher »Idealkönig« bzw. weiser Seher und Zauberer auf dem Kontinent Karriere machten. Geoffrey lässt Merlin Stonehenge erbauen – die unglaublich zählebige Verbindung Stonehenge, dann auch Megalithbauten allgemein, und weiß gewandeter Seher, später dann Druide, hat also wohl hier ihren Ursprung. Als »Kelten« hat man die beiden sicher nicht gesehen, und auch die heute oft geradezu als »urkeltisch« betrachteten Bewohner der britischen Inseln hätten mit diesem Begriff nichts anfangen können. Man war vielleicht Ire oder Waliser, aber kein »Kelte«, denn dieses Etikett ist ein Produkt späterer Sprachforscher. Die Autoren der Antike sowie des Mittelalters haben die Britannier nie als Kelten oder Gallier bezeichnet.

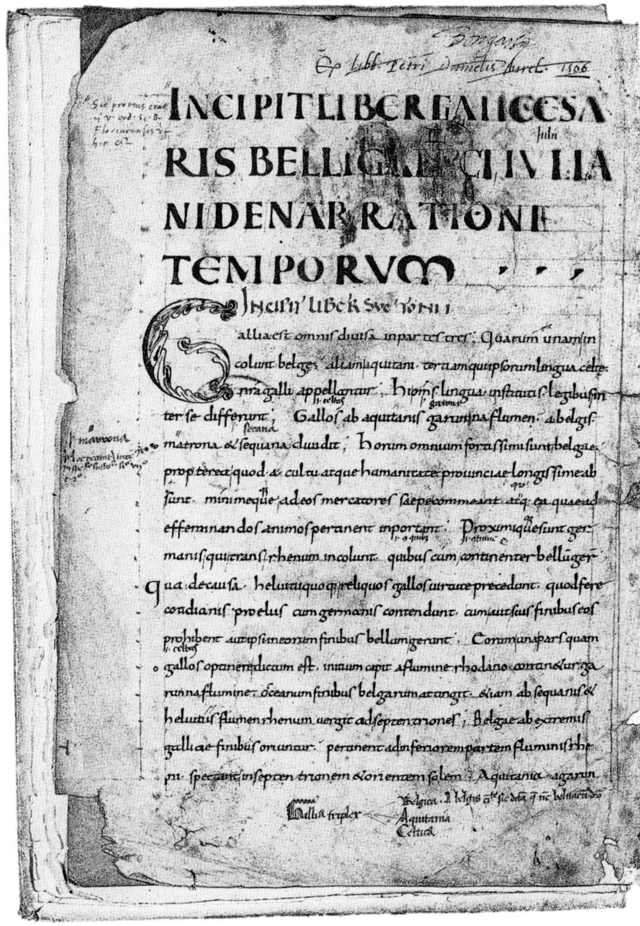

Die älteste erhaltene Handschrift, die Caesars *commentarii de bello gallico* überliefert, stammt aus dem 9./10. Jh.

Die Wiederentdeckung

Erst mit Humanismus und Renaissance, die das Ende des klösterlichen Bildungsmonopols, die Verbürgerlichung der Bildung und die Wiederentdeckung der Antike am Ende des Mittelalters brachten, rückten auch die Kelten wieder ins Blickfeld. Man dichtete auf Latein und suchte in Klosterbibliotheken nach Abschriften antiker Dichter und Philosophen. Der Buchdruck ermöglichte die schnelle Verbreitung von neu entdeckten Schriften oder solchen, die von vor den Türken aus Konstantinopel geflohenen Gelehrten mitgebracht worden waren. Dabei stieß man auch auf Caesar, Tacitus und andere, die den Blick in die Vergangenheit aus bis dahin unbekannter Perspektive ermöglichten und das Interesse an der eigenen Vergangenheit weckten.

Man begann, sich auch für heimische Altertümer aller Art zu interessieren. Dazu gehörten nicht nur Handschriften, Monumente und Inschriften, sondern auch Sprachen. Der schottische Humanist George Buchanan (1506–1582) und der walisische Gelehrte Edward Lhwyd (1660–1709) konnten die Verwandtschaft der zeitgenössischen inselkeltischen Sprachen mit dem antiken Gallisch herausarbeiten. »Keltisch« bezeichnete damit zunächst nur eine Gruppe von miteinander verwandten Sprachen.

Im 18. Jh. wurde daraus ein ethnischer Begriff für alle, die eine keltische Sprache sprachen oder jemals gesprochen hatten – eine Verallgemeinerung, die sich vermutlich durch das zunehmende Interesse einer breiteren Öffentlichkeit nach und nach von selbst ergab. Denn dem Rationalismus der Aufklärung, der auch der wissenschaftlichen Sprach- und Geschichtsforschung zugute kam, folgte als Gegenbewegung die Romantik und ihre das Gefühl betonenden Vorläufer, ausgehend von Rousseaus Aufruf »Zurück zur Natur«, weg von den Verkünstelungen der Rokoko-Zeit und hin zur unverbildeten natürlichen Empfindung. Die glaubte man vor allem in Volksliedern, -märchen und Mythen zu finden – je älter desto besser. Da veröffentlichte der schottische Lehrer James Macpherson seine »Fragments of Ancient Poetry«, 1765 als Gesamtausgabe unter dem Titel »The Works of Ossian, the Son of Fingal«, angeblich von ihm aufgefundene und aus dem Gälischen übersetzte Dichtung aus dem 3. Jahrhundert. Dichtung war es in der Tat, allerdings seine eigene, gesponnen um einige Versatzstücke echter Überlieferung. Die geniale Fälschung hatte genau den Ton dramatisch-gefühlsschwerer, nebelfeuchter Wehmut getroffen, nach dem das gebildete Publikum verlangte, und löste eine Welle der Begeisterung in ganz Europa aus. Ihr fielen auch Herder und Goethe anheim, in dessen »Leiden des jungen Werther« der Protagonist dem »Ossian« einen Gutteil seiner fatalen Gemütsverfassung verdankt.

Besonderes Interesse galt nicht nur Barden wie Ossian, sondern vor allem den Druiden. Ihnen verliehen das von Caesar überlieferte Schriftver-

Bizarre Blüten der Keltenromantik: Moderne »Druiden«.

Der Mont Vully von Osten, zwischen Murtensee (links) und Neuenburgersee (hinten), an dessen rechtem Ende La Tène liegt (Kreis).

bot samt langer Lehrzeit den Nimbus von Trägern geheimen Wissens und tiefer Weisheit – ein Bild, das ja schon in der Spätantike wurzelte. Die Ausübung ihrer Amtsgeschäfte in der Natur und die Deutung ihrer Zeichen in Hainen und Wäldern verhieß unergründliche, wissende Verbundenheit mit ihr und ihren Kräften. All dies machte die Druiden nicht zuletzt als Gegenentwurf zur Kirche besonders interessant in der Blütezeit aufklärerischer Geheimgesellschaften wie der Illuminaten oder Freimaurer. So entstanden bald »Druidenorden« wie der »Order of the Bards, Ovates, and Druids« 1717 in London.

Die Keltenbegeisterung führte in Großbritannien zu einer Aufwertung der »keltischen Vergangenheit« und zu ihrer verstärkten Erforschung. Sie drang aber auch zu den bislang davon unberührt gebliebenen Unterschichten in Irland und den anderen keltischsprachigen Gegenden durch, propagiert von Enthusiasten aus dem Bürgertum. Sie bewirkte die Ausbildung einer neuen Selbstwahrnehmung und eines neuen Selbstbewusstseins als »Kelten«, die es bis dahin nicht gegeben hatte, natürlich auch in Opposition zur englischen Unterdrückung.

Die politische Dimension des »Keltentums« wurde im Zeitalter der Nationalstaaten immer deutlicher. Schon im 16. Jh. hatten schweizerische Humanisten die Helvetier als Vorfahren entdeckt, deren Kampf gegen die Germanen man als Parallele zum Widerstand der Eidgenossen gegen die Habsburger betrachtete. Kardinal Richelieu (1585–1642) erstrebte ein

Frankreich in den »natürlichen« Grenzen des alten Gallien bis zum Rhein. In der Schweiz konnte »helvetisch« Romanen und Deutschschweizer vereinen, der Rückgriff auf die alten Britannier bot einen neutralen Oberbegriff für England und Schottland, und Caesars *belgae* standen Pate für eine 1790 neu gegründete Nation aus germanischsprachigen Flamen und Französisch sprechenden Wallonen. Napoleon I. griff ebenfalls gern auf die Gallier zurück, was ihn jedoch nicht hinderte, sich bei Gelegenheit ebenso in die Tradition des Gallierbezwingers Caesar oder der Merowinger zu stellen. Erst Napoleon III. interessierte sich ernsthaft für die gallische Vergangenheit und veranlasste groß angelegte systematische Ausgrabungen.

Archäologie

Mit der Archäologie kam Mitte des 19. Jh. ein ganz neuer Faktor für die Betrachtung keltischer Vergangenheit ins Spiel. Bis dahin war man für die vorrömische Zeit kaum über die grobe Abfolge von Steinzeit, Bronzezeit und Eisenzeit hinausgekommen – beinahe alles Vorrömische wurde pauschal als »celtisch« angesehen. Über die Dauer dieser Epochen hatte man nur ganz ungefähre Vorstellungen. Das änderte sich nun mit Ausgrabungen in halb Europa Schlag auf Schlag, und zu Beginn des 20. Jahrhunderts lag die Stufengliederung der mitteleuropäischen Eisenzeit vor, wie sie im Grundsatz bis heute gültig ist.

Mit der Zuweisung der Funde »à la La Tène« als »gallisch« respektive »keltisch« hatte dieser ursprünglich sprachwissenschaftliche Ordnungsbegriff nach der ethnischen nun noch eine archäologische Bedeutung bekommen, was sich noch als problematisch erweisen sollte.

Der ständige Zuwachs an Fundmaterial, aber auch an Kenntnissen und verfeinerten Untersuchungsmethoden erweiterte in der Folge das Keltenbild. Augenfälligstes Beispiel ist das Handwerk, das in den klassischen Quellen praktisch nicht vorkommt, anhand der Funde aber in vielen Bereichen ein erstaunliches Niveau erkennen lässt.

Mit dem erstarkenden Nationalismus wandte sich das breitere Interesse in Deutschland den Germanen zu, bis hin zur Anbiederung so mancher Archäologen an die braunen Machthaber. Danach war Germanisch-Völkisches diskreditiert, und die deutsche Vor- und Frühgeschichtsforschung warf sich überwiegend auf die eher technische Gewinnung von Daten durch Ausgrabungen und Analysen von Fundmaterial.

Gerade die immer stärkere Beiziehung naturwissenschaftlicher Untersuchungsmethoden vertiefte die schon angeklungene Zweigleisigkeit: einerseits ein »archäologisches« Bild der Kelten, das vor allem durch zu-

KELTEN-CHRONOLOGIE: PROTOKOLL EINER GRUNDLEGUNG

V*on 1846 bis 1863* lässt Bergrat Ramsauer in einem Hochtal oberhalb von Hallstatt im Salzkammergut etwa 980 Gräber ausgraben und von seinem Zeichner Isidor Engl aquarellieren.

1849 entdeckt man in der Tiefenau bei Bern eine große Menge eisernen Geräts sowie einige griechische Münzen aus Massalia (Marseille). Damit war eine erste Datierung in die letzten Jahrhunderte vor Christus gewonnen.

1857 lässt ein historischer Tiefstand des Neuenburgersees in der Schweiz am Ausfluss der Ziehl eine Untiefe namens »La Tène« zutage treten, wo von nun an eine Vielzahl eiserner Waffen und Werkzeuge herausgefischt wird. Sie gleichen denen von Bern.

1866 stellt Edouard Desor aus Neuenburg fest, dass die Funde aus kürzlich angegrabenen Grabhügeln der Umgebung denen aus Hallstatt gleichen und Ähnlichkeit mit etruskischen Funden haben: Damit mussten diese Funde älter sein als die aus Bern und La Tène.

1871 treffen sich Desor und sein französischer Kollege Gabriel de Mortillet auf einem Kongress in Bologna. Man besichtigt Ausgrabungen im nahen Marzabotto und stellt fest, dass die Funde hier sowohl denen aus de Mortillets Grabungen in der Champagne als auch denen aus La Tène und Bern gleichen. Man kennt auch seinen Livius und Diodor und konstatiert, dass es sich hier um die Gallier handeln muss, die spätestens um 400 v. Chr. in die Poebene eingewandert waren.

1874 schlägt der schwedische Reichsantiquar Hildebrand die heute noch gebräuchliche Aufteilung der Eisenzeit in eine ältere Hallstatt- und eine jüngere Latène-Periode vor, die in der Folge weiter unterteilt und verfeinert werden konnte.

Man sieht: Bereits im 19. Jh. musste die Archäologie genau so international sein wie einst die Kelten selbst, um ihnen auf die Spur zu kommen. Daran hat sich nichts geändert. ■

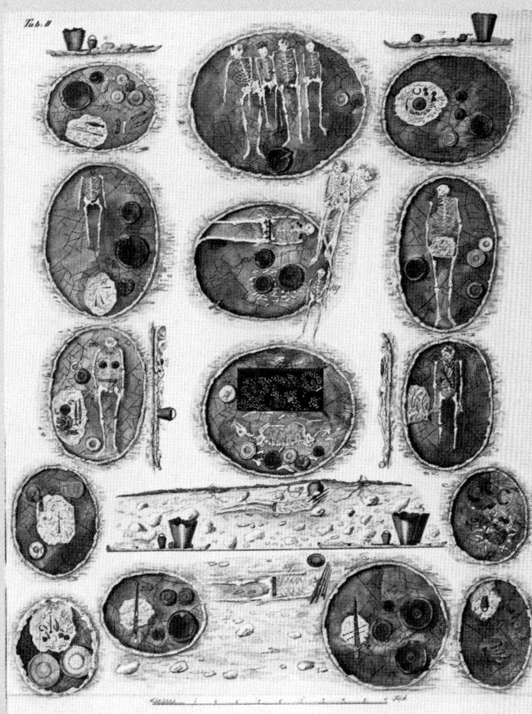

Isidor Engl aquarellierte mustergültig die Gräber mit ihren Funden, die Bergrat Ramsauer ab 1846 in Hallstatt freilegen ließ.

nehmenden Einblick in deren technische Fertigkeiten auf allen Gebieten geprägt ist und den in jüngerer Zeit immer öfter erkennbaren, teilweise als recht makaber empfundenen rituellen Praktiken in der Totenbehandlung oft mit einer gewissen Ratlosigkeit gegenübersteht, andererseits ein aus folkloristisch-mystisch-esoterischen Elementen bunt zusammengewürfeltes populäres Bild.

Ein Hauptbestandteil dessen ist die irische (schottisch-walisisch-bretonische) Folklore mit ihren zum Teil eminent politischen Facetten. Hier hat die zeitweise beachtliche »keltische Propaganda« vor allem im Zuge der diversen Unabhängigkeitsbestrebungen in Irland, der Bretagne und andernorts, aber wohl auch ein geschicktes Tourismus-Marketing dafür gesorgt, dass alles Irische schlechthin für keltisch gehalten wird, wodurch dann manches Nichtkeltisch-Irische irrtümlich als keltisch rückinterpretiert wird.

Ein gewichtiges Element ist natürlich der »Druiden-Komplex«, dem zeitgemäß die eigentlich nur ganz selten und spät als dubiose Wahrsagerin überlieferte »Druidin« zur Seite gestellt wird. Die Anziehungspunkte dürften im Grunde die gleichen sein wie im 18. Jahrhundert: weise Träger uralten, universal-kosmisch-ganzheitlichen und geheimen Wissens, einflussreich, aber integer, souverän, notfalls streitbar, aber auch der Einheit von Mensch und Natur verpflichtet – die Gandalfs der Vorgeschichte, deren Traditionslinien bis in die Jetztzeit konstruiert werden.

»Keltenprinzessin« mit reichlich unkeltischen Fantasy-Accessoirs: Stonehenge (Bronzezeit) und Artus-Schwert Excalibur (Form ca. 13./14. Jh.) mit germanischen Runen.

Besonders wirre Vorstellungen entstehen heute durch den wahllosen Eklektizismus der Fantasy-Welten in Bild und Wort, der Versatzstücke ganz verschiedener zeitlicher und kultureller Herkunft beliebig durcheinander wirft. Das macht es denen, die sich für den archäologisch-historischen Hintergrund interessieren, besonders schwer, sich zu orientieren. Das vorliegende Buch möchte hier als Orientierungshilfe dienen.

Wer sind »die Kelten«? Eine Frage und viele Antworten

Dieser Überblick konnte bestenfalls einige Hauptlinien dessen skizzieren, wie Kelten über die Jahrtausende wahrgenommen worden sind, zeigt aber bereits, wie vielschichtig und spannend diese Geschichte sein kann. Umso mehr stellt sich die Frage, wer oder was sie denn nun tatsächlich waren – oder was man wenigstens mit einiger Sicherheit über sie sagen kann.

Die Kelten sind die erste Völkerschaft nördlich der Alpen, deren Name uns überliefert ist – aber wen haben die Informanten Hekataios' und Herodots damit bezeichnet? Wenn dieser – vielleicht aus verschiedenen Quellen schöpfend – Kelten bei den Donauquellen und jenseits von Gibraltar, also an der iberischen Atlantikküste ansiedelt, dann müssen für die griechischen Seefahrer, die den Meeresküsten und Flüssen entlang Handel trieben, gemeinsame Merkmale die Eingeborenen an Donau und Atlantik als *keltoi* kenntlich gemacht haben. Das wird – für Händler und Reisende von größter Bedeutung – vor allem die Sprache gewesen sein, die aber nicht unbedingt die Muttersprache all derer gewesen sein muss, mit denen die Griechen und ihre Dolmetscher sich auf Keltisch verständigten: Es könnte auch die überregionale Verkehrssprache gewesen sein.

Mit den keltischen Wanderungen werden in den Quellen zwar weitere Kennzeichen genannt, die aber oft gar nicht unbedingt auf Kelten beschränkt (Spindelschild, Halsring, Kopfjagd) oder nicht zwingend waren (Schnauzbart, Kleidung, Nacktkampf), jedenfalls meist recht klischeehaft daherkommen. Zudem vereinnahmte man nicht

»Die Donau, die bei den Kelten und der Stadt Pyrene entspringt, fließt mitten durch Europa. Die Kelten aber wohnen **jenseits der Säulen des Herakles** und den Kynesiern benachbart, die in Europa am weitesten im Westen leben. Die Donau, die Europa in ihrer ganzen Länge durchfließt, mündet ins Schwarze Meer, wo die Kolonisten aus Milet die Stadt Istria bewohnen. Die Donau ist vielen bekannt, weil sie durch bewohntes Land fließt.« (Hist. 33,3–34,1)
Säulen des Herakles meint Gibraltar. Kynesier sind im Südwesten Portugals bezeugt; ein Küstenfahrer wäre nach ihnen zunächst auf Keltiberer gestoßen. Herodot benutzte offenbar zwei Quellen: eine Küstenbeschreibung und eine von Donaufahrern. Pyrene wurde lange mit den Pyrenäen verbunden und als Irrtum Herodots gesehen. Im Lichte alter und neuer Grabungsergebnisse könnte damit die Heuneburg gemeint gewesen sein (s. S. 124/125).

selten auch Germanen als Kelten; die Bewohner Britanniens dagegen werden mit Ausnahme der Belger, die kurz zuvor eingewandert seien, in keiner Quelle als Gallier oder Kelten bezeichnet. Von weiten Teilen der *keltiké*, etwa Süddeutschlands, Böhmen und Österreichs, hatte man so gut wie keine Nachrichten. Der keltische Volksbegriff war in der Antike also eher verschwommen. Zudem fehlen die Stimmen der Betroffenen: Wir wissen nicht, ob und wer von ihnen sich oder andere als Kelte betrachtete oder nicht – und warum.

Verkehrssprachen, Stammessprachen, Stammesnamen: In Afrika beherrschen sehr viele Menschen neben ihrer Stammessprache überregionale Verkehrssprachen wie Haussa, Lingala oder Swahili. Haussa ist ursprünglich die Sprache einer gleichnamigen, weit verzweigten und Handel treibenden Volksgruppe Westafrikas. Lingala, ursprünglich eine Stammes- und Verkehrssprache am mittleren Kongo, ist dabei sich auszubreiten und andere Regionalsprachen zu verdrängen. Einen Stamm der Swahili hingegen gab es nicht. Es ist eine stark arabisch geprägte Bantusprache der Ostküste, die im Kontakt mit arabischen Händlern entstand. Sie wurde zur Muttersprache einer weit verbreiteten Mischbevölkerung, die inzwischen nach dieser Sprache benannt wird. Beispiele dieser Art können helfen, Entstehung und Verbreitung von »keltisch« und »Kelten« besser zu verstehen.

Archäologische Kultur und ethnische Zuordnung

Keltisch im archäologischen Sinn bedeutet heute im Allgemeinen zur (Spät)Hallstatt- und vor allem zur Latène-Kultur gehörig.

Eine solche »archäologische Kultur« ist zwangsläufig durch das Fundmaterial definiert, bestimmte Formen und Verzierungen von Keramikgefäßen, Schmuck, Waffen, auch Grab- und Kultbrauch. Organisches Material wie Stoffe, Leder oder Holz bleiben allerdings selten erhalten, so dass etwa aus einer Grabausstattung viele Informationsträger fehlen. Ob man nun auf Grund einer »keltischen« Gewandschließe den Träger als »Kelten« ansprechen kann, will wohl bedacht sein: Ein Mensch mit Jeans, »Basecap«, Basketballschuhen und einer Colaflasche ist deshalb noch kein Amerikaner oder muss auch nur englisch verstehen – er kann sogar gut antiamerikanisch gesonnen sein. Trägt er hingegen Cowboystiefel und -hut, ist er wohl zumindest Western-Fan, muss aber deshalb immer noch kein Englisch können. Obwohl also beides »amerikanische« Ausstattungen sind, können sie verschiedene Bedeutung haben. Weder sind so eigentliche »Volkszugehörigkeit« und Muttersprache sicher bestimmbar, noch wozu gehörig derjenige sich tatsächlich fühlte. Das umso weniger, wenn im Grab quasi nur die Colaflasche bleibt, oder anders gesagt, je mehr von der ursprünglichen Ausstattung vergangen ist, die vielleicht weitere »Identitätszeiger« – z. B. einen Cowboyhut – enthalten hatte. Aber selbst wenn der Hut noch da ist, muss man wissen, was er zu bedeuten hatte.

Ausgrabungen des 19. Jahrhunderts am Neuenburgersee bei La Tène. Durch die Lagerung im Wasser hatten sich auch viele Gegenstände aus Holz erhalten.

HALLSTATT – GENOSSENSCHAFT UND KOMBINAT?

Hallstatt ist ein Sonderfall: Kein anderes Gräberfeld wurde bereits so früh in solch großem Maßstab so systematisch ausgegraben und so akribisch – und ästhetisch ansprechend! – dokumentiert. Schwierigkeiten macht die sehr dichte Belegung des Friedhofs: Überschneidungen und Störungen älterer Gräber waren für Ramsauer nicht leicht zu erkennen, so dass sich im Nachhinein Ungereimtheiten zeigten. Zeitlich reichen die Bestattungen von der ausgehenden Urnenfelderzeit (ca. 800 v. Chr.) bis in die Frühlatènezeit (ca. 450/400 v. Chr.); sie sind durchgehend birituell, d. h. Brand- und Körperbestattung waren zugleich üblich. Kulturell wie geographisch lag Hallstatt im Schnittpunkt von West- und Osthallstattkreis, wie das gleichzeitige Vorkommen von Schwert und Kampfbeil belegt. Fremde Formen und Materialien wie Bernstein und Elfenbein zeigen vielfältige Fernbeziehungen an. Bemerkenswert ist die Sozialstruktur, die sich in den Gräbern andeutet: Einer dünnen Oberschicht stand ein breiter, wohlhabender Mittelstand gegenüber. Die weiblichen Skelette lassen einseitige Belastungen wie vom Tragen schwerer Lasten erkennen, während bei den Männern starke Wucherungen die Überlastung der Oberarme beim Hauen anzeigen. Offenbar konnten die körperlich hart arbeitenden Bergmannsfamilien die Früchte ihrer Plackerei bis in ein im Durchschnitt erstaunlich hohes Alter selbst genießen. Das erinnert an die Bergknappen des Mittelalters, deren Spezialwissen ihnen oft große Unabhängigkeit und Wohlstand in genossenschaftsähnlichen Strukturen ermöglichte. Der ganzjährige Bergwerksbetrieb erforderte Planung und Logistik, denn Hallstatt bot kaum Ressourcen und war bis in die Neuzeit nur über Saumpfade oder per Boot erreichbar. Nahrungsmittel, Bau- und Arbeitsmaterial mussten von außerhalb kommen. Die Knieholzschäftungen der Pickel etwa sind alle so gleichmäßig, dass bereits Jahre vorher gezielt ins Wachstum der Äste eingegriffen worden sein muss: Ein Schlaglicht auf engste Abstimmung der Hilfs- und Zulieferdienste mit der Produktion. ■

Blick über das Hochtal oberhalb des Ortes Hallstatt im Salzkammergut. Das berühmte Gräberfeld zieht sich den linken Talhang hinauf.

Besonders an den Rändern des keltischen Einflussgebietes oder wo dieser Einfluss nur für einige Generationen vorhanden war, ist die ethnische Zuordnung auf Grund der Sachkultur somit schwierig und zwischen Akkulturation und Einwanderung kaum zu unterscheiden. Auch Sprachreste, vor allem wenn sie nur vereinzelt vorliegen, können in die Irre führen: So ist die Herkunft von Orts- oder Gewässernamen nicht immer sicher bestimmbar, eine Weiheinschrift kann auch von einem Auswärtigen stammen oder man bediente sich für eine »öffentliche« Inschrift einer überregionalen Sprache, wie etwa im Mittelalter des Lateinischen.

Andererseits sind etwa die Galater in Anatolien über Jahrhunderte hinweg historisch gut bezeugt, der archäologische Niederschlag ist dafür jedoch recht spärlich. Offenbar hat man hier schon recht bald ortsübliches Sachgut benutzt, während die Sprache noch ein halbes Jahrtausend später gesprochen wurde.

Die auf den ersten Blick ganz selbstverständlich scheinende Gleichsetzung von Sprache, »Volk« und »archäologischer Kultur«, die anhand des Fundmaterials definiert wird, kann also sehr problematisch werden: Die Verbreitung der Sprachen deckt sich nicht überall mit der Sachkultur und was die »Volkszugehörigkeit« ausmachen könnte, ist nicht schlüssig definiert oder in den archäologischen Quellen nicht erkennbar und damit irrelevant.

Anthropologische Untersuchungen und neuere Gen-Analysen zeigen außerdem, dass auch von dieser Seite von einem einheitlichen keltischen »Volk« keine Rede sein kann.

Muss man also sagen: »Die Kelten« gab es eigentlich gar nicht?

Gleich zu Beginn seines Berichtes über den gallischen Krieg beschreibt Caesar die Dreiteilung Galliens in das Kernland, dessen Bewohner sich *celtae* nennten, die Belgica und Aquitanien, und weiter, dass sie sich alle nach Sprache(!), Einrichtungen und Recht unterschieden. Allein diese beiden Sätze, oft zitiert und selten wirklich gelesen, sollten davor bewahren, »die Kelten« pauschal als ein »Volk« zu betrachten.

Am ehesten könnte man noch von einem variablen und dynamischen Kulturkomplex sprechen, der von unterschiedlichen Gesellschaften getragen wurde und dessen Hauptbestandteil neben etlichen Elementen der Sachkultur sowie – durch die griechisch-römische Brille allerdings nur undeutlich erkennbar – einigen geistig-religiösen Vorstellungen vor allem die Sprache war. Variabel und dynamisch, weil nicht alle Elemente immer und überall vorhanden waren. Das lässt räumliche und zeitliche Grenzen verschwimmen.

1000 Jahre keltische Geschichte

Keltenzeit ist Eisenzeit – wenigstens aus archäologischer Sicht. Mit der breiteren Nutzung des neuen Metalls beginnt die Hallstattzeit. Sie läutet den vielleicht glanzvollsten Abschnitt der mitteleuropäischen Vorgeschichte ein, der erst durch die Eroberungen der Römer sein Ende finden sollte.

Prolog – Die Hallstattkultur

Für die Erforschung der Hallstattzeit hat die Archäologie das Monopol, denn abgesehen von den erwähnten kurzen Notizen bei Hekataios und Herodot sind für diese Zeit keine schriftlichen Nachrichten überliefert. Als Paul Reinecke zu Beginn des 20. Jahrhunderts sich anschickte, seine bis heute gebräuchliche Stufengliederung der mitteleuropäischen Bronze- und Eisenzeit aufzustellen, diente ihm als Richtschnur für den Beginn seiner Eisenzeit, also für den Beginn der Stufe Hallstatt A, das erste Auftreten von Eisengegenständen. Heute lässt man die Eisenzeit und damit die eigentliche Hallstattzeit erst mit der breiteren Verwendung von Eisen in der Stufe Hallstatt C, der älteren Hallstattzeit, beginnen. Die Stufen A und B werden dagegen zur Urnenfelderzeit gerechnet. Diese hat ihren Namen nach der von der Ungarischen Tiefebene bis ins Pariser Becken vorherrschenden Beisetzung der verbrannten Toten zumeist in tönernen Urnen auf Gräberfeldern mit manchmal Hunderten von Bestattungen.

»Der Gallier und sein Weib«, Kopie nach dem berühmten Siegesdenkmal Attalos' I. im Athena-Heiligtum von Pergamon, ca. 230 v. Chr. Nach der Niederlage tötet der Gallier erst seine Frau, dann sich selbst.

Frühe Hallstattzeit

Ihren Beginn im 8. Jh. v. Chr. markiert unter anderem der Übergang zu Hügelgräbern, die nun mit viel reicheren Beigaben in Form von Waffen, Schmuck und großen Sätzen aufwändig verzierten Tongeschirrs ausgestattet werden. Zuvor war es üblich gewesen, wertvolle Dinge in Gewässern oder Mooren als Opfer oder vielleicht auch als Selbstausstattung fürs Jenseits zu versenken, was nun ausbleibt. Die Hintergründe dieses Wandels kennen wir nicht. Die meisten der zahlreichen befestigten Höhensiedlungen enden nun ebenfalls, doch »auf dem platten Land« scheint sich nicht viel zu ändern – mit Ausnahme des Wetters, denn zu dieser Zeit wird es nachweislich kühler und feuchter, was offenbar auch das Ende der meisten Seeufersiedlungen bedeutete.

Zaumzeug östlicher Art deutet auf Kontakte mit auch historisch bezeugten Reitervölkern des Ostens, Kimmeriern und Skythen. Damit einhergehende kulturelle Einflüsse sind schwerer dingfest zu machen. Jedenfalls gibt es nach vereinzelten bronzezeitlichen Vorgängern nun häufiger zweispännige Wagen als repräsentative Grabbeigaben in hölzernen Grabkammern. Insgesamt zeigt sich nach bescheidenen Anfängen in der Urnenfelderzeit eine zunehmende Differenzierung in den Grabausstattungen, ein Trend zum Prunkgrab, der sich noch deutlich steigern sollte.

Sinn und Unsinn alter Fragen Woher und seit wann? Während die einen mit Hinweis auf die rekonstruierte Sprachentwicklung Kelten bereits in der Spätbronzezeit postulieren, sehen sich andere erst mit den historischen Belegen für Kelten und ihre Sprache sowie der Latènekultur auf sicherem Boden. Hekataios' Nennung eingedenk wird man zumindest die späte Westhallstattkultur getrost »keltisch« nennen dürfen. Wenn – wie gezeigt – schon schwer zu sagen ist, wer sie eigentlich waren, kann ihre Herkunft kaum leichter bestimmt werden. Archäologisch lässt sich in den Kerngebieten kein abrupter Kultur- oder gar Bevölkerungswechsel erkennen, sondern eher eine nicht immer gleichmäßig verlaufende Entwicklung aus dem Substrat der vorangehenden Urnenfelderkultur. Heutige Grenzziehungen in Prozessen ferner Vergangenheit sind eben immer auch Produkt gegenwärtiger Anschauung und damit willkürlich.

Späte Hallstattzeit

Mit Beginn der Stufe Hallstatt D im späten 7. Jh. v. Chr. enden viele Traditionsstränge, die die ältere Hallstattzeit noch mit der Urnenfelderzeit verbunden hatten. Vor allem in den reicheren Gräbern werden die Toten nun vorwiegend unverbrannt beigesetzt, das zuletzt eiserne Hiebschwert, das seine spätbronzezeitlichen Ahnen nicht verleugnen konnte, verschwindet weitgehend zugunsten meist aufwändig verzierter Dolche mit »Antennengriff«. Neben die Nadeln als Gewandschließen treten nun Fibeln,

Goldene Einlagen zieren Knauf und Griff des prächtigen Schwertes aus Gomadingen (Kr. Reutlingen); dahinter Tonschalen mit Kerbschnittverzierung, 7. Jh. v. Chr.

die wie heutige Sicherheitsnadeln funktionieren und zuvor schon in Italien und im Balkanraum bekannt waren.

Bekanntestes Charakteristikum sind jedoch die leider meist schon im Altertum beraubten »Fürstengräber« mit Halsring und anderen Objekten aus Gold, aufwändig mit Metall beschlagenem, vierrädrigem Wagen und importierten griechisch-etruskischen Utensilien für Gelage nach griechischem Muster, darunter Bronzekessel, Trink- und Mischgefäße sowie Sitz- oder Liegemöbel. Die Grabhügel erreichen nun nicht selten Durchmesser von fünfzig oder mehr Metern und beherbergen neben der zentralen Grabkammer, die oft noch von einer tonnenschweren Steinpackung überdeckt wird, weitere, weniger reiche Nachbestattungen. Größtes bekanntes Beispiel ist der Magdalenenberg bei Villingen mit gut hundert Meter Durchmesser und 126 Gräbern mit insgesamt 136 Bestatteten.

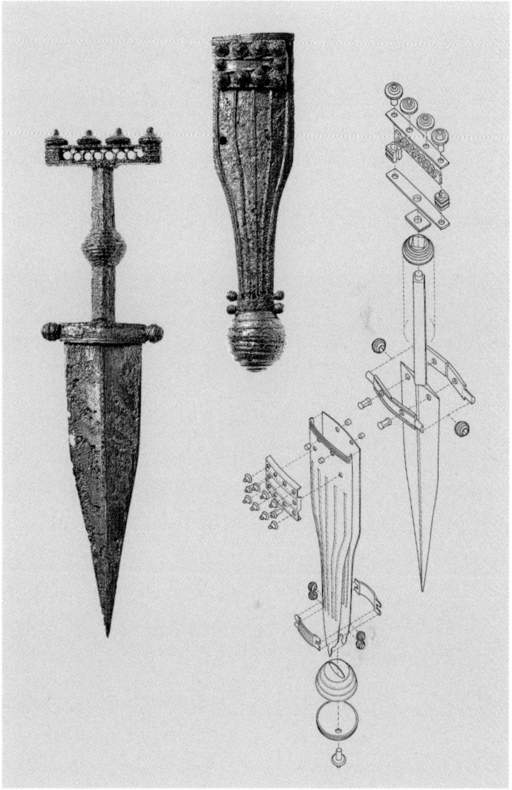

Der aus 43 Einzelteilen zusammengesetzte eiserne Hallstattdolch aus dem Neuenburgersee bei Estavayer-le-Lac (Schweiz) war eher Statussymbol als Waffe.

Die Wohnsitze dieser »Fürsten«, wie sie schon bald nach den ersten Entdeckungen im späteren 19. Jh. genannt wurden, vermutete man schon damals in den nächstgelegenen befestigten Höhensiedlungen und bezeichnete sie entsprechend als »Fürstensitze«, erst recht nachdem Ausgrabungen auch dort Kleinfunde und Gefäßscherben aus dem Mittelmeerraum zutage gefördert hatten. Herausragendes Beispiel ist aus mehreren Gründen die Heuneburg bei Hundersingen an der oberen Donau. Heute ist noch eine ganze Reihe weiterer Anlagen bekannt, von denen jedoch kaum eine auch nur annähernd genauso gründlich untersucht wurde.

Ost-West-Gegensätze

Diese Charakteristika gelten insgesamt nur für den westlichen Teil der Hallstattkultur, der hauptsächlich Südwestdeutschland mit angrenzenden Teilen Ostfrankreichs, der Schweiz und Bayerns umfasst. Der in recht eigenständige Regionalgruppen zerfallende Ostteil reicht bis nach Slowenien und Westungarn. Der Übergang zwischen beiden ist kaum exakt zu bestimmen und wird heute meist irgendwo in Bayern gesehen.

Die Ausdehnung von West- und Osthallstattkreis und insbesondere die Grenze zwischen beiden lässt sich nur ungefähr bestimmen.

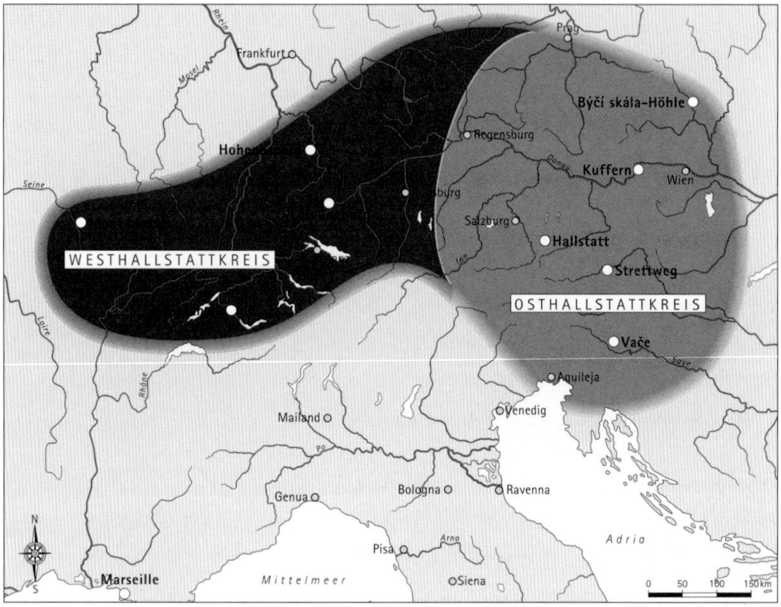

Auffallendster Unterschied zum Westhallstattkreis ist der kriegerische Habitus der östlichen Bestattungen, die anstelle vereinzelter Lanzen und prächtiger Dolche mit Kampfbeil und Lanze, Helm, Schild, gelegentlich einem Körperpanzer aus Bronzeblech und statt des Zeremonialwagens mit Zäumung für ein Reitpferd versehen sein können. Goldene Halsringe oder Ähnliches fehlen, und anstelle des griechischen Symposion-Geschirrs finden sich die mit typischen Figurenfriesen verzierten Situlen, auf denen nicht selten das Fest, für das sie selbst gebraucht wurden, dargestellt ist. Überhaupt sind figürliche Darstellungen im östlichen Teil verbreitet, während im Westen geometrische Zierweisen dominieren.

Umstritten ist die Frage, ob die Träger der östlichen Hallstattkultur überhaupt als Kelten zu betrachten oder eher den südöstlich benachbarten Illyrern zuzurechnen sind. Da deren Definition und Abgrenzung in dieser Zeit noch mehr Probleme aufwirft als die der Kelten, wollen wir dem hier nicht weiter nachgehen.

Die »Weltpolitik« macht sich bemerkbar

Es scheint, als würde in der Späthallstattzeit der Einfluss mediterraner »Weltpolitik« auf die Zone nördlich der Alpen erstmals konkret greifbar. Schon der Aufstieg der etruskischen Stadtstaaten zu Beginn des ersten Jahrtausends v. Chr. zeigt trotz mancher Unterschiede deutliche strukturelle Parallelen zur Entwicklung im Norden einige Generationen später: Genannt sei hier nur die Herausbildung von Eliten, die ihren Status durch fremdländische Luxusgüter darstellen, einen aufwändigen Grabkult betreiben und sich dadurch mehr und mehr distanzieren. Eine der Hauptquellen des Reichtums dürfte die Eisenproduktion gewesen sein, deren Kenntnis um die Jahrtausendwende Italien erreichte.

Damit einher geht ihre an Keramikfunden abzulesende Expansion entlang der Küste nach Westen, vielleicht in Richtung des metallreichen Iberien oder auf den Spuren des Zinns aus Cornwall und der Bretagne, wie etruskische Funde entlang anzunehmender Verkehrsachsen wie Rhône/Saône, Loire und Seine andeuten.

Mit der Gründung Massalias, des heutigen Marseille, nahe der Rhônemündung durch Griechen aus dem ionischen Phokäa um 600 v. Chr. erwächst den Etruskern ein Konkurrent zur See, dessen Reichweite im keltisch-ligurischen Hinterland vorerst noch beschränkt bleibt.

Originalgetreue Nachbildung einer osthallstättischen Kriegerausrüstung mit rekonstruierten Möbeln, wie sie auf den Bronzesitulen zu sehen sind, 7. Jh. v. Chr.

Dritter Mitspieler im westlichen Mittelmeer ist Karthago nahe dem heutigen Tunis. Die Karthager sind vor allem im südlichen Iberien aktiv, inner- und außerhalb Gibraltars, der »Säulen des Herakles«, und dürften diese Meerenge weitgehend kontrolliert haben. Die näheren Umstände sind unklar, jedenfalls kommt es um 540/535 v. Chr. vor der Ostküste Korsikas bei Alalia zu einem Seegefecht zwischen einer etruskisch-karthagischen Flotte und Phokäern. Die zahlenmäßig unterlegenen Griechen können zwar das Feld behaupten, aber unter so großen Verlusten, dass sie ihren Stützpunkt Alalia, den Etrukern quasi vor der Nase gelegen, aufgeben und sich in die griechischen Kolonien Unteritaliens zurückziehen.

Man nimmt an, dass in der Folge den Phokäern der Seeweg über Gibraltar zu den »Zinninseln«, nach Cornwall und der Bretagne, von den Karthagern versperrt wurde und Massalia sich gezwungen sah, nun den Weg über Gallien entlang Rhône und Loire oder über Saône und Seine zu erschließen. Jedenfalls sind seit etwa der Mitte des 6. Jh. v. Chr. Funde massaliotischer Weinamphoren und griechischen Tongeschirrs

HÄUPTLING, FÜRST UND HANDELSHERR – DIE »FÜRSTENSITZ«-DISKUSSION

Besonders reiche hallstattzeitliche Bestattungen wurden bereits im 19. Jh. als »Fürstengräber« bezeichnet, wobei »Fürst« in seiner allgemeinen Bedeutung als »Erster« zu verstehen ist, um irreführende Assoziationen mit spätmittelalterlichen Verhältnissen zu vermeiden.

Für die Interpretation dieser Prunkbestattungen und Siedlungen des 6. und frühen 5. Jh. v. Chr. mit mediterranen Prestigegütern entwarf Wolfgang Kimmig seit den 1960er Jahren ein Modell, das einen intensiven Diskurs anregte. Kurz zusammengefasst ist ein idealer »Fürstensitz« eine befestigte Höhensiedlung in repräsentativer Schutzlage mit weitem Ausblick und einem *suburbium* (Unterburgsiedlung), nicht zu klein und verkehrsgünstig gelegen, an einer überregionalen Handelsroute oder wenigstens mit Zugriff auf wichtige Ressourcen. Das Fundspektrum sollte u.a. griechisch-etruskisches Importgeschirr, Edelmetall und Exotika wie Bernstein oder Korallen enthalten. Um die »Fürstensitze« gruppieren sich in Sichtweite »Fürstengräber«, Großgrabhügel mit einer etwa 15–20 m^2 großen zentralen Grabkammer aus massiven Bohlen, darin ein vierrädriger Wagen, Dolch, Halsring oder ähnliche Standesabzeichen aus Gold sowie griechisch-etruskisches Importgut mit Geschirr und womöglich Sitz- oder Liegemöbeln für ein Trinkgelage nach griechischem Muster *(symposion)*. Solche »Fürstensitze« verteilen sich auf ein Gebiet in Südwestdeutschland, der Nordschweiz und Ostfrankreich, das als Kernzone der westlichen Hallstattkultur gilt. Praktische Einschränkungen ergeben sich aus dem sehr unterschiedlichen Forschungsstand. Die Diskussion entzündete sich an dem Gesellschaftsmodell, das diesem Phänomen hinterlegt wird. Kimmig sah hier »Dynasten«, eine Aristokratie

Die Sphinx aus dem Grafenbühl bei Asperg (Kr. Ludwigsburg) ist aus Bein, das Gesicht aus Bernstein. Sie gehörte zu einem Möbelstück aus Italien, 600/550 v. Chr.

Der Ipf bei Bopfingen. Den alten Verdacht, dass er als »Fürstensitz« einzustufen ist, konnten erst die Untersuchungen der letzten zwanzig Jahre bestätigen.

mehr oder weniger nach dem Muster mittelalterlicher Feudalherren. Diskutiert werden die Erblichkeit des Herrschaftsanspruchs und der Grad der Hierarchisierung der Gesellschaft – ob es sich nicht etwa, so ein Gegenentwurf, eher um lokale »Häupt-linge« aus persönlichem Verdienst handelte, die ihre Legitimation laufend beweisen mussten. Andere schlossen aus der Auswertung der Grabausstattungen, die vor allem vom Lebensalter abhinge, auf eine »Herrschaft der alten Männer« (Gerontokratie) wie im Griechenland Homers. Leider ist solchen Fragen anhand rein archäologischer Quellen nur schwer beizukommen.
Kimmig zufolge hatte erst der Kontakt mit der überlegenen griechischen Zivilisation, das Bemühen um Nachahmung griechischer Sitten, vermittelt durch das um 600 v. Chr. gegründeten Massalia (Marseille), dieses Phänomen hervorgerufen. K. Spindler sah gar einen breiten Strom griechischer Waren mit Handelskarawanen von dort zur Heuneburg ziehen. Dafür ist der tatsächliche Fundniederschlag aber zu gering. Auch setzt der Südimport erst seit Mitte des 6. und im 5. Jh. v. Chr. in größerem Maß ein, während etwa der »Musterfürstensitz« Heuneburg bereits seit ca. 600 v. Chr. existierte; andere Anlagen beginnen allerdings später. Wo die konkreten mediterranen Vorbilder der frühen Anlagen zu suchen sind, ist nicht entschieden. Die Tatsache, dass einige Generationen zuvor in Etrurien eine in mancher Hinsicht vergleichbare Entwicklung stattfand – ebenfalls nicht lange nach dem Aufkommen der Eisenverhüttung dort –, gibt zu denken, zumal Kontakte über die Alpen mindestens seit der Urnenfelderzeit nachweisbar sind. ■

Die Verbreitung von »Fürstensitzen« und Gräbern mit Goldhalsreif umreißt den Westhallstattkreis. Gräber mit Dolch streuen weiter und zeigen die Ausstrahlung der Hallstattkultur.

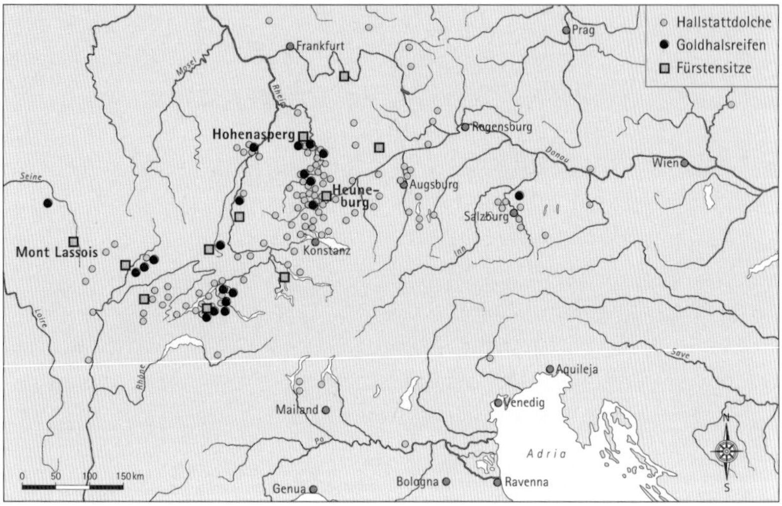

entlang und abseits der anzunehmenden Verkehrsrouten festzustellen, gelegentlich – wie in Bragny-sur-Saône – in erstaunlichen Mengen. Von dem zunehmenden Warenverkehr dürften verkehrsgünstig gelegene »Fürstensitze« wie der Mont Lassois an der oberen Seine in mehrfacher Hinsicht profitiert haben: leichterer Zugang zu Gütern des Südens, Einnahmen durch Zölle, Transport- und Geleitdienste sowie Warenumschlag, aber auch Geschenke, um Abkommen zu besiegeln und Beziehungen zu pflegen. So oder ähnlich erklärt man sich den Aufstieg zumindest einiger der »Fürstensitze«.

Umbrüche – von Hallstatt nach La Tène

Im Laufe des 5. Jh. v. Chr. vollzieht sich innerhalb weniger Jahrzehnte ein Wandel, dessen Hintergründe und innerer Ablauf die Forschung seit Generationen beschäftigt. Zu konstatieren ist zunächst, dass die »Fürstengräber« der Westhallstattzone samt den dazugehörigen Sitzen innerhalb weniger Generationen enden. Das Phänomen verlagert sich nach Nordwesten in die Mittelgebirgszone, ins Mittelrheingebiet: Neue Prunkgräber finden sich nun von Hunsrück und Eifel bis zum Glauberg in Hessen. Gleichzeitig entsteht dort und wenig später in der Champagne und in Böhmen mit dem Latènestil die Formensprache, die wie nichts anderes Kennzeichen der kommenden Jahrhunderte wurde.

Die Austauschbeziehungen zur Mittelmeerwelt, die zuvor hauptsächlich über die Rhône-Schiene und Massalia liefen, verlagern sich nun ebenfalls und führen jetzt über die Alpen nach Oberitalien und Etrurien. Fast meint man, hier bereits eine Vorphase der bald in vollem Umfang einsetzende Einwanderung in die Poebene zu erkennen. Einige Misserfolge gegen die griechischen Kolonien Unteritaliens könnten eine Umorientierung der etruskischen Städte auf die Landverbindungen im Norden bewirkt haben. Jedenfalls ist deren Ausgriff in die Poebene feststellbar, wo Niederlassungen wie Felsina (Bologna) oder Spina an der Pomündung entstehen. Damit kommen sie in unmittelbare Berührung mit den Venetern, die als direkte Vermittler in den osthallstättischen Bereich fungieren, wie an der Situlenkunst abzulesen ist, und in die Nähe des Golasecca-Gebietes in Tessin und Lario, deren keltische Bewohner die dortigen Alpenübergänge ins Schweizer Mittelland und an den Hochrhein zu nutzen wussten.

Ein neues »Revier«?

Als wirtschaftliche Basis für das schnelle Aufblühen der Hunsrück-Eifel-Kultur mit ihren neuen »Fürsten« werden seit längerem die Eisenvorkom-

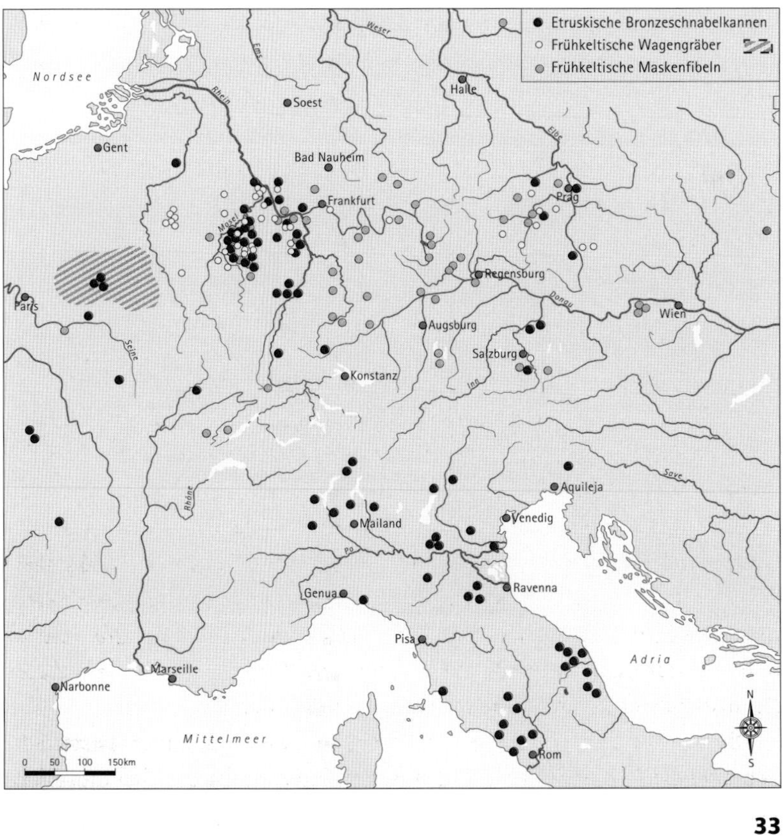

Zweirädrige Streitwagen und etruskische Schnabelkannen zeigen den neuen Schwerpunkt der Frühlatène-Fürstengräber, die Maskenfibeln das weitere Ausgreifen der Frühlatènekultur.

Mit dem Latène-Stil treten im Verlauf des 5. Jh. v. Chr. an die Stelle schierer Nachahmung griechisch-etruskischer Vorbilder und der eher geometrischen, in strengen Reihungen sich wiederholenden westhallstättischen Ornamentik florale Zierelemente, denen zunächst noch deutlich die teilweise recht komplizierte, aber ebenfalls geometrische Zirkelkonstruktion anzusehen ist. Auch die Ausführung erfolgt oft noch in der Blechprägetechnik der Hallstattzeit, dennoch ist das Neue leicht als schnell sich verselbständigende Umsetzung griechisch-etruskischer Lotos- und Palmettenmotive erkennbar (»Früher Stil«, etwa Latène A). Dazu kommen plastische Fibeln in Tiergestalt oder mit Gesichtern und phantastische Fratzen, oft ineinander übergehend, verschränkt und auseinander herauswachsend. Die Fülle der Details auf diesen kleinformatigen Stücken ist mit bloßem Auge kaum zu erfassen.

Die Goldblechbeschläge aus dem »Fürstengrab« von Schwarzenbach (Kr. St. Wendel) zeigen den frühen Latènestil.

Es scheint, als ob man erst nach mindestens ein oder zwei Jahrhunderten des Austauschs mit dem Mittelmeerraum dessen Vorbildern mit ganz neuem Selbstbewusstsein und Selbstverständnis gegenübertritt, welche die schöpferische Kraft zur ganz eigenständigen und eigenwilligen Umsetzung dieser Anregungen spei-

sen. Die gesellschaftlichen und sicher auch geistig-religiösen Hintergründe dieses Wandels werden kaum je genau zu ergründen sein. Wenn, wie gesagt wurde, Stil die Antwort des Künstlers auf die Fragen seiner Zeit ist – und dieses Diktum auch für die damalige Zeit gilt –, dann müssen damals ganz neue Fragen gestellt worden sein.

Im »Waldalgesheim-Stil« – nach dem gleichnamigen Grabfund, etwa Latène B – lösen sich die Palmetten und Lotosblüten der graeco-etruskischen Vorlagen in Einzelmotive auf, die neu kombinierte, teilweise verschlungene und auf Arm- oder Halsringen auch plastische Rankenmuster ergeben. Sie bilden häufig Gesichter, die sich erst bei genauerem Betrachten zu erkennen geben.

Mit dem fast barock anmutenden »plastischen Stil« der mittleren Latènezeit (etwa Stufe C) tritt das Figürliche zurück, kann sich bis zur Unkenntlichkeit ins vollplastische Ornament zurückziehen, das nun selbständig die dritte Dimension erobert, bevor die Zierweisen im weiteren Verlauf wieder zurückhaltender werden. Der gleichzeitige »Schwert-Stil« zeigt Ritzverzierungen, vor allem auf Schwertscheiden, die in immer neuen Kombinationen über die Flächen ranken.

Keltische Kunst ist mehrdeutig und scheint über die diesseitige Welt hinauszuweisen, weil ihre Darstellung immer mehr enthält als auf den ersten und zweiten Blick erkennbar. In allem ist etwas anderes verborgen, der Mensch ein Objekt unheimlicher, schwer greifbarer Mächte, die überall lauern können.

Noch während der Spätlatènezeit kommt es in Britannien zu besonders prächtigen Ausprägungen der Latènekunst mit einer offensichtlichen Vorliebe für die Kontrastwirkung zwischen goldglänzender Bronze und roten Emaille-Einlagen. Erst in Verbindung mit dem durch die Germanen vermittelten Tierstil und der Flechtbandornamentik erwächst daraus der typisch inselkeltisch-frühmittelalterliche Verzierungsstil, wie er uns etwa in den bekannten Buchmalereien begegnet. ■

links: Goldener Ringschmuck aus dem »Fürstinnengrab« von Waldalgesheim (Kr. Mainz-Bingen), 2. Hälfte 4. Jh. v. Chr. Den gleichnamigen Stil kennzeichnet die typische Rankenzier.

rechts: Die Schnabelkanne aus Grab 112 vom Dürrnberg bei Hallein wurde nach etruskischen Vorbildern in einheimischen Werkstätten recht eigenständig umgesetzt.

men dieser trotz einer gewissen klimatischen Gunstphase immer noch eher kargen Region verdächtigt. Schon länger vermutete man daher von den Etruskern neu erworbene Kenntnisse, die erst die Nutzung des lokal anstehenden Roteisensteins ermöglicht hätten. Allerdings ist zum einen dessen Verhüttung nicht grundsätzlich verschieden oder schwieriger als die des sonst verwendeten Brauneisensteins, zum anderen kommt dieser dort ebenfalls vor. Unterschiede in der Qualität des erzeugten Eisens ergeben sich zu dieser Zeit ohnehin wohl eher aus der individuell unterschiedlich guten Beherrschung des Verfahrens. Der Teufel steckt hier jedoch im Detail, so dass das »Gewusst wie« durchaus zeitweise einen Vorsprung gebracht haben mag. Der alleinige Grund kann dies jedoch kaum gewesen sein.

Der im Gegensatz zur Hallstattzeit betont kriegerische Habitus mit aufwändiger Waffenausstattung kann mit Blick auf die keltischen Charakteristika der folgenden Jahrhunderte allerdings auch eine Mittelbeschaffung auf weniger friedlichem Weg vermuten lassen. Eine damit verbundene religiöse Neuausrichtung, die man aus den Veränderungen in Kunst und Grabbrauch erschließt, muss dem nicht entgegenstehen – eher im Gegenteil.

Als Grund für das Ende der Welt der alten »Fürsten« werden in erster Linie interne Probleme erwogen, seien es nun Auseinandersetzungen konkurrierender »Herren« oder – da es unter diesen offenbar keine(n) Sieger gab, wahrscheinlicher – gesellschaftliche Umwälzungen. Vielleicht, so eine Vermutung, hatten die Herren die Zurschaustellung mediterraner Pracht und elitärer Absonderung übertrieben und sich ihrer Gesell-

Inventar des »Fürstengrabes« aus dem Kleinaspergle (Kr. Ludwigsburg) mit Trinkgeschirr für zwei Personen. Trinkhornbeschläge und Zierscheibe zeigen Frühlatèneornamente.

schaft so entfremdet, dass diese aufbegehrte. Hierüber kann vorläufig nur ebenso spekuliert werden wie darüber, welche Rolle die Verlagerung von Handelswegen, Konkurrenz aus dem neuen »Eisenrevier« von Hunsrück und Eifel, vielleicht sogar deren direkter Zugriff, oder Veränderungen der »politischen Großwetterlage« am Mittelmeer gespielt haben könnten.

Für eine Invasion großen Maßstabes von außerhalb gibt es jedenfalls keine Anzeichen. Die Alltagskeramik der Siedlungen verändert sich kaum, meist kann sie nur als »Späthallstatt/Frühlatène« angesprochen werden. Die meisten Siedlungen der Späthallstattzeit bleiben bewohnt und werden erst im Laufe der Frühlatènezeit aufgegeben, vermutlich im Zuge der Wanderungen.

Auch Grabhügel werden zunächst weiterhin angelegt oder auch weiterbenutzt, bisweilen sogar solche der Bronzezeit oder gar des Endneolithikums. Das allerdings könnte gewisse Verwerfungen andeuten: Vielleicht musste man sich auf solche fiktiven Traditionsstätten und Vorfahren stützen, weil man sie brauchte, die »echten« aber nicht mehr verfügbar waren – durch welche Umstände auch immer.

Wenig später werden mit der Stufe Latène B die in ihrer Ausstattung beinahe standardisiert wirkenden Flachgräber üblich, von einzelnen Prunkgräbern wie Waldalgesheim abgesehen.

Der Osthallstattkreis reagiert offenbar uneinheitlich. Während in seinem Nordosten, etwa in der Südslowakei und im nordwestlichen Karpatenbecken, bereits im 5. Jh. v. Chr. Latène-A-Formen auftauchen, läuft in Slowenien derweil die Hallstattkultur anscheinend unberührt weiter, um stellenweise erst im 3. Jh. v. Chr. von der Latènekultur okkupiert zu werden.

Flucht oder Abenteuer? Die keltischen Wanderungen

Mit ihren Wanderungen treten die keltischen Völkerschaften ins volle Licht der Geschichte – meist nicht zu ihrem Vorteil, wie wir eingangs sehen konnten. Jedoch fällt dieses Licht nur auf einen Teil des Phänomens. Anderes bleibt bestenfalls im Zwielicht oder gleich ganz im Dunkel, so dass dort wiederum, innerhalb ihrer Möglichkeiten, die Archäologie das Sagen hat. Sie kann allerdings, wie zu Beginn schon ausgeführt, nur das Vorhandensein oder Fehlen »keltischen« Kulturgutes konstatieren – die Frage »Kelte« oder »keltisiert«, Wanderung oder Akkulturation ist deshalb nicht immer leicht zu beantworten. Auch lässt sich mit Grabfunden und Siedlungsresten schwerlich Ereignisgeschichte schreiben, sie kann bestenfalls aus einer Abfolge von Schlaglichtern erschlossen werden.

Ähnliches gilt für die Hintergründe des Phänomens keltischer Wanderungen. Hier haben schon die antiken Autoren gerätselt und verschiedene Erklärungen angeboten. Genannt werden innere Unruhen und ständige Bürgerkriege bei Pompeius Trogus (epit. 20,5,7 f.) und Plutarch (mor. 246 b–d), der an anderer Stelle, wie auch Plinius (nat. 12,5), die Verlockungen des Südens anführt und zudem Übervölkerung (cam. 15,1–3). Diese schildert auch Livius (5,34,1–4): Unter König Ambigatus sei in langer, glücklicher Regierungszeit die Bevölkerung zu nahezu unregierbarer Größe angewachsen, so dass er nach Befragung göttlicher Vorzeichen die beiden Söhne seiner Schwester aussandte, um mit ausreichend großen und durchsetzungsfähigen Volksmassen andere Landstriche zu besiedeln. Den einen, Segovesus, schickte das Los in den Hercynischen Wald *(Hercynia silva)* – in etwa von den deutschen Mittelgebirgen bis zu den Karpaten –, den anderen, Bellovesus, nach Italien.

Natürlich werden diese drei Motive immer genannt, wenn man nach Erklärungen für Völkerwanderungen sucht. Das schließt aber einen wahren Kern nicht aus, auch wenn manche Missverständnisse oder fantasievolle Ausschmückung vorauszusetzen sind: Die im vorigen Kapitel geschilderten Umbrüche des 5. Jh. gehen den Wanderungen – im Rahmen der Unschärfe archäologischer und öfters auch historischer Datierung – unmittelbar voraus, und was der Süden zu bieten hatte, war ebenfalls bereits wohlbekannt.

Unabhängig davon zeigen Untersuchungen zur Klimageschichte, dass um das Jahr 400 v. Chr. tatsächlich eine merkliche Verschlechterung eintrat, was bei bereits bestehender Übervölkerung die Motivation zum Auswandern sicher nicht minderte.

Bis zum Beginn der Latènezeit reicht der keltische Kulturbereich im Westen kaum über Champagne, Ardennen, obere Seine und Saône hinaus, auch wenn »Hallstattisierungstendenzen« vereinzelt bis zur Loiremündung feststellbar sind. Die »Latènisierung« hingegen erreicht von ihren zunächst randlich gelegenen Kernräumen Champagne-Marneraum aus relativ zügig die Atlantik- und Kanalküste, zuletzt auch die Bretagne. In Südfrankreich hören

Chiem-GAU? Ein Kometeneinschlag, der irgendwann im 5. Jh. v. Chr. mit ungeheurer Wucht den Chiemgau verwüstete – dieses Szenario propagieren seit einigen Jahren bayerische Hobby-Forscher und zwei Geowissenschaftler der Universität Würzburg. Die geologische und archäologische Fachwelt blieb bislang überwiegend skeptisch bis ablehnend: Sie betrachtet die größeren der vermeintlichen Einschlagkrater bis auf weiteres als Toteislöcher, Relikte der letzten Eiszeit, und die kleineren als Standorte ehemaliger Kalk- oder Verhüttungsöfen. Spekulationen, der Einschlag habe die »keltischen Wanderungen« ausgelöst, gehen sogar den Verfechtern des »Chiemgau-Impact« selbst zu weit, denn eine hinreichend genaue Datierung bleibt schwierig. Zudem fehlen brauchbare archäologische Belege für eine solche Katastrophe.

wir zwar schon im 5. Jh. v. Chr. von Kelten, die Massalia angreifen (Iust. 43,5,5), Latèneeinfluss wird jedoch erst später spürbar. Aquitanien wird noch von Caesar (bell. gall. 1,1,2) als vom eigentlichen Gallien kulturell und sprachlich verschieden gekennzeichnet.

Grosso modo bilden die Mittelgebirge die Nordgrenze der Latènekultur, wobei sich einzelne Vorposten bis in die Gegend von Bielefeld vorschieben. In Norddeutschland verraten zum Beispiel einige Fibeltypen der »protogermanischen« Eisenzeitbevölkerung deutlichen Latèneeinfluss.

Weiter nach Osten gehören im 4. Jh. v. Chr. Oberschlesien und, schon seit der Hallstattzeit, Böhmen und Mähren zum keltischen Bereich. Das Theißgebiet bildet schließlich die Ostgrenze zu den Dakern. Auch im Süden und Südosten Polens sind im 3. Jh. v. Chr. mehrere keltische Siedlungsgebiete bekannt; unlängst kamen sogar beim Bau eines neuen Kontrollpostens an der Grenze zur Ukraine Siedlungsbefunde mit Latènematerial zutage.

In den keltischen Kerngebieten des Kontinents lassen sich einige Verschiebungen fassen. Noch am deutlichsten ist das weitgehende Aussetzen der Bestattungen in Champagne und Marne-Raum um 400 v. Chr., was mit Abwanderung nach Italien erklärt wird. Dafür sprechen auch Ähnlichkeiten im Fundmaterial hier wie dort. Diese Siedlungslücke scheint erst Anfang des 3. Jh. v. Chr. halbwegs aufgefüllt worden zu sein, vermutlich mit ostkeltischen Zuwanderern. Einige Forscher sehen hier die Vorfahren der späteren Belger, die Caesar beschreibt. In der Schweiz deuten sich ähnliche Zuzügler an. In Böhmen, das laut Tacitus (Germ. 28) nach den Boiern benannt wurde, findet eine möglicherweise gewaltsame Ablösung der örtlichen Hallstatt/Latène-A-Kultur durch Einwanderer mit Latène-B-Ausstattungen aus dem süddeutsch-schweizerischen Raum statt, die sich nach Osten fortsetzt.

Die Schnabelkanne aus Basse-Yutz (Lothringen) ist mit Enten und phantastischen Wesen verziert.

Ein Schlaglicht auf das, was sich abseits der Schriftquellen an weiträumigen und verwirrenden Wanderungsbewegungen abspielen kann, wirft die Geschichte der *volcae*. Laut Caesar (bell. gall. 6,24,2f.) sitzen *volcae tectosages* noch zu seiner Zeit im Hercynischen Wald, als Nachbarn der Germanen, die nebenbei aus dem Stammesnamen die »Welschen« als generelle Bezeichnung für alle südlich wohnenden fremden Völker gemacht haben sollen. Gleichzeitig sind zwischen Rhône und Pyrenäen *volcae arecomici* und *tectosages* seit dem 2. Jh. v. Chr. belegt. Letztere sollen zuvor vermutlich aus dem Hercynischen Wald auf den Balkan gezogen und an dem Überfall auf Delphi 280 v. Chr. beteiligt gewesen sein, um danach – so eine Legende im Gegensatz zur sonstigen Überlieferung – mit dem Tempelschatz nach Tolosa (Toulouse), ihrem letzten Hauptort, zu kommen. 106 v. Chr. sollen die Römer den fluchbeladenen Schatz geraubt haben, denen er auch kein Glück brachte. Ein anderer Teil der *volcae tectosages* – was soviel wie »Dachsucher« heißt – spaltet sich nach dem Delphi-Abenteuer ab und zieht als Teil der Galater mit nach Kleinasien. Allein mit archäologischen Mitteln wäre es kaum möglich, solch verschlungene Pfade nachzuvollziehen.

Italien

Die Einwanderung der Kelten nach Italien ist in den antiken Quellen vielfach belegt. Die ältesten archäologischen Spuren, die man mit Kelten verbinden kann, reichen jedoch weiter zurück als die literarisch überlieferten Zeitansätze und finden sich im Bereich von Lago Maggiore und Comer See. Hier gibt es Grabstelen mit lepontischen Inschriften, einer altertümlichen Variante des Keltischen, die bis ca. 500 v. Chr. zurückreichen. Ihr Verbreitungsgebiet deckt sich ungefähr mit dem der Golasecca-Kultur des 7. bis 5. Jh. v. Chr., die ihrerseits in der urnenfelderzeitlichen Canegrate-Gruppe wurzelt. Diese wiederum zeigt deutliche Bezüge zur Urnenfelderkultur nördlich der Alpen, die dort das Substrat für die Hallstattkultur bildete. Da es keinerlei archäologische Hinweise auf Unterbrechungen oder Bevölkerungswechsel gibt, betrachtet man die Lepontier als keltische Exklave eigenen Charakters. Sie

Hörnerhelm, Torques, Schwertkette: italische Statuette eines gallischen Nacktkämpfers. Schwert und Schild sind verloren.

In der »Riesenquelle« von Dux (Duchcov) in Böhmen wurden 1882 über 2000 Fibeln und Ringe gefunden, die in der Frühlatènezeit dort versenkt worden waren.

war einerseits italischen Einflüssen ausgesetzt, hielt aber andererseits offenbar über die Alpen hinweg Verbindung mit dem Westhallstattkreis und dürfte in dessen Beziehungen nach Süden eine noch nicht genau zu bestimmende Vermittlerrolle gespielt haben.

Chronologie – lang oder kurz?

Die erhaltenen Schriftquellen setzen erst im 2. Jh. v. Chr. ein und greifen für die Zeit der Einwanderung selbst auf ältere, oft nicht genannte Quellen zurück. Wieder ist Polybios der erste sichere Gewährsmann. Als Verfasser einer Römischen Geschichte setzt er mit der Schlacht an der Allia und der darauffolgenden Einnahme Roms durch die Gallier als erstem Aufeinandertreffen dieser beiden Gegenspieler ein, wobei er, kurz zurückblendend, die Einwanderung der Barbaren »kurze Zeit« davor ansetzt (Polyb. 2,18). Dabei seien die Etrusker aus der Poebene vertrieben worden. Neben kleineren ligurischen Stämmen zählt er – von West nach Ost – die Stammesnamen der Gallier auf: die Insubrer als größten dieser Stämme, dann Cenomanen und Veneter an der Adria nördlich des Po, Letztere aber keine Kelten, obwohl ihnen ähnlich, aber eine ganz andere Sprache sprechend. Südlich des Po dann die Boier und an der Adria die Lingonen, südlich von diesen die Senonen (Polyb. 2,17). Mit Hilfe kurzer Notizen bei Diodor (14,113) und Plinius (nat. 3,125) lässt sich die Einwanderung auf die Zeit um oder kurz vor 400 v. Chr. eingrenzen.

Livius, der die oben erwähnte Vorgeschichte von Ambigatus und seinen Schwestersöhnen erzählt, setzt den Zeitpunkt, zu dem Bellovesus mit seinen Biturigern sowie Arvernern, Senonen, Haeduern, Ambarrern, Carnuten und Aulerkern nach Oberitalien kommt, in die Regierung von Tarquinius Priscus in Rom und damit noch in die Zeit der Herrschaft etruskischer Könige in Rom im 6. Jh. v. Chr. Zuvor hätten sie phokäische Kolonisten bei der Gründung von Massalia (Marseille) unterstützt, was nach heutigem Stand wiederum einen recht frühen Zeitansatz ergäbe, nämlich ca. 600 v. Chr. Bellovesus' Scharen ziehen jedenfalls anschließend nach Oberitalien, besiegen die Etrusker und gründen Mediolanum (Mailand). Wenig später seien die Cenomanen eingetroffen, danach Boier, Lingonen und Senonen.

Bei einer Reihe weiterer Autoren finden sich unterschiedlich brauchbare Hinweise auf die Einwanderung, die zum Teil mit anderen datierbaren Ereignissen verknüpft sind. Die Diskussion dreht sich letztlich um die Frage: »Lange« (600 v. Chr.), »kurze« (400 v. Chr.) Chronologie oder »mehrere Wellen«?

Arruns Rache?

Warum die Kelten gerade nach Italien kamen, erzählen noch zwei Anekdoten. Die eine überliefert nur Plinius (nat. 12,5): Ein helvetischer Handwerker namens Helico, der sich »deren Kunstfertigkeit halber« in Rom aufhielt, habe bei seiner Rückkehr eine Feige, eine Traube sowie Wein und Öl mitgebracht und somit Begehrlichkeiten nach deren Ursprungsland geweckt. Weit melodramatischer ist die Arruns-Legende, die offenbar recht bekannt war, da sie bei mehreren Autoren auftaucht (u. a. Dion. Halik. Ant. 13,10f.; Liv. 5,33f.; Plut. Cam. 17f.). Es geht um einen Etrusker namens Arruns in Clusium (Chiusi), dessen Pflegesohn ihm seine junge Frau ausspannt. Arruns kann ihn jedoch nicht belangen, da er offenbar einer allzu mächtigen, führenden Familie entstammt. Also zieht er mit Wein, Olivenöl und Feigen ins Land der Kelten, die sich ob solcher Verlockungen nicht lange bitten ließen, selbst und mit Heeresmacht die Quelle dieser Genüsse aufzusuchen.

Natürlich ist der Gehalt solcher Geschichten in verschiedener Hinsicht zweifelhaft und Stoff von Diskussionen. Tritt man zwei, drei Schritte zurück und lässt die Gesamtsituation des 6. und 5. Jahrhunderts v. Chr. rund um die Alpen Revue passieren, dann ließe sich vielleicht dennoch mit groben Strichen ein Bild skizzieren, in das sich vieles einbauen lässt.

Die transalpinen Beziehungen nicht erst seit der Hallstattzeit stehen außer Frage, und zwar in beiden Richtungen, unter anderem liegen etliche

Hallstattfibeln aus der Poebene vor, die sicherlich mit ihren Trägern dorthin gelangt sind. Die Lehmziegelmauer der Heuneburg entstand kurz nach 600 v. Chr., als das hierfür immer gern bemühte Massalia kurz nach seiner Gründung wohl eher noch mit sich selbst und dem Seehandel beschäftigt war, und Lehmziegelmauern gab es auch in Etrurien und bei den verbündeten Karthagern. Zu einem solchen Projekt wird man sich kaum von einem Baumeister überreden lassen, das muss der Bauherr *in natura* gesehen haben, um es zu wollen. Unklar ist, worin im Allgemeinen die Gegengaben für Güter aus dem Süden bestanden haben; neben den üblichen Landesprodukten wurden auch schon Söldner oder Jungmannschaften erwogen, mit denen man den Gastfreunden beisprang, vielleicht in einer der Auseinandersetzungen zwischen etruskischen Städten, ihren Nachbarn oder – wie die Arruns-Geschichte vielleicht aufscheinen lässt – in Rivalitäten zwischen Familienclans. Bei den dazugehörigen Festivitäten hätte man auch Gelegenheit gehabt, bei den stark griechisch orientierten Etruskern oder bei Griechen in Handelsplätzen wie Adria Symposien samt ihren Annehmlichkeiten schätzen zu lernen – natürlich hinterlässt so etwas den stärksten Eindruck, wenn man selbst dabei war. Technische Innovationen wie Drechselbank und Töpferscheibe führt man wohl auch kaum nach einem »Fernkurs« ein, da gehören der eigene Augenschein und möglichst die Praxis in der Werkstatt dazu – obgleich in solchen Fällen auch der Wanderhandwerker aus dem Süden die Alpen überquert haben könnte.

Keltisches Prunkstück: Der Helm aus Canosa di Puglia in Süditalien.

Unter solchen Umständen wäre mit einem ständigen und wahrscheinlich auch zunehmenden Kommen und Gehen kleiner Gruppen zu rechnen, die noch während der Hallstattzeit die Alpen überquerten – vielleicht mit Hilfe der Lepontier im Tessin und am Comer See –, die Beziehungen pflegten, vielleicht sogar wie vielerorts üblich Geiseln austauschten, und Dinge, Eindrücke, Ideen und Vorstellungen, Kenntnisse und Fertigkeiten mitbrachten: Die Vorhut mehrerer Einwanderungswellen, die – vielleicht aufgrund von Entwicklungen nördlich der Alpen, man denke an das Ende der südwestdeutschen Fürstensitze – immer größere Ausmaße annahmen. Innerer Zwist und Übervölkerung, die ebenfalls schnell zu Unruhen führen kann, werden ja auch in den Quellen genannt. Der Klimasturz um 400 v. Chr. war vielleicht nur der letzte Auslöser für den Exodus.

Sacco di Roma oder *vae victis*!

Zu Beginn des 4. Jh. v. Chr. jedenfalls ist der größte Teil der Poebene bis nach Ancona hinunter von den aus Champagne, Marnegebiet und Böhmen eingewanderten gallischen Stämmen beherrscht, die auch bald weite Züge nach Süden unternehmen. Als sie das etruskische Clusium bedrohen, wendet sich dieses an das benachbarte Rom mit der Bitte um Vermittlung. Die römische Gesandtschaft erreicht bei den Eindringlingen jedoch nichts – sie fordern Land – und stellt sich in der Folge aktiv kämpfend auf die Seite der Clusiner – ein klarer Verstoß gegen die Neutralitätspflicht von Gesandten. Die Gallier fordern daraufhin offiziell Genugtuung, doch die Römer weigern sich.

So kommt es am 18. Juli 387 v. Chr. zur Schlacht an der Allia, etwa zwanzig Kilometer vor Rom. Sie gerät zu einer völligen Niederlage der Römer, die in hellen Scharen flüchten und nicht einmal mehr die Stadttore schließen. So können die Gallier, die zunächst noch einen Hinterhalt vermuten, ungehindert die Stadt besetzen. Nach der Überlieferung des Ennius (ann. 7,14, 2. Jh. v. Chr.) fällt ihnen dabei auch das Kapitol in die Hände, die Zitadelle innerhalb der Stadt und Verkörperung Roms schlechthin. Nach späteren Chronisten wie Livius (5,34 ff.) halten sich deren Verteidiger jedoch, ein nächtlicher Handstreich der Gallier scheitert an der Wachsamkeit der heiligen Gänse im Tempel der Juno. Nach siebenmonatiger Besetzung kaufen sich die Römer, deren Großteil sich nach Veji geflüchtet hatte, für tausend Pfund Gold frei. Als es beim Abwiegen zu Meinungsverschiedenheiten kommt, soll Brennos, so der angebliche Name des gallischen Anführers, noch sein Schwert als zusätzliches Gewicht in die Waagschale geworfen haben, mit den Worten *vae victis:* »Wehe den Besiegten!« (Liv. 5,48,9). Livius, der »Staatshistoriker« unter Augustus ist es auch, der von einer Rückeroberung des Lösegeldes beim Abzug der Gallier wissen will; Polybios (2,22) berichtet dagegen von der glücklichen Heimkehr der Besatzer samt Beute. Der *dies ater alliensis,* der »schwarze Tag an der Allia« blieb Staatstrauertag bis weit in die Kaiserzeit hinein, als die Nachfahren der Gallier längst selbst Römer geworden waren. Der *metus gallicus,* die Gallierfurcht, steckte Rom noch lange in den Knochen.

In den folgenden beiden Jahrhunderten sind gallische Krieger als Söldner und Verbündete in wechselnden Koalitionen an den Kämpfen zwischen Römern, Samniten, Etruskern sowie Griechen und Karthagern beteiligt, im Dienste der Letzteren auch auf Sizilien, in Griechenland und Nordafrika. Rom gelingt es unterdessen, sich gegen alle Widerstände nach und nach als Machtfaktor zu etablieren – was die Kelten noch zu spüren bekamen. Erster

Vorgeschmack und Menetekel ist die vernichtende Niederlage der verbündeten Samniten und Gallier bei Sentinum 295 v. Chr., die nicht die einzige bleiben sollte.

Archäologie

Der archäologische Niederschlag der italischen Kelten ist weniger stark als wünschenswert, auch wenn die Ausgrabungen von Marzabotto bei Bologna und Montefortino bei Ancona bereits im 19. Jh. deren Anwesenheit eindrücklich belegten. Nur einige wenige Gräberfelder in den Gebieten der

Noch vor der »großen Einwanderung« 400 v. Chr. entstand diese etruskische Grabstele aus Bologna. Der nackte Gallier ist deutlich größer dargestellt als der Reiter.

Boier, Senonen und Cenomanen sind bekannt, vor allem fehlen Funde des 4. Jh. v. Chr., welche die Einwanderungsgeschichte näher beleuchten könnten. Allerdings legen einige Dutzend Gürtelhaken der Stufe Latène A – also noch des 5. Jh. –, die in Gallien und in Oberitalien gefunden wurden, ein Einsickern von Kelten schon zu dieser Zeit nahe – keine große Überraschung, wenn man an die bereits erwähnten Hallstattfibeln des 6. Jh. denkt. In die gleiche Richtung weisen Grabstelen aus Bologna, die nackte Fußkämpfer mit Langschild im Kampf mit etruskischen Reitern abbilden und ebenfalls noch ins spätere 5. Jh. v. Chr. datieren. Es dürften wohl keine unbedeutenden Ereignisse gewesen sein, an die hier erinnert wird: Die Vorgänger der nackten Gaesaten von Telamon müssen Eindruck gemacht haben.

Die keltischen Neuankömmlinge lebten sich gut ein, denn in den Gräbern finden sich zunehmend italische Objekte, nur bei den Waffen blieb man konservativ. Am Monte Bibele im Apennin südlich Bologna wurde eine Siedlung des 4. und 3. Jh. v. Chr. mit zugehörigem Gräberfeld ergraben, wo offenbar keltische und etruskische Bewohner über Generationen friedlich zusammenlebten. Ansonsten sind Siedlungsbefunde leider rar.

Die Verbindungen in die alte Heimat blieben bestehen, nicht nur in Form der mehrfach in den Schriftquellen erwähnten Waffenhilfe. So scheint die Ausformung des »Waldalgesheim-Stils« des 4. Jh. v. Chr. Impulse aus Italien erhalten zu haben, wenn er nicht, wie manche meinen, sogar dort bei den Senonen entstanden ist. Andere Zierelemente auf Schwertscheiden und Halsringen weisen in die Champagne.

Insgesamt gesehen muss man sich davor hüten, mit den antiken Autoren fast nur die kriegerische Seite der italischen Kelten zu sehen. Das Panoptikum war sicher oftmals auch friedlich und ziemlich bunt, da auch ganz unterschiedliche Beziehungen nicht nur zu Etruskern, sondern auch zu den verschiedenen italischen Völkern, zu Griechen und Karthagern bestanden haben müssen.

Südosteuropa und Anatolien

Von göttlichen Vorzeichen bestimmt, hatte Segovesus wie eingangs erwähnt den Weg nach Osten genommen. Ähnliches schildert auch Pompeius Trogus (bei Iust. 24,4,1–4): 300 000 Gallier seien auf der Suche nach neuen Wohnsitzen teils nach Italien, teils nach Osten gezogen. Ebenfalls den Vorzeichen folgend hätten sie unterwegs namenlose Barbaren und schließlich die Pannonier unterworfen, von deren Gebiet aus dann über viele Jahre ihre Nachbarn bekriegend. Das klingt echt keltisch und dürfte ungefähr den Kern der Vorgänge treffen. Erhellenderes ist nicht zu erfahren, da für das 4. Jh. v. Chr. vom Balkan kaum brauchbare Nachrichten vorliegen. Archäologisch gesehen reicht bereits die frühe Latènekultur mit Gräbern der Stufe A überraschend weit nach Osten: in die Südwestslowakei, nach Niederösterreich und vereinzelt noch weiter. Hier am Ostrand der Hallstattkultur werden im 5. Jh. Anzeichen für eine Integration von neuen Latène-A-Formen in lokale, der Hallstattkultur nahestehende Traditionen sichtbar – als letzte Belegungsphase bestehender Friedhöfe. Danach folgen im 4. Jh. v. Chr. neue Flachgräberfelder mit Latène-B-Material. Es sieht so aus, als sei die sich anbahnende Latènisierung der örtlichen Kultur wenig später von einer massiven Latène-Welle, der eigentlichen Wanderung überrollt worden – vielleicht nicht ganz freiwillig, aber auch nicht unbedingt gewaltsam. Mancher fühlt sich hier an Südwestdeutschland erinnert, wo im spätesten Hallstattmilieu ebenfalls erste Latène-Anklänge erscheinen, bevor die eigentlich Ablösung durch die Latènekultur erfolgt.

Im 4. Jh. v. Chr. reicht die Verbreitung der Latène-B-Flachgräberfelder bis in den Westen Rumäniens; das Karpatenbecken und der mittlere Donauraum werden neben Böhmen und Mähren zu einem Zentrum des ostkeltischen Siedlungsgebietes und zum Sprungbrett für die bald folgende »keltische Offensive« des 3. Jh. v. Chr. Währenddessen reißen auch hier die Verbindungen nach Westen nicht ab, wie von dort stammende Funde in Pannonien oder ostkeltische Elemente etwa in der Champagne zeigen.

Das reich ausgestattete Grab von Çiumeşti (Rumänien) enthielt unter anderem ein Kettenhemd, Beinschienen und diesen Helm. Die Flügel des Raubvogels sind beweglich, ca. 300 v. Chr.

Wir fürchten gar nichts, außer ...

Dass man auch aufmerksam nach Osten blickte, zeigt die bekannte Alexander-Episode. Danach hielt 335 v. Chr. Alexander der Große, dessen Vater Philipp II. übrigens mit einer *keltikè máchaira*, einem keltischen Schwert oder Dolch ermordet worden sein soll (Diod. 16,97,3), nach einem Feldzug in der Gegend der Donaumündung Hof. Unter den Gesandtschaften, die ihn aufsuchten, war auch eine keltische, deren Heimat etwas vage als nahe der Adria liegend angegeben wird. Alexander fragte sie, was sie denn am meisten fürchteten, wohl erwartend, dass das er selbst sein müsste. Stattdessen sagten sie ihm, dass sie nichts fürchteten, außer dass ihnen der Himmel auf den Kopf fallen könnte. Als sie gegangen waren, soll er zu seiner Umgebung gemeint haben, diese Kelten wären rechte Angeber (Arr. Anab. 1,4,6 ff.; Strab. 7,3,8). Elf Jahre später suchte eine keltische Abordnung Alexander sogar in Babylon auf (Arr. Anab. 7,15,4; Diod. 17,113,2).

Aus dem 4. und beginnenden 3. Jh. v. Chr. sind nun Vorstöße vom pannonischen Gebiet aus gegen Illyrer an der mittleren Adria und nach Thrakien überliefert, die offenbar mit allmählicher Expansion einhergehen. So formieren sich um 300 v. Chr. die Taurisker, mit denen auch in Slowenien die Latènekultur die hier noch immer nachklingende Hallstattkultur beendet, und auch im Gebiet der späteren Skordisker dürfen erste keltische Vorboten vermutet werden.

»Schwert-Stil«: Zwei Beispiele aus Batina (Kroatien) und Tolna (Ungarn).

Man könnte diese Zeit als eine der Konsolidierung und des Kräftesammelns auffassen, denn 280 v. Chr. starten mehrere große Heerzüge, offenbar mit Sack und Pack, 2000 Wagen im Tross (Diod. 22,9,1), und nicht mehr nur auf Raubzug. Man hat den Eindruck, dass dieses Mal auch die Suche nach neuen Siedlungsgebieten eine Rolle spielt. Ziele waren zunächst Illyrien, Thrakien und Makedonien, von Thrakien aus wandten sich die Scharen des Brennos gegen Delphi.

Von hier an fließen die Schriftquellen zwar reichlicher, aber nicht unbedingt klarer und mit etlichen Episoden angereichert, denn der Zug des Brennos mit dem angeblich von den Göttern selbst vereitelten Versuch, die altehrwürdige und allen Griechen heilige Orakelstätte von Delphi zu plündern, wurde überall mit Entsetzen und Empörung aufgenommen und beeinträchtigte den Ruf der Kelten für Jahrhunderte nachhaltig.

Nach diesem Misserfolg und dem Selbstmord des Brennos siedelt sich ein Teil der Überlebenden an der Donau im Gebiet von Drau, Theiß und Save an, offenbar einvernehmlich mit Einheimischen, zwischen denen sie begraben liegen. Sie nennen sich Skordisker, gründen Singidunum (Belgrad) und expandieren in der Folge vor allem donauabwärts. Weniger ausdauernd zeigt sich das Reich von Tylis in Thrakien, ebenfalls von Veteranen des Delphizuges begründet. Jahrzehntelang musste das damals noch kleinere Byzanz ihnen erkleckliche Tribute zahlen, dann wurde Tylis jedoch 212 v. Chr. von thrakischen Nachbarn besiegt und erlosch.

Ebenfalls im 3. Jh. v. Chr. finden sich isolierte Spuren keltischer Präsenz und keltischen Einflusses sogar im nördliche Schwarzmeergebiet mitten im Skythenland: an Dnjestr, Bug und Dnjepr.

Jenseits des Bosporus

Die Kämpfe um das Erbe des großen Alexander sind zur Zeit des keltischen Vorstoßes von 280 v. Chr. noch voll im Gange und erfahrene Söldner deshalb immer gefragt. So wird ein Kontingent von – wie es heißt – 10 000 Bewaffneten samt Anhang in gleicher Stärke von Nikomedes I. von Bithynien angeheuert. Es setzt 278 nach Kleinasien über und erfüllt offenbar die Erwartungen des Auftraggebers. Danach scheint es sich selbständig zu machen und zum Schrecken der kleinasiatischen Städte »aus dem Lande lebend« herumzuziehen – ob mit Duldung oder gar im Auftrag des Nikomedes ist unklar, jedenfalls sparen sie dessen Gebiete aus.

Auf ernsthaften Widerstand treffen die Galater um 270 v. Chr. in der »Elefantenschlacht« gegen Antiochos I. von Syrien, einen der Gegenspieler des Nikomedes. Es wäre dem Sieger vermutlich nicht schwer gefallen, die geschlagenen Galater zu vernichten, was er aber unterlässt. Auch die folgende Ansiedlung im später nach ihnen benannten Galatien macht nicht den Eindruck einer Zwangsumsiedlung als Unterdrückungsmaßnahme, denn nach neueren Untersuchungen war dieses Gebiet am mittleren Halys keineswegs karg und unfruchtbar, sondern ihrem balkanisch-donauländischen Herkunftsgebiet vergleichbar, nicht zu dicht besiedelt und mit Ausnahme weniger Städte durchweg ländlich und so ihrer ursprünglichen Lebensweise und dem Erhalt ihrer Identität günstig. Die sprichwörtliche Fruchtbarkeit, mit der sie den ständigen Aderlass durch Söldnertum und Kriege mehr als wett machen, spricht ebenfalls dafür. Die drei Stämme besiedeln ein zusammenhängendes Gebiet mit den Tolistobogern (auch Tolistoagioi) um Gordion und Pessinus im Westen, den Tektosagen um ihren Hauptort Ankyra (Ankara) in der Mitte und den Trokmern östlich um Tavium.

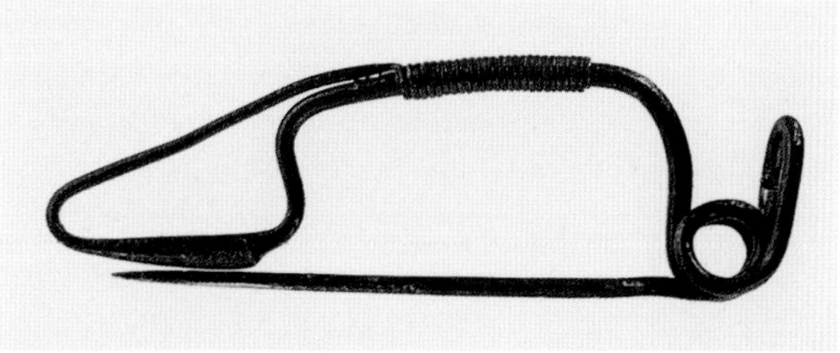

Nur wenige Funde wie diese Fibel belegen bisher die Anwesenheit der Galater in Kleinasien.

Zumindest in der Wahrnehmung der antiken Quellen bleibt das Kämpfen gegen Sold ihre Hauptbeschäftigung. Sie sind quasi von Arbeitgebern umgeben, die sie in alle Ecken der damals bekannten Welt schicken. Daneben erhalten sie Tribute von umliegenden Städten und Potentaten, die sich ihren Frieden erkaufen.

Attalos I. von Pergamon verweigert 235 v. Chr. die Tributzahlung an die Galater und schlägt sie bei Pergamon. Propagandistischer Ausfluss dessen sind die »großen Gallier«, eine Gruppe von Statuen, darunter der berühmte »sterbende Gallier«. Es ist in der Tat auffällig, dass jeder wie auch immer errungene Sieg über Galater als großer Prestigegewinn verbucht und entsprechend propagiert wurde.

Insgesamt bieten die historischen Quellen mancherlei Probleme und machen es schwer, in der komplizierten Geschichte dieses Raumes den Überblick zu behalten, in dem die Galater wohl auch Spieler, wahrscheinlich aber öfter Figuren im Spiel der sie umgebenden Mächte waren.

Der archäologische Niederschlag der Galater in Kleinasien ist erstaunlich gering: nicht mehr als zwei Dutzend Fibeln, einige Arm- oder Fußringe, Keramik. Teils mag dies am Forschungsstand liegen, teils wohl auch an einer zügigen Annahme einheimischen Sachgutes – obwohl es mehrere Hinweise auf weiterhin bestehende Verbindungen in die ostkeltische Heimat gibt.

Iberien

Die Iberische Halbinsel spielt in verschiedener Hinsicht eine Sonderrolle innerhalb der keltischen Kultur. Einerseits liegt mit Herodots Nennung von Kelten an Iberiens Westküste eine der frühesten Erwähnungen vor, wenn nicht – was leider nur vermutet werden kann – Avienus' *ora marittima* den Reflex eines noch älteren Periplus (griech. »Umsegelung«) widerspiegelt, also einer Küstenbeschreibung von See aus, vielleicht sogar des karthagischen Seefahrers Himilko. Auch die keltiberische Sprache gilt als recht urtümlicher Dialekt des Keltischen, der sich anscheinend als erster von diesem abgespalten hat. Andererseits lässt die Sachkultur nur bestimmte, fast immer eigenständig interpretierte Anleihen vom Kontinentalkeltischen erkennen: Schwerter erhalten eine andere Aufhängung, Fibeln folgen dem Latèneschema, sind aber ebenso wie Torques deutlich zu unterscheiden. Von einer Latènekultur kann keine Rede sein. Der Ablauf dieser Keltisierung ist schwer durchschaubar, da sich die sprachlichen und archäologischen Überreste und die historischen Quellen nicht in Einklang bringen lassen, was höchst widersprüchliche Theorien entstehen ließ: von autochthoner Entstehung bis zu mehreren Einwanderungswellen. So ist es kein Wunder, dass offenbar auch die antiken Autoren, die erst mit der römischen Okkupation seit dem 2. Jh. v. Chr. genaueren Einblick gewinnen konnten, dazu nur lückenhafte und teilweise verwirrende Angaben machen können. Bei ihnen taucht erstmals die Bezeichnung *celtiberi* auf.

Aus heutiger Sicht hat man es, vereinfacht ausgedrückt, zunächst mit einer

Bronzewagen mit Eberjagd aus dem keltiberischen Merida (Prov. Badajóz), 2./1. Jh. v. Chr.

nicht-indogermanisch sprechenden Vorbevölkerung zu tun, die man als Proto-Iberer betrachtet. Ihr Ursprung und der ihrer Sprache ist ungeklärt. In historischer Zeit umfasst ihr Gebiet den Südosten und Osten der Iberischen Halbinsel, den mediterranen Kultureinflüssen der Karthager, Griechen und später vor allem der Römer zugewandt. Daneben gab es vor allem im Südwesten und Westen eine Vorbevölkerung mit einer indogermanischen, vorkeltischen Sprache. Wohl seit dem 9./8. Jh. v. Chr. sickern offenbar vom Kontinent her kleine Gruppen ein, die sich zunächst auf der Hochfläche der Meseta im Nordosten des Landesinneren ansiedeln, dem späteren Kerngebiet der Keltiberer, als deren Vorfahren sie gelten. Im 6. Jh. v. Chr. formiert sich hier die keltiberische Kultur – auf welchen Anstoß hin, ist jedoch unklar. Vermutlich werden – auch wenn die Archäologie kaum handfeste Hinweise bieten kann – Einfluss und Zuzug über die Pyrenäen eine Rolle gespielt haben. Die entstehende Gesellschaft ist jedenfalls kriegerisch, zunehmend hierarchisch, wie reiche Bestattungen andeuten – und expansiv, wie die vornehme Umschreibung für Raubzüge und Unterwerfungen in der jeweiligen näheren oder weiteren Umgebung lautet. Man expandiert also, das Keltiberische überlagert nach Westen und Süden das vorkeltische Substrat und nähert sich auch den iberischen Gebieten, was eine kontinuierliche »Kulturdrift« zur Folge hat, weg vom keltischen Element und mediterranen Einflüssen entgegen. Seit dem 3. Jh. v. Chr. sind Letztere an der Verwendung von Münzen, an planmäßig rechtwinkliger Auslegung von Siedlungen und der Benutzung des vom phönizischen abgeleiteten iberischen Alphabets ablesbar, das auf Münzen, Grabstelen, Keramik und *tesserae* (»Freundschaftstäfelchen«) erscheint. Auch zur westlichen und südwestlichen Peripherie hin dünnt der keltische Niederschlag aus und zeigt sich bezeichnenderweise vor allem noch in den kriegerischen Attributen wie Gürteln oder Waffen.

Von historischer Seite nennt Plinius *celtici* in der *baetica* (am Guadalquivir) und *celti praestamarici* in der *gallaecia* in Nordportugal (nat. 3,131; 4,112 f.); die *gallaeci*, sicher nur teilweise keltisiert, haben der Region Galicien zu ihrem Namen verholfen. Im Ebro-Tal werden *galli* erwähnt.

Trotz allem zeigt sich aber immer wieder, dass Verbindungen über die Pyrenäen bestanden, und nicht nur in einer Richtung. Aus dem Magdalenenberg bei Villingen stammt ein Gürtelhaken des 7./6. Jh. v. Chr., dessen engste Parallelen in der nördlichen Meseta zu finden sind. Ähnliche iberische Verwandtschaft zeigen Armreifen aus den Fürstengräbern von Hochdorf und Kappel sowie Ohrringe aus der Côte d'Or, vielleicht auch der Halsring der Fürstin von Vix. Gleiches gilt für die metallurgische Zusammensetzung einiger Goldobjekte der westlichen Hallstattkultur. Späterhin sind die erwähnten Latèneschwerter, aber auch Gottheiten wie Lug und Cernunnos erkennbar keltische Elemente. Noch Caesar (bell. civ. 1,51; bell. gall. 3,23,3ff.; 3,26,6) erwähnt mehrfach gegenseitige Unterstützung von Galliern und Keltiberern über die Pyrenäen gegen Rom.

Auch wenn ihre Entstehung viele Fragen offen lässt, zeigt sich doch deutlich, dass aus den parallelen keltischen und iberisch-mediterranen Einflüssen bei den Keltiberern eine höchst eigenwillige Variante keltischer Kultur entsteht – und das scheint wieder typisch keltisch zu sein.

Das Imperium schlägt zurück – Kelten auf dem Rückzug

Italien

Die ersten Rückschläge keltischer Expansion stellen sich in Italien ein, wo die Niederlage von Sentinum 295 v. Chr. die Wende einläutet. Zwar gelingen den Galliern noch einige Siege, aber bereits nach der Schlacht am Vadimonischen See 284/3 v. Chr. wird die erste römische Kolonie auf dem Gebiet der Senonen gegründet, Sena Gallica (Senegallia), 268 v. Chr. dann Ariminum (Rimini). 232 v. Chr. erfolgt die vollständige Konfiszierung und Vergabe des senonischen Gebietes an römische Bürger. Boier und Insubrer verbünden sich nun gegen Rom, dem sich mittlerweile Veneter, Samniten, Etrusker und die (gallischen) Cenomanen angeschlossen haben. Die Schlacht von Telamon 225 v. Chr., zu der die Boier auch Gaesaten (s. S. 91) aus Gallien zur Unterstützung kommen lassen, endet mit einer vernichtenden Niederlage. 224 v. Chr. werden die Boier unterworfen, 222 bei Clastidium die Insubrer, ihr Hauptort Mediolanum (Mailand) wird erobert.

Im 2. Punischen Krieg kämpfen nach dessen Alpenüberquerung 218 v. Chr. die kurz zuvor unterworfenen Boier und Insubrer neben Keltiberern im Heer Hannibals, wo sie zeitweise fast die Hälfte seiner Truppen stellen. Er fügt den Römern eine Niederlage nach der anderen zu, wird aber 203 v. Chr. unverrichteter Dinge nach Karthago abberufen. Nach der endgültigen Niederlage der Karthager macht Rom sich ab 200 v. Chr. an die endgültige Unterwerfung »Galliens diesseits der Alpen«, der *gallia cisalpina.* Insubrer und Cenomanen erhalten 196 v. Chr. einen Friedensvertrag, die widerspenstigen Boier müssen 193 und 191 nochmals geschlagen werden. Danach verlassen die Überlebenden Italien und ziehen wahrscheinlich an die Donau oder ins heutige Böhmen.

Damit ist die *gallia cisalpina*, das – aus römischer Sicht – Gallien diesseits der Alpen befriedet. Ein Jahrhundert später, 89 v. Chr., bekommen auch die Gallier der *transpadana* jenseits des Po das latinische Bürgerrecht, wenig später wird die *gallia cisalpina* römische Provinz, 41 v. Chr. schließlich römisches Staatgebiet. Letzte keltische Turbulenzen erlebt Italien beim Spartakusaufstand 73 v. Chr., als sich die keltischen Sklaven vom Gros trennen und erst im Jahr darauf am Monte Gargano, dem »Stiefelsporn«, gestellt und vernichtet werden.

Der Südosten

Im Osten greift Rom, kaum dass Karthago niedergeworfen ist, in die nicht enden wollenden Kämpfe zwischen Makedonien, den griechischen Städten und den kleinasiatischen Königreichen ein. An der Seite Antiochos III. verliert ein galatisches Kontingent 190 v. Chr. die Schlacht bei Magnesia, was eine römische Strafexpedition nach Galatien und die Erstürmung mehrerer Bergfestungen samt anschließender Versklavung der Überlebenden zur Folge hat. Hier ereignet sich auch die Episode um die Tolistobogenfürstin Chiomara (s. S. 96). Schließlich konnte Eumenes II. von Pergamon einen Sieg über die Galater erringen, der vor allem kunstgeschichtliche Auswirkungen hatte: Anlässlich dieses Triumphes entsteht einige Jahre später der kleine Galaterfries der Akropolis in Athen, wo allegorisch Athener gegen Amazonen und Götter gegen Giganten kämpfen, beides unschwer als Kampf von Zivilisation und Ordnung gegen die (galatischen) Mächte der

Der sterbende Gallier, römische Marmorkopie des griechischen Originals aus dem 2. Jh. v. Chr. und Schwarm aller Archäologiestudentinnen

Barbaren und des Chaos zu entschlüsseln. Bedeutender noch ist der etwa gleichzeitig um 170 v. Chr. entstandene Pergamon-Altar, der heute im gleichnamigen Museum in Berlin zu sehen ist. Auch hier ist der vordergründig dargestellte Kampf der Götter gegen die Giganten leicht zu durchschauen.

In der Schlacht von Pydna 168 v. Chr. siegen die Galater auf Seiten der Römer, wofür sie mit Autonomie von Roms Gnaden belohnt werden. Ein kurzes Techtelmechtel mit dem berüchtigten Mithradates VI. von Pontos kostet sie sechzig diesem als Geiseln gestellte Adelige, die er umbringen lässt. In der Folge wird die Führung der Galater immer mehr gestrafft, bis anstelle der zwölf Tetrarchen schließlich Deiotaros um 40 v. Chr. König aller Galater wird. 25 v. Chr. wird Galatien römische Provinz, mit Ancyra (Ankara) als Hauptstadt.

Auf der Balkanhalbinsel kämpft Rom im 2. Jh. v. Chr. gegen die illyrischen Piraten, Makedonien und die griechischen Städte – und seit 157 v. Chr. immer wieder gegen die Skordisker, was erst Tiberius 15 n. Chr. endgültig beenden kann. Diese und die keltischen Stämme weiter im Norden, Taurisker und Boier, haben es aber auch noch mit ganz anderen Gegnern zu tun: Sie werden um 50 v. Chr. von den Dakern unter König Burebista unterworfen.

Iberien

Nach Iberien kommt Rom im Zuge der Auseinandersetzungen mit Karthago. Nach dessen Niederlage und der Abtretung aller hispanischen Besitzungen richten die Römer 197 v. Chr. zwei Provinzen entlang der überwiegend iberisch besiedelten Süd- und Ostküste ein und beginnen mit der Ausweitung ihres Einflussgebietes ins Landesinnere. Die daraus resultierenden Kämpfe der Jahre 181 bis 133 v. Chr. – über weite Strecken ein ununterbrochener erbitterter Kleinkrieg – werden auf beiden Seiten mit unnachgiebiger Härte geführt. Vor allem der Aufstand der Lusitanier unter ihrem äußerst geschickt agierenden Anführer Viriat(h)us (147–139 v. Chr.) bringt die Römer in Bedrängnis. Erst dessen von Rom angestiftete Ermordung ermöglicht es ihnen, das Blatt zu wenden. Eine Schlüsselrolle spielt die Belagerung der Stadt Numantia, die 143 v. Chr. die Unterwerfung verweigert und anschließend zehn Jahre lang belagert werden muss. Ausgrabungen zu Beginn des 20. Jahrhunderts erbrachten nicht weniger als sieben römische Lager, von denen Numantia eingeschlossen wurde. Während dieser Zeit muss Rom einige schmähliche Niederlagen durch die Keltiberer hinnehmen, bevor die Bewohner 133 v. Chr. aufgeben und ihre Familien und sich selbst töten. Damit bricht der Aufstand zusammen, und Rom kann seine Herrschaft auf fast ganz Iberien mit Ausnahme des Nordwestens ausdehnen. Die letzte Rebellion ist es allerdings nicht – die nächste folgt in den neunziger Jahren. Von 80 bis 72 v. Chr. operiert dann Sertorius in Spanien im Rahmen des römischen Bürgerkrieges zwischen Marius und Sulla mit einigem Erfolg. Eine Zeit lang paktiert er sogar mit dem erwähnten Mithradates VI. in Kleinasien. Auch Caesar kämpft in Iberien, erst gegen Gallaecer, dann gegen seine römischen Gegner im Bürgerkrieg 46 v. Chr. Schließlich muss Augustus noch eine Erhebung der Cantabrer und Asturer im Nordwesten niederschlagen, ehe Iberien 19 v. Chr. zur Gänze erobert ist – so gründlich, dass das Keltiberische im 2. Jh. n. Chr. verschwunden ist.

Ohrschmuck eines Mädchens aus Saint-Sulpice (Schweiz), ca. 350 v. Chr.: Waren die Glasköpfchen aus Karthago Mitbringsel eines Söldners in karthagischen Diensten?

Späte Blüte – die *oppida*-Zivilisation

Das 3. Jh. v. Chr. bringt den Zenit und – beginnend in Italien – zugleich die Wende der keltischen Expansionsbewegung. In den »Heimatländern« werden Veränderungen erkennbar, die zumindest teilweise als Rückwirkung aus den Auswanderungsgebieten, vor allem Italien, erklärt werden. Die Verbindungen dürften nie ganz abgerissen sein. Das vor allem im 3. und 2. Jh. v. Chr. verbreitete Söldnertum führt ganz allgemein zu größerer Mobilität und zu verstärktem Austausch mit den Herkunftsgebieten, die ersten Rückschläge auch zum allmählichen Einsetzen einer Rückwanderung.

Die Menschen, die hier unterwegs sind, haben im Mittelmeerraum gelebt und sind sicher oft schon dort geboren. Sie bringen, wenn sie auf Zeit oder für immer zurückkehren, eine Fülle »fremder« Eindrücke, Erfahrungen, Kenntnisse und Fertigkeiten mit – für die Archäologie ist davon nur indirekt einiges zu erschließen, ihr bleiben vor allem die Dinge: etwas Handelsgut und exotische Mitbringsel, die Souvenirs.

So muss völlig offen bleiben, inwieweit der in weiten Teilen Mitteleuropas festzustellende Wechsel von der Körper- zur Brandbestattung in diesen Kontext gehört. Archäologisch ist diese Umorientierung bedauerlich, da die unscheinbaren Brandgräber samt den Resten ihrer mitverbrannten Beigaben viel leichter übersehen werden und auch weniger Informationen liefern, so dass nun die Siedlungen als Quelle in den Vordergrund rücken.

Hier erscheinen gegen Ende des 3. Jh. v. Chr. neben den weiterhin üblichen Einzelgehöften und Weilern zum einen die Viereckschanzen, zum anderen bilden sich Großsiedlungen heraus, die in der befestigten Variante das Charakteristikum des 2. und 1. Jh. v. Chr. darstellen: die *oppida* (Einzahl *oppidum*).

Der Begriff bedeutet im Lateinischen eine Landstadt ohne besonderes Stadtrecht und wird von Caesar in seinen *commentarii de bello gallico* als Bezeichnung für befestigte Zentralorte eines Stammes oder Teilstammes benutzt, wobei er einige große und wichtige als *urbs* (Stadt) bezeichnet. Heute verwendet vor allem die angelsächsische und französische Forschung diesen Begriff in einem weiteren Sinn, während im deutschsprachigen Raum damit speziell die großen befestigten Anlagen des 2./1. Jh. v. Chr. mit stellenweise strukturierter Innenbebauung und spezialisiertem Handwerk gemeint sind.

Sie können auf Bergen liegen (Bibracte, Staffelberg), im Flachland (Manching, Mediolanum), in Flussschleifen (Altenburg/Rheinau) und an Zusammenflüssen (Kelheim) oder Hochflächen abtrennen (Heidengraben, Finsterlohr), wobei der Verlauf ihrer Mauern teils geschickt den Gegebenheiten des Geländes folgt, teils souverän ebene Strecken überquert. Die Größe kann mehrere hundert Hektar erreichen, wobei dann die Innenflächen – soweit erforscht – nur zum Teil bebaut waren. Augenfälligstes Merkmal im Gelände sind die teilweise gewaltigen Wälle, in denen sich die im Lauf der Zeit zusammengestürzten Mauern verbergen und welche die einstige Monumentalität einiger Anlagen ahnen lassen. Ein sehr eindrucksvolles Beispiel ist etwa der »Hunnenring« bei Otzenhausen im Saarland. Es sind in der Regel Konstruktionen aus Holz, Stein und Erde sowie, wo die Geologie dies begünstigt, auch reine Steinmauern wie bei der Steinsburg in Thüringen. Der »Klassiker« ist jedoch der Bautyp des *murus gallicus*, den Caesar beschreibt (bell. gall. 7,23).

Er besteht, bei einer Breite von mindestens drei bis vier Metern, aus einem in Lagen übereinander geschichteten horizontalen Rahmenwerk aus starken Balken, die längs innerhalb der Mauer sowie quer dazu verlaufen, so dass von außen die Längsbalken gar nicht und von den Querbalken nur die Stirnflächen in der Trockenmauerfront zu sehen sind. Die Längs- und Querbalken konnten, wo sie sich kreuzen, mit großen Nägeln verbunden sein, die Zwischenräume wurden mit Steinen und gestampfter Erde verfüllt. Dahinter war üblicherweise eine Rampe angeschüttet. Das Rahmenwerk bietet, wie Caesar erklärt, dem Rammbock elastischen Widerstand und kann wegen der Steinverblendung auch nicht verbrannt werden. Diese Bauart war vor allem in Gallien üblich, der östlichste Vertreter ist die erste Befestigung in Manching.

Östlich des Rheins waren sonst Pfostenschlitzmauern üblich. Hier stehen mächtige senkrechte Pfosten sichtbar in der ebenfalls trocken gesetzten Mauerfront, die nach hinten durch horizontale Balken entweder in der rückwärtigen Rampe verankert oder, so vorhanden, mit der Rückfront ver-

Modell der Kombination aus Pfostenschlitzmauer und *murus gallicus* mit Zangentor auf dem Basler Münsterhügel, 1. Jh. v. Chr.

bunden waren. Ausgrabungen in verschiedenen *oppida* haben gezeigt, dass es mehrere Varianten etwa der Verankerung und auch Kombinationen von Pfostenschlitzmauer und innerem Rahmenwerk gab.

Die Zufahrt führte typischerweise, wie in Manching, zweispurig durch ein zurückgesetztes Torhaus am Ende einer Torgasse, die von den nach innen einbiegenden Mauerschenkeln gebildet wurde. Solche Zangentore ermöglichen es, Angreifer vor dem Tor von beiden Seiten von der Mauer herab zu beschießen.

Einzigartig ist die nur 4,3 cm breite bronzene Geldbörse aus Manching, die ein Regenbogenschüsselchen und fünf goldene 1/24-Statere zu etwa 0,3 g enthielt.

Die Interpretation der Funktion solcher Anlagen orientierte sich vor allem anfänglich natürlich an Caesar, bei dem die *oppida* Galliens Hauptorte und Mittelpunkte eines Stammes oder *pagus* (Teilstamm) sind, Umschlagplätze und Warenlager, im weitesten Sinne Wirtschafts- und Verwaltungszentren mit gelegentlich Tausenden von Einwohnern.

Großflächige Ausgrabungen im Inneren von *oppida* sind leider die Ausnahme, ergeben aber ein durchaus differenziertes Bild. Im Fundmaterial begegnen Südimporte und Exotika, die aber eher unspektakulär eine gewisse Alltäglichkeit spiegeln, zum Teil auch Rohmaterial zur Weiterverarbeitung darstellen, was zu den meist zahlreichen Werkzeugen und Abfallstükken passt und auf spezialisiertes, arbeitsteiliges Handwerk – teilweise in »Handwerkervierteln« – schließen lässt. Dazu gehören auch Utensilien der Münzprägung, deren Emissionen nicht selten bestimmten Siedlungen oder Stämmen zugeschrieben werden können, auch Feinwaagen, Gewichte und Maßstäbe (s. Abb. S. 118).

Einzelne Funde von Graffitos und Schreibtäfelchen lassen einen gewissen profanen Schriftgebrauch erahnen und dürften am ehesten einen gewerblichen Hintergrund haben. Eine regelmäßig geplante Bebauung, auch mit Straßengräben und Pflaster, kommt vor. Die Bauweise der Gebäude bleibt östlich des Rheins aber weiterhin traditionell in Holz und kann auch noch recht »ländlich« wirken, etwa wie eine wenn auch regelmäßige Anordnung von Hofanlagen. Der Zweck der großen Freiflächen innerhalb der Mauern ist unsicher.

Spezielle Funktionen ergeben sich beispielsweise in Kelheim, wo Eisenverhüttung im *oppidum* nachgewiesen ist, und aus der Lage zu Verkehrswegen zu Wasser und zu Lande.

Einige *oppida* scheinen beinahe »auf der grünen Wiese« entstanden zu sein, andere haben sich aus unbefestigten Siedlungen entwickelt. Entsprechend kennt man in der Mittel- und Spätlatènezeit auch große, (noch?) offene Siedlungen wie Berching-Pollanten mit Münzprägung und ähnlichen, sonst für *oppida* charakteristischen Spuren.

Erstaunlich ist in jedem Fall der enorme Aufwand an Bauholz, Eisen (Nägel!), Steinen und Erde sowie Planung und Arbeitskraft für die *oppida*, obwohl diese teilweise nur wenige Jahrzehnte genutzt wurden. Neben dem fortifikatorischen Aspekt kann eine Mauer hier Rechtsgrenze sein, sicher aber ein Repräsentationsmittel, das die Wehrhaftigkeit und Leistungsfähigkeit der Gemeinschaft oder des Bauherrn signalisiert. Über den oder die tatsächlichen Herren und die Organisation wissen wir nichts Gesichertes.

Ebenso bemerkenswert ist trotz aller Unterschiede im Detail die Gleichartigkeit dieser Großsiedlungen von Frankreich über Böhmen – wo die frühesten entstehen – bis Ungarn. Sie entspricht dem Bild des Sachgutes, von Schmuck und Waffen im gleichen Raum. Das Netz europa-, ja mittelmeer-

Rekonstruktionszeichnung des ergrabenen Handwerkerviertels von Bibracte (Burgund), dem *oppidum* der Haeduer.

weiter Verflechtung durch persönliche Mobilität und Beziehungen vor allem der Krieger- und Oberschicht muss eng gewesen sein, damit Neuerungen auf so breiter Basis Eingang finden konnten. Leider kennen wir die zu vermutenden Vorbilder der mitteleuropäischen *oppida*, die der cisalpinen Kelten, nur vom Hörensagen der antiken Schriftquellen, da in Oberitalien noch nichts Vergleichbares ausgegraben wurde. Die Entstehung der neuen Großsiedlungen nördlich der Alpen – ob befestigt oder nicht – hatte sicherlich mit den Aus- und Rückwanderern zu tun, auch wenn wir die genauen Hintergründe nicht erfassen. Dass sie dann so schwer befestigt wurden, könnte sowohl innere Konkurrenz anzeigen wie in Gallien, aber auch schon die neue Bedrohung aus dem Norden: die Germanen und weiter im Osten die Daker, die das Ende der ostkeltischen Kultur bedeuten. Das Ende der süddeutschen *oppida* scheint eher mit einem allgemeinen Niedergang einherzugehen, dessen Ursachen unklar bleiben.

Caesars Feldzüge im gallischen Krieg von 58–51 v. Chr. in vereinfachter Darstellung

Als die Römer im Alpenfeldzug von 15 v. Chr. das Alpenvorland passieren, hinterlassen sie nicht einmal eine Besatzung. Es scheint sich nicht gelohnt zu haben. Manching ist da längst verwaist, es finden sich nur vereinzelte Spuren keltischer und germanischer Herkunft.

Finale Furioso

Die Eroberung Galliens beginnt im Süden im 2. Jh. v. Chr., als Rom dem verbündeten Massilia (Marseille) erstmals 154 v. Chr. gegen die keltoligurischen Salluvier beispringt – sicher nicht zuletzt im Hinblick auf einen sicheren Landweg in das in Eroberung begriffene Hispanien. Aus einem ähnlichen Anlass ergibt sich 121 v. Chr. eine Konfrontation mit den Allobrogern, die sich weigern, Flüchtlinge auszuliefern. Die Arverner, Vormacht in Gallien und eines Bündnisses mit den benachbarten Allobrogern und den Sequanern weiter nördlich, versuchen zunächst vergeblich zu vermitteln und schlagen sich daraufhin auf die Seite ihrer Nachbarn. Die Verbündeten unterliegen den Römern, was weitreichende Folgen zeitigt. Diese besetzen das allobrogische Territorium und sitzen damit plötzlich zwischen Alpen und Rhône bis zu deren Ausfluss aus dem Genfer See bei Genava (Genf). Die Arverner verlieren ihre Vormachtstellung an die nördlich benachbarten Rivalen, die Haeduer, die Rom mit einem offiziellen Freundschaftsvertrag verbunden sind. Gleichzeitig wird Narbo (Narbonne) mitsamt der ganzen südfranzösischen Küste römisch, entlang der nun eine Straße nach Hispanien entsteht. Sollte es Zufall sein, dass Rom damit auch die Endpunkte zweier alter »Zinnstraßen« ins nordwestliche Europa und zum Atlantik nach Britannien – via Narbo über die Garonne sowie über die Rhône – kontrollieren kann? Zudem sitzen die Haeduer zwischen Saône und Seine an einer Schlüsselstelle letzterer Route. Die römischen Interessen veranschaulicht drastisch auch Ciceros Schilderung in seiner Rede *pro Fonteio* aus dem Jahr 69 v. Chr.:

> »Ganz Gallien ist voll von Händlern, von römischen Bürgern. Kein Gallier schließt ohne Mitwirkung eines römischen Bürgers ein Geschäft ab; nicht ein Sesterz wechselt den Besitzer, ohne in die Bücher römischer Bürger eingetragen zu werden.«

Größere Turbulenzen für alle Beteiligten entstehen Ende des 2. Jh. v. Chr. durch die Kimbernzüge. Die Kimbern, Teutonen und Ambronen waren nach einer verheerenden Sturmflut aus dem heutigen Dänemark nach

Süden gezogen, nach einem Zusammenstoß mit den Boiern über Pannonien auf die Skordisker gestoßen, hatten dann kehrtgemacht und erst die Taurisker, dann die Noriker heimgesucht. Dort stoßen sie bei Noreia 113 v. Chr. auf ein römisches Heer, das sie besiegen, danach ziehen sie am Alpennordrand entlang zu den Helvetiern, die zu dieser Zeit wohl noch mehrheitlich in Südwestdeutschland sitzen. Die Aussicht auf Beute verlockt eine Schar des helvetischen Teilstammes der Tiguriner – der vielleicht mit dem *oppidum* »Heidengraben« auf der Reutlinger Alb zu verbinden ist –, sich ihnen anzuschließen. Man zieht nach Gallien, holt sich bei den Belgern eine Abfuhr und richtet sich in der Mitte Galliens ein, das über Jahre gründlich geplündert wird. Sie schlagen mehrmals römische Heere, zuletzt 105 v. Chr. bei Arausio (Orange). Von dort aus unternehmen die Kimbern einen erfolglosen Ausflug zu den Iberern.

Siegerpropaganda: Münze Caesars von 48/47 v. Chr. mit gefesseltem Gallier, darüber ein *tropaion* mit den typisch gallischen Trophäen Ovalschild und Carnyx.

Teutonen und Ambronen kehren direkt nach Nordgallien zurück. Der folgende, offenbar generalstabsmäßig geplante Zangenangriff auf Italien endet mit buchstäblich vernichtenden Niederlagen der Teutonen und Ambronen 102 v. Chr. bei Aquae Sextiae (Aix-en-Provence) und der Kimbern, die über die Ostalpen nach Oberitalien gelangen, im Jahr darauf bei Vercellae. Die Tiguriner sind nicht direkt am Kampfgeschehen beteiligt und die Einzigen, die davonkommen.

Die Kimbernkämpfe haben verschiedene Auswirkungen: Bei den Römern nach der Niederlage von Arausio Panik, da man mit diesen Barbaren – die man für Kelten hält, ist es doch die erste Begegnung Italiens mit Germanenheeren – schon einen zweiten *dies ater* für Rom befürchtet, und in der Folge eine noch erhöhte Empfindlichkeit allem Gallischen gegenüber, die Caesars Unternehmen in der Öffentlichkeit sicher eher genutzt als geschadet hat. So kann auch Marius mit Hochdruck die Reform der Armee zu jener professionell geführten Berufsarmee durchsetzen, die 102 und 101 ihre Feuerprobe besteht und Caesars spätere Erfolge ermöglicht. Im freien Gallien sind die Folgen durch die ungebetenen germanischen Gäste sicherlich im Wortsinn verheerend: wirtschaftlich und vielleicht auch psychologisch. Offenbar kam es in belagerten *oppida* aus Hunger zu Fällen von Kannibalismus (Caes. bell. gall. 7,77,12). Auswirkungen auf die gesellschaftliche Entwicklung sind nur zu vermuten.

Jedenfalls scheint in der Folge das Ringen um die Vorherrschaft zwischen den Koalitionen von Arvernern und Haeduern ohne wirkliche Entscheidung angedauert zu haben, bis die Sequaner, Juniorpartner der Arverner sowie Nachbarn und alte Feinde der sie bedrängenden Haeduer, Hilfe von außen engagieren: Sie holen Ariovist und seine Germanen über den Rhein.

Schon seit etwa dem späten 3./2. Jh. v. Chr. sind auch im Norden der keltischen Gebiete Rückzugstendenzen und Überlagerungen durch frühgermanische Spuren zu erkennen: im 1. Jh. v. Chr. gibt es germanische Siedlungsspuren in Hessen und südlich des Mains, zum Teil eng verbunden mit keltischen Befunden. Die von dem Geographen Claudios Ptolemaios (2,11,6) im 2. Jh. n. Chr. beschriebene »Helvetiereinöde« in Südwestdeutschland kann zwar archäologisch gesehen nicht völlig unbewohnt gewesen sein, doch scheinen sich die Helvetier unter germanischem Druck allmählich in die Schweiz zurückgezogen zu haben (bell. gall. 1,1,4).

Ariovist und seine Germanen richten sich seit etwa 71 v. Chr. bei den Sequanern häuslich ein, bescheren den Haeduern 61 v. Chr. eine schwere Niederlage und fordern erst ein Drittel des Sequanerlandes, dann noch eines. Die Situation ist prekär, vor allem wegen der innergallischen Spannungen. Die Stämme sind notorisch uneins, und innerhalb der Stämme intrigieren einzelne mächtige Adelige mit Alleinherrschaftsambitionen mit Unterstützung des »Volkes« – meist die zahlreiche eigene Klientel – gegen den führenden oligarchischen Adel: so bei den Haeduern Dumnorix

Vercingetorix ergibt sich, nach einem Gemälde von Henri Motte (1846–1922). Die Darstellung hinkt dem damaligen archäologischen Kenntnisstand deutlich hinterher.

oder Vercingetorix bei den Arvernern. Hinzu kommt die Spaltung in pro- und antirömische Parteien.

Rom verhält sich abwartend und lehnt ein Hilfeersuchen der Haeduer höflich ab, beobachtet aber sicher genau.

59 v. Chr. wird Caesar Consul und Provinzverwalter des cisalpinen und narbonensischen Gallien. Er hat eine rasante politische Karriere gemacht, was in der späten Republik viel Geld kostet, und deshalb exorbitante Schulden – er braucht Geld und für die zukünftigen Auseinandersetzungen mit seinen politischen Gegnern in Rom eine ihm ergebene Armee. Gallien ist reich an Gold, fruchtbarem Boden, Handelswegen – und ein Absatzmarkt, wie die in weiten Teilen des Landes aktiven römischen Händler wissen. Im Übrigen könnte ihm beim Blick auf die politischen Verhältnissen Innergalliens einiges durchaus bekannt vorgekommen sein, wenn er an die Zustände daheim in Rom dachte.

Aber Caesar braucht einen »gerechten«, juristisch und propagandistisch einwandfreien Anlass zum Eingreifen, um seinen Gegnern keine Angriffsfläche zu bieten. Den liefern ihm die Helvetier 58 v. Chr. Sie wollen auswandern, mit Sack und Pack nach Westen, zu den Santonen an der Atlantikküste. Der Beschluss steht fest, man hat alle *oppida*, Dörfer und Gehöfte angezündet, Vorräte für drei Monate eingepackt und eine Volkszählung durchgeführt, deren Aufzeichnung Caesars Männer später bei ihnen finden. Sie wollen, ohne Schaden anzurichten, auf direktem Weg durch römisches Gebiet die Rhône entlang, was Caesar verhindert. Er verlegt ihnen bei Genf den Weg. So wählen sie den mühsamen Umweg durch den Jura, durch das Land der Sequaner, mit denen sie bereits den Durchzug verhandeln. Laut Caesar erreicht ihn nun ein Hilfeersuchen der Haeduer. Ob dieses echt, fingiert oder überhaupt existent war, ist umstritten. Doch wie auch immer – Caesar erwischt die Tiguriner beim Übergang über die Saône (Rache für 107!) und schlägt mit eilig herbeigeschafften sechs Legionen bei Bibracte (Mont Beuvray) die Auswanderer. Er schickt das überlebende Drittel wieder zurück in die Schweiz, nur die mitgezogenen Boier – die wohl schon von den Dakern aus dem Donauraum vertrieben worden waren – dürfen sich an Ort und Stelle ansiedeln. Wenig später gelingt ihm der Sieg über Ariovist, der über den Rhein entkommt. Damit ist der ursprüngliche Grund seines Eingreifens erledigt, aber seine Truppen bleiben. Im nächsten Jahr stellen sich die Belger gegen ihn, aber durch schnelle Reaktion gelingt ihm die Unterwerfung. Am meisten machen ihm die Nervier zu schaffen; am Ende bleiben nur wenige übrig. Im Winter 57/56 v. Chr. revoltieren die Stämme des Nordwestens, führend hier die Veneter, die nicht zu verwechseln sind mit den nicht-keltischen Namensvettern im Gebiet des heutigen Venezien. Sie beherrschen den Seehandel nach Britannien, die letzte Etappe der »Zinnstraße«, mit stark gebauten, hochbordigen Schiffen. Caesar kommt ihnen zu Lande nicht bei und muss eine Flotte bauen lassen. Nach seinem Sieg lässt er die gesamte venetische Führungsschicht hinrichten. Danach ist Gallien vorerst befriedet, so dass

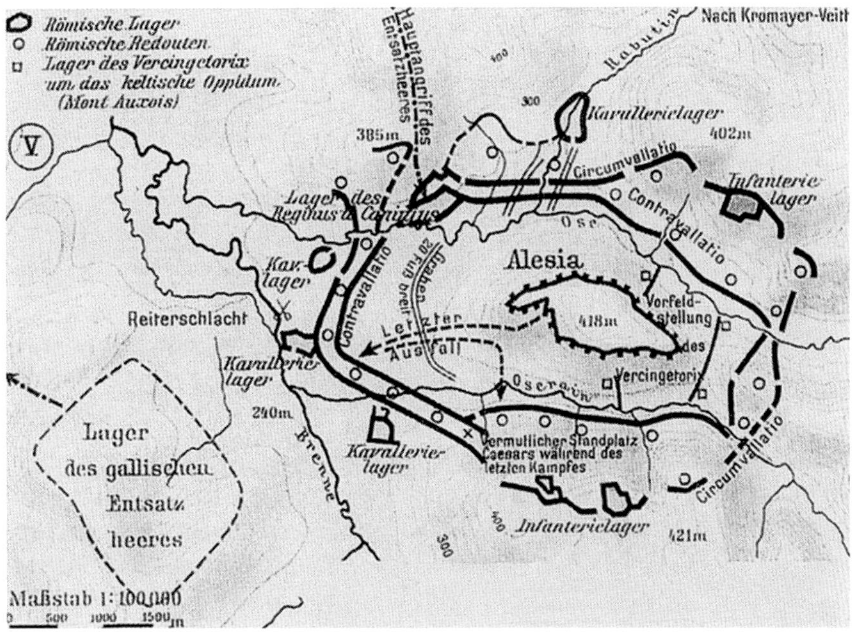

Caesars Einschließungsringe um Alesia 52 v. Chr., mit der *contravallatio* nach innen und der gegen Entsatz von außen gerichteten *circumvallatio*. Plan nach dem Atlas zu Napoleons III. »Histoire de Jules César« (1886).

Caesar 55 und 54 v. Chr. zu Demonstrationszwecken den Rhein überqueren und seine nicht immer ganz glücklichen Stippvisiten in England unternehmen kann. Bei seiner Rückkehr ist die Belgica unter Führung des Ambiorix in Aufruhr. Die Niederwerfung ist mühsam und endet mit der völligen Verwüstung von Ambiorix' Stammesgebiet.

Der letzte Akt beginnt bemerkenswerter Weise mit einem Massaker an römischen Händlern 52 v. Chr. in Cenabum (Orléans) an der Loire. Nun übernimmt Vercingetorix die Führung des Aufstandes. Etliche *oppida* fallen; nach der Belagerung von Avaricum entkommen, wie es heißt, nur 800 von 40 000 Einwohnern. Der folgende Angriff auf Vercingetorix' Heimat-*oppidum* Gergovia scheitert – mit Signalwirkung: Selbst die Haeduer schwenken um, womit Caesar seine Versorgungsbasis verliert. Das ist umso unangenehmer für ihn, weil Vercingetorix' Strategie der verbrannten Erde Wirkung zu zeigen beginnt und die Versorgung der bis zu elf Legionen schwieriger wird. Caesar will ihn zur Feldschlacht stellen. Nach einem verlorenen Reitergefecht lässt Vercingetorix sich in Alesia (Mont Auxois bei Alise-Sainte-Reine) einschließen, und die Römer beginnen eine der berühmtesten Belagerungen der Militärgeschichte.

Caesar erkennt, dass hier kein schneller Erfolg möglich ist und beginnt umgehend, einen vierzehn Kilometer langen Einschließungsring mit vier Meter hohem Hauptwall und Holztürmen anlegen zu lassen. Davor lagen mehrere Gräben und Annäherungshindernisse wie angespitzte Pfosten, Wolfsgruben und Fußangeln. All dies umgab – gegen ein zu erwartendes Entsatzheer – ein zweiundzwanzig Kilometer langen Verteidigungswall, zu dem mehrere befestigte Lager gehören. Das Entsatzheer lässt sich Zeit, bis es schließlich in einer Stärke von angeblich 250 000 Mann eintrifft. Alesia hungert, drei Angriffe von außen werden abgewehrt, das Entsatzheer löst sich auf – Vercingetorix ergibt sich.

Erst im Jahr darauf fällt mit der Bergfeste Uxellodunum endlich die letzte Bastion. Caesar statuiert ein Exempel und lässt den überlebenden Verteidigern die Hände abschlagen. Vercingetorix wird sechs Jahre lang in Rom eingekerkert, bis Caesar ihn schließlich in seinem Triumphzug vorführen lässt. Danach hören wir nichts mehr von ihm; man wird ihn wie üblich erdrosselt und in die *cloaca maxima* oder den Tiber geworfen haben.

Ob nun, wie Sueton später behauptet (Iul. 54), Ehrgeiz und Geldgier tatsächlich Caesars einzige Motivation waren oder nicht – gelohnt haben wird sich die gallische Kampagne für ihn. Allein der Baugrund für das neue *forum iulii*, das er danach errichten lässt, soll 100 Millionen Sesterzen gekostet haben (Iul. 26). Die jährlichen Abgaben aus Gallien werden mit 40 Millionen Sesterzen angegeben.

Die Gründe für Caesars Erfolg sind oft erörtert worden. Er war sicherlich ein Ausnahmetalent als Militärführer, als Motivator und Organisator, aber auch als Diplomat. Es gelang ihm immer wieder, die notorische gallische Zerstrittenheit auszunutzen und gallische Unterstützer auf seine Seite zu ziehen, anders hätte auch er wohl nicht bestehen können. Vercingetorix konnte ihn erst ernsthaft in Schwierigkeiten bringen, als er den größeren Teil der Gallier – mühsam und nicht lange genug – zusammenbrachte. Hinzu kommt der Kontrast zwischen den an eiserne Disziplin gewöhnten Berufssoldaten der Legionen und den in Gefolgschaften agierenden Kriegern Galliens, die nur schwer über längere Zeit ihre Partikularinteressen hintanstellen konnten: Sie »funktionierten« eben anders.

Totgesagte leben länger – Kelten im Römischen Reich und in der Spätantike

Kurz und bündig schrieb im 6. Jahrhundert Gregor von Tours, der Chronist der Merowingerreiche, die Römer hätten Gallien erobert und die Bewohner ausgerottet. Dabei war er selbst mit größter Wahrscheinlichkeit ein lebendes Gegenbeispiel: Als Bischof ein Angehöriger einer der führenden Familien seiner Stadt und stolz auf seine Herkunft aus römischem Senatorenadel, war ihm offenbar nicht mehr bewusst, dass die Römer nach der Eroberung Galliens die vorhanden Stammesstrukturen als Basis ihrer Verwaltung nutzten und die kooperierende gallische *nobilitas* weiterhin die lokale Führungsschicht stellte. Schon bevor Kaiser Claudius 48 n. Chr. der gesamten gallischen Aristokratie das römische Bürgerrecht verlieh, hatte es Caesar großzügig an Adelige verteilt und einige auch in den Senat berufen. Als die ersten gallischen Senatoren in Rom auftauchten, mokierte man sich: Der *senatus togatus* würde in einen *senatus bracatus* verwandelt – vom Senat in altehrwürdiger Toga in einen behosten.

Bronzekopf eines jungen Helvetiers mit keltischem Schnurrbart und römischer Frisur, um 100 n. Chr.

Die gallischen Bewohner wurden nach der Eroberung, die zweifellos hohen Blutzoll gekostet hatte, keineswegs ausgerottet – warum hätte man auf tüchtige Bauern und versierte Handwerker verzichten sollen? –, sondern romanisiert. Das Ergebnis war die gallorömische Kultur, die aus Gallien eine blühende Provinz von großer Wirtschaftskraft werden ließ, eine der reichsten Provinzen des Römischen Reiches.

Grab- und Weiheinschriften mit keltischstämmigen Namen oder ethnischen Herkunftsangaben sind noch längere Zeit anzutreffen. Die Provinzialen scheuten sich auch nicht, sich in ihrer gallischen oder norisch-pannonischen Tracht abbilden zu lassen.

Auch in anderen Dingen blieb Gallien eigen. Statt in römischen Meilen (1,48 km) wurden Entfernungen bald wieder in der *leuga* (2,2 km) gemessen. Die Sprache blieb noch für Jahrhunderte in Gebrauch, wie bleierne »Fluchtäfelchen« mit Verwünschungen oder der Kalender von Coligny belegen; in gallischer Sprache abgefasste Testamente waren auch im 3. Jh. noch rechtsgültig. Ein Brief des Sidonius Appolinaris von 475 zeigt das Verschwinden des Gallischen in der Auvergne erst zu dieser Zeit an. Bei den Stellmachern bestand ein großer Teil der Fachbegriffe aus gallischen Lehnwörtern, ein

Erbe der keltischen Wagenbaukunst. Man ist sogar geneigt, die *villa rustica*, den typischen römischen Gutshof des Nordens, aus den spätkeltischen Hofanlagen abzuleiten.

Manches gallische wurde römisches Gemeingut, »gallische Mäntel« etwa – im Preisedikt des Diocletian um ein mehrfaches teurer als italische – und *gallicae*, eine Schuhform.

Elemente der keltischen Religiosität erhielten sich naturgemäß in besonderem Maße, zumal der römische Staat keine Probleme mit der Aufnahme fremder Kulte hatte, solange diese den staatlichen Kaiserkult nicht ausschlossen. So finden wir Epona, die »drei Mütter« oder lokale Gottheiten in der Gestalt des Apollo oder Merkur allenthalben, ebenso die »galloromischen Umgangstempel«, die sonst nirgends auftreten.

Verboten wurde hingegen das Druidentum, sogar mehrfach innerhalb weniger Jahrzehnte: von Kaiser Augustus nur den römischen Bürgern, von Tiberius und schließlich vollständig durch Claudius. Ein letztes Aufflackern entsteht, als 69 n. Chr. der Jupiter-Tempel auf dem Kapitol brennt – ein böses Omen für die Römer, woraus die Druiden, so Tacitus (hist. 4,54,4), »in ihrem fruchtlosen Aberglauben« den Untergang des Imperiums prophezeit hätten. Zu dieser Zeit scheinen sie schon auf Wahrsagerei und Lehre reduziert gewesen zu sein. Über ein Weiterleben im Untergrund kann man nur spekulieren. Im Zuge einer »gallischen Renaissance« des 4. Jh., die sich im mittleren und nördlichen Gallien auch an Keramikgefäßen in Spätlatène-Manier zeigt, taucht bei dem Dichter Ausonius gelegentlich der gar nicht verschämte Hinweis auf Druiden unter seinen Vorfahren auf.

Rekonstruktion der Kleidung des Schiffers Blussus und seiner Gattin Menimane, abgebildet auf einem Grabstein aus Mainz-Weißenau. Kapuzenmantel und Frauengewänder stehen in keltischer Tradition.

Anklänge an latènezeitliches Formengut begegnet östlich des Rheins bereits wieder im 2./3. Jh. in Gestalt und Bemalung von Keramik oder bei Bronzearbeiten. Die Hintergründe sind jedoch unklar.

Im 4. bis 6. Jh. fand eine Art »Britannisierung« der Bretagne statt, als Briten von der Insel vor den Angeln und Sachsen über den Kanal flüchteten. Einige verschlug es im 5./6. Jh. sogar in den Nordwesten der Iberischen Halbinsel, wo sich eine Sprachinsel mit eigener Kirchenorganisation bis zu den Maureneinfällen im 9. Jh. hielt.

Galatien

Die Galater konnten offenbar ebenfalls ihre Identität noch längere Zeit erhalten. Unter den Priesternamen, die an der Seitenwand des römischen Augustustempels in Ankara eingemeißelt sind, ist ein großer Teil eindeutig keltisch. Der Brief des Paulus an die Galater scheint einen Reflex keltischen Eigensinns zu spiegeln (»o ihr unverständigen Galater!«).

Noch um 400 weiß der Kirchenvater Hieronymus, dass bei den Galatern neben Griechisch eine Sprache wie bei den Treverern gesprochen wird, die er selbst von einem Aufenthalt in Trier kannte und die ein bedeutender keltischer Stamm waren. Auch für Trier ist der offensichtliche Gebrauch des Keltischen zu dieser Zeit äußerst bemerkenswert. Noch in der Mitte des 6. Jh. wird in einer byzantinischen Mirakelgeschichte von einem Mönch berichtet, dessen einzige Muttersprache galatisch gewesen sei.

Ein Fall für sich – Irland und Britannien

Die britischen Inseln, vor allem Irland, können dem flüchtigen Betrachter heute leicht als Wiege des Keltentums erscheinen, und mancher ist erstaunt zu hören, dass die Kelten nicht von dort nach Europa eingewandert sein sollen. Vollends verbreitet sich Verständnislosigkeit, wenn die Rede auf die »Keltizitäts-Debatte« kommt und deren Kernfrage: »Sind die Briten Kelten?« Wir werden darauf zurückkommen.

Britannien

Das Eisen erreicht Britannien bereits zu Zeiten der Stufe Hallstatt C im 8. Jh. v. Chr. Weitere Funde belegen laufende Kontakte zum Festland, besonders im Süden der Insel, lassen aber keine Zuwanderung erkennen. Die Eisenzeit entwickelt sich hier bruchlos aus der Bronzezeit. Ihr entspringen etwa auch die Rundhäuser, die für die britischen Inseln typisch, auf dem Kontinent aber nur in Iberien gebräuchlich waren.

Der Stufe Hallstatt D entsprechen einige Dolche, Gefäße, Pferdegeschirr und andere Kleinfunde, wobei den lokalen Hallstatt-Nachahmungen nur wenige echte Importstücke gegenüberstehen. Es sind nur wenige Siedlungen dieser Zeit bekannt und keine Gräber.

Erst im 5. Jh. v. Chr. wird die Verwendung von Eisen in größerem Maßstab üblich.

Aus der jüngeren Eisenzeit Britanniens kennt man inzwischen eine ganze Anzahl von Siedlungen: größere befestigte Höhenburgen, die *hillforts*, die man als Stammeszentren betrachtet, kleinere Höhensiedlungen, eingefriedete Höfe und offene Siedlungen. Die Metallarbeiten dieser Zeit sind von außergewöhnlicher Qualität und werden einer adeligen Oberschicht zugeordnet, wie sie etwa Tacitus beschreibt: Schwerter, einzelne Helme, Paradeschilde, Zaumzeug sowie Bronzespiegel und Goldtorques. Das Leben auf dem Lande scheint derweil in ruhigen und produktiven Bahnen verlaufen zu sein.

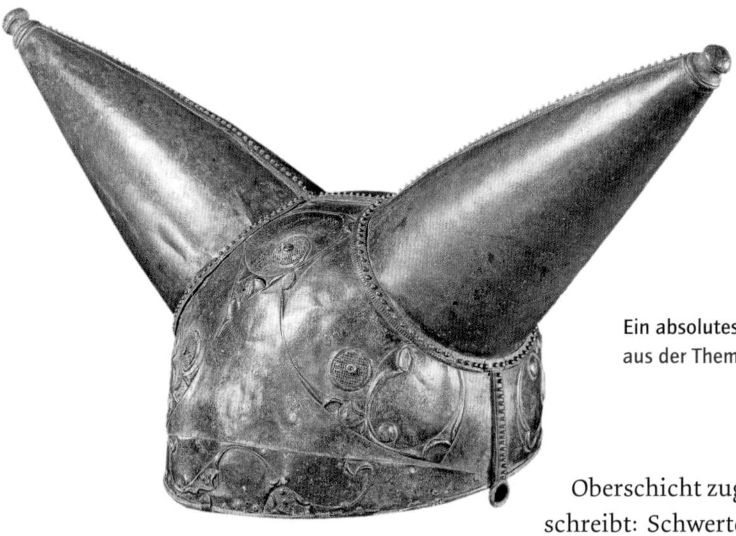

Ein absolutes Unikat: der Hörnerhelm aus der Themse bei Waterloo Brigde.

Der Norden und Nordosten Britanniens ist von anderem Gepräge. Hier bestimmen *brochs*, massive Turmburgen, das Bild, Keramik ist ungebräuchlich.

Gräber sind hauptsächlich an die Arras-Kultur im Osten Yorkshires gebunden, die seit dem 5. Jh. v. Chr. erscheint. Für andere Gegenden wird ein Ritus erwogen, bei dem die Asche der Verstorbenen dem Wasser übergeben wird.

Sachgut und Bestattungssitten der Arras-Kultur zeigen große Ähnlichkeiten mit der Marne-Kultur in der Champagne, wo ebenfalls zweirädrige Streitwagen ins Grab gelangen. Die naheliegende Folgerung, dass wir es hier mit anderweitig noch in keiner Weise feststellbaren Einwanderern zu tun haben, die als kriegerische Elite die Latènekultur zusammen mit der britannischen Sprache – räumlich eng begrenzt, aber weit ausstrahlend – auf die Insel gebracht haben, ist heftig umstritten.

Andere Einwanderer kommen erst um die Wende vom 2. zum 1. Jh. v. Chr. in den Süden Englands, wo sie die sonst unüblichen Brandgräber der Aylesford-Kultur hinterlassen. Vor allem mit ihnen gelangen im 1. Jh. v. Chr. in stärkerem Maße gallische und italische Importe, der Münzgebrauch und die Töpferscheibe nach Britannien. Wie Caesar (bell. gall. 5,12,2f.) berichtet, seien Angehörige belgischer Stämme erst eine Generation vor ihm

Meisterstück aus über siebzig Teilen: Das Schwert von Kirkburn (England), 3. Jh. v. Chr.

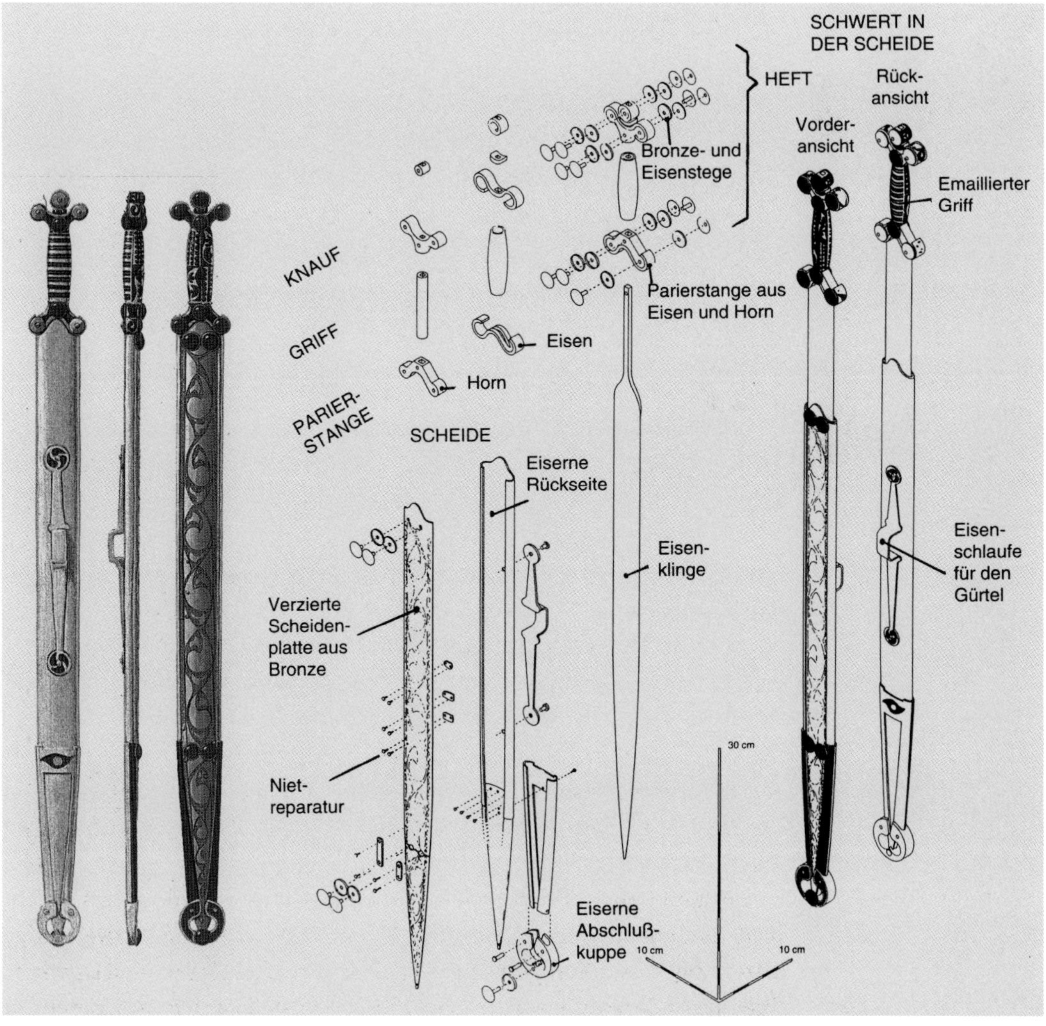

übergesiedelt, wo sie sich im Hinterland niedergelassen und die Ureinwohner vertrieben hätten. Ihm sind auch bereits gleiche Stammesnamen hüben und drüben aufgefallen sowie Klientelverhältnisse und reger Verkehr von Flüchtlingen und Unterstützern über den Kanal.

Von den zwei Kurzbesuchen Caesars 55 und 54 v. Chr. abgesehen, bleibt Britannien vorerst unbehelligt. Aber auch hier bleibt die Zeit nicht stehen, bald herrschen gallische Verhältnisse. Sicherlich nicht allein verursacht, aber gefördert durch ehemalige Teilnehmer des gallischen Krieges, die im britannischen Exil politisch aktiv werden – so laut Frontin (2,13,11) etwa Commius vom Stamm der Atrebaten –, befindet sich die britannische Gesellschaft im Wandel. Aus vielen kleinen werden wenige große Stämme mit der entsprechenden Adelsschicht und dem gleichen fatalen Hang wie in Gallien, als Unterlegene in inneren Kämpfen die Römer um Hilfe zu bitten. 43 n. Chr. sind diese dann da – und bleiben.

Britannien wird Stück für Stück erobert. Aufstände wie unter Boudicca 61 n. Chr. bleiben Episode. In den Jahren 77 bis 84 unterwirft Agricola, der Schwiegervater des Tacitus, zunächst Wales und rückt bis nach Schottland vor. Den Scheitelpunkt bildet im Jahr 83 die Schlacht am Mons Graupius in der Nähe von Aberdeen, dann zieht man sich langsam auf den Hadrianswall zurück. Die Nordgrenze bleibt unruhig; trotz mehrerer Anläufe, sie dauerhaft zum Antoninuswall am Firth of Forth vorzuschieben, bleibt der Hadrianswall für rund dreihundert Jahre die Nordgrenze.

Im Verlauf des 4. Jh. leidet Britannien zunehmend unter inneren Unruhen und Einfällen von Picten und Scoten aus dem Norden, gleichzeitig werden römische Truppen immer wieder für innere Machtkämpfe oder wichtigere Fronten abgezogen. Im Jahr 407 schließlich verlassen die letzten Streitkräfte die Insel. Die romanisierten Gemeinwesen, auf sich allein gestellt, organisieren sich, um sich selbst gegen Einfälle von allen Seiten zu verteidigen. Dies ist das historische Milieu, in dem der Stoff der Artus-Sage entsteht: Romanisierte Britannier gegen germanische, piktische und scotische Barbaren. Das Mittelalter kann kommen.

Irland archäologisch

In Irland sind Funde der Eisenzeit noch seltener als in Britannien, hinzu kommt das völlige Fehlen von Keramik.

Erste Spuren von Eisenverarbeitung stammen aus dem 7. Jh. v. Chr., andere sind nur grob datierbar. Daneben existieren lokale Nachahmungen von Hallstatt-C-Formen. Aus der Stufe D gibt es so gut wie keine Funde, was mit einer Stagnationsphase am Ende der lokalen Bronzezeit nur unbefriedigend erklärt werden kann. Die frühe Latènezeit ist ebensowenig vertreten, danach begegnen Metallarbeiten von hoher Qualität als Einzelfunde, die aber in jeder Hinsicht isoliert dastehen. Der älteste Latènefund ist ein Torques von etwa 300 v. Chr., der aus dem Mittelrheingebiet stammen muss. Ins fortgeschrittene 3. Jh. gehören einige Schwertscheiden lokaler Herstellung, deren aufwändige Verzierung sich deutlich an kontinentalen Vorbildern orientiert. Bemerkenswert sind etwa 140 hochwertige Pferdegeschirre, deren Datierung allerdings zwischen 300 v. Chr. und 300 n. Chr. schwanken kann. Erhaltungsbedingt kommen auch in Irland Holzfunde selten vor, dann aber in hoher Qualität, was beim weitgehenden Fehlen von Werkzeug zur Holzbearbeitung merkwürdig erscheint.

Bestattungen sind nicht häufig: kleine Brandgräber in einheimischer bronzezeitlicher Tradition, ohne oder mit nur wenigen Trachtbestandteilen unter kleinen Hügeln. Wagenbestattungen gibt es keine.

Normale Siedlungen sind weitgehend unbekannt, die befestigten Siedlungen liefern entweder kein datierendes Material oder sind nicht ausgegraben. Spektakulär sind dendrochronologisch in das 2. bis Anfang des 1. Jh. v. Chr. datierte, von Ringwällen umgebene Rundhäuser. In Navan Fort

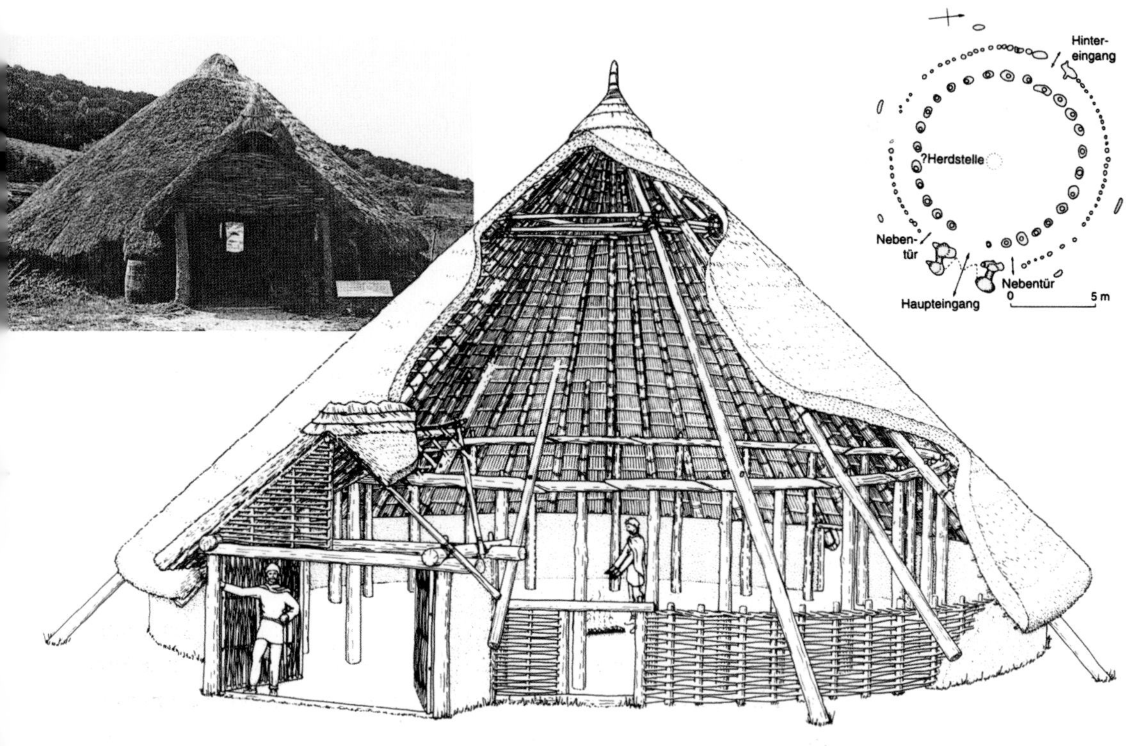

Die eisenzeitlichen Rundhäuser der britischen Inseln haben ihre Wurzeln in der dortigen Bronzezeit.

betrug der Durchmesser vierzig Meter, mehrere konzentrische Ringe von Holzpfosten müssen das Dach getragen haben. Das Gebäude wurde offenbar absichtlich abgebrannt. Die Anlagen werden als religiöse Stammeszentren interpretiert. Kurios ist der gleichzeitig zu datierende Fund von Überresten eines nordafrikanischen Berberaffen.

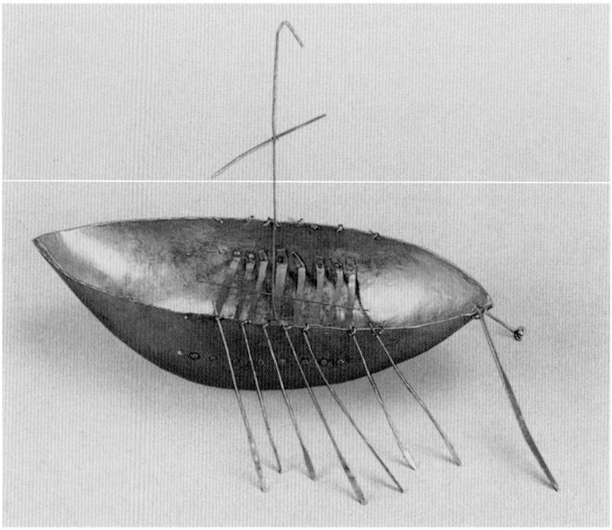

Goldmodell eines Bootes mit Mast, Rahe und Rudern von Broighter (Co. Londonderry), wohl 1. Jh. v. Chr.

Spezifisch irisch sind halbkreisförmige Bronzehörner, von denen eines noch so gut erhalten ist, dass es einmal im National Symphony Orchestra gespielt worden sein soll.

Der herausragende Goldhort von Broighter besteht aus einheimischen Stücken und kann in die Spätlatènezeit datiert werden. Er enthält ebenfalls einen der insgesamt nur drei bekannten Torques aus Irland.

Münzfunde aus Irland sind mit Ausnahme einzelner Versteckfunde mit römischen Münzen nicht bekannt. Von den Römern selbst bleibt Irland – soweit wir wissen – verschont. Hier dauert die Eisenzeit, die Heldenzeit noch ein paar Jahrhunderte fort, bis man – von allem Römischen unbeschwert – als vorläufig sicherer Hort der keltischen Sprache ins Mittelalter durchstartet.

Es kommt drauf an ...

Sind die Britannier nun Kelten? Der Befund ist widersprüchlich: Die keltischen Sprachen in Britannien, wenn auch verschiedenen Sprachfamilien zugehörig, sind nicht zu leugnen, Zeitpunkt und Verlauf ihrer Ankunft aber umstritten. Große Kelten-Invasionen haben nach Ausweis der Archäologie nicht stattgefunden, mit den genannten Ausnahmen, die räumlich und wohl auch demoskopisch begrenzt und im zweiten Fall sehr spät stattfanden. Irland war am wenigsten betroffen und kann archäologisch allenfalls als oberflächlich keltisiert gelten, die kulturellen Wurzeln liegen in der eigenen Bronzezeit. In Britannien konzentriert sich die Keltisierung den archäologischen Befunden zufolge auf die dem Kontinent zugewandte Seite. Nach Norden und Nordwesten nimmt das keltische Element schnell ab, mit Ausnahme der Exklave der Arras-Kultur an der Ostküste.

Weitere Beiträge zu diesem Thema liefert seit kurzem die Genetik. Vergleiche des Genmaterials verschiedener europäischer und außereuropäischer Menschengruppen – allerdings heute lebender, und das ist eine schwerwiegende Einschränkung – zeigen, dass die Briten und mehr noch die Iren statistisch weniger Ähnlichkeiten mit Mitteleuropäern als mit Bewohnern im Nordwesten Spaniens und des Baskenlandes haben.

So wird die Antwort auf die Ausgangsfrage wohl lauten müssen: Es kommt drauf an, wen man fragt …

Das *hillfort* Maiden Castle in Dorset. Ob die in den 1930er Jahren ergrabenen Brandspuren und Bestattungen auf einen Angriff der Römer zurückgehen, ist heute umstritten.

Die Kelten und ihre Kultur

Die keltische Kultur der Antike ist keine Einheit. Sie ist das prägende Milieu, in dem entscheidende Neuerungen der Eisenzeit nördlich der Alpen entstanden und verbreitet wurden, in dem aber, je nach dem Substrat, auf dem sie sich entwickelten, höchst individuelle Gemeinschaften blühten.

Fürsten, Krieger und Klienten – Die keltische Gesellschaft

Wenn man über die keltische Gesellschaft spricht, muss man sich bewusst sein, dass hier ein Zeitraum von – je nach Sichtweise – bis zu tausend Jahren allein im Altertum in Rede steht, in dem sich vielfältige und weitreichende Entwicklungen vollzogen haben. Entsprechend ist zu erwarten, dass auch Gesellschaftsstrukturen stetem Wandel unterworfen waren, nicht nur während der Umbrüche des 5. Jh. v. Chr. Leider sind solche Zustände und Entwicklungen aus rein archäologischen Quellen nur schwer zu beschreiben, und auch der Blick der schreibenden antiken Beobachter ist von ganz eigenen Vorstellungen beeinflusst.

Im Kapitel zur Hallstattzeit war bereits von den »Fürstengräbern« und -sitzen die Rede und den Problemen ihrer Interpretation. Diese fußt vor allem auf der Annahme, dass Reichhaltigkeit und Aufwand von Grabausstattungen mehr oder weniger direkte Rückschlüsse auf den gesellschaftlichen Status erlauben und damit auf politische Macht schließen lassen. Aus unterschiedlich reichen Grabbeigaben schließt man auf eine entsprechend abgestufte gesellschaftliche und politische Hierarchie. Diese Gleichsetzung klingt schlüssig und kann zutreffen, muss es aber nicht, wie mancherlei historische und völkerkundliche Beispiele belegen.

1,86 m große Sandsteinstatue eines Kriegers mit Leder- oder Leinenpanzer, Schild, Halsreif und Blattkrone vom Glauberg, 5. Jh. v. Chr.

Die Regeln, nach denen sich entschied, was mit ins Grab kommt und was nicht, können bestenfalls erschlossen werden. Auch ist der Bestattete in aller Regel nicht derjenige, der die Bestattung veranlasst: So bereitet der homerische Held Achill seinem vor Troja gefallenen Herzbuben Patroklos eine aufwändige Totenfeier – von der dem Archäologen das meiste entginge – mit reichen Beigaben und respektablem Grabhügel, was ihm ohne seinen berühmten Freund wohl kaum in diesem Maße zuteil geworden wäre.

Vergängliche Pracht

Zudem ist in der Regel gar nicht mehr alles von der ursprünglichen Grabausstattung vorhanden, denn Textilien, Holz, Pflanzenreste und andere Beigaben organischer Natur sind in der Regel vergangen oder so dezimiert, dass sie nur bei äußerst sorgfältiger Ausgrabung dokumentiert werden können, wenn nicht außergewöhnliche Erhaltungsbedingungen wie Luftabschluss durch Staunässe oder Permafrost vorliegen: Man denke nur an die Textilien im Grab von Hochdorf oder in den skythischen Kurganen des Altai. Allein schon, dass ein großer Teil gerade der bedeutenden eisenzeitlichen Bestattungen bereits im 19. Jh. unter oftmals tumultuarischen Bedingungen ohne adäquate Dokumentation ergraben wurde, machte in nur zu ahnendem Ausmaß Informationen zunichte.

Somit steht nur eine sehr reduzierte Interpretationsbasis zur Verfügung, auf der man sich mit gebotener Vorsicht bewegen kann. Wichtigstes Arbeitsmittel ist der Vergleich mit anderen Gesellschaften aus Geschichte und Völkerkunde. Nahe liegen hier die Epen Homers und in geringerem Maße, da christlich überprägt und zeitlich ferner, die irischen Heldensagen.

Gallische Verhältnisse

Am besten Bescheid wissen wir über die keltische Gesellschaft während ihres Untergangs und kurz davor, denn für gesellschaftliche Zustände und Entwicklungen sind schriftliche Überlieferungen die besten Quellen, die aber fließen erst gegen Ende reicher.

Mit knappen, prägnanten Strichen entwirft Caesar eine Skizze der Zustände in der Mitte Galliens zu seinen Lebzeiten (bell. gall. 6,13–15). Es ist das Bild einer Gesellschaft in der Krise, ge-

»In ganz Gallien gibt es nur zwei Stände, die etwas gelten und geachtet sind; denn das gemeine Volk wird fast wie Sklaven behandelt; es wagt nicht, selbständig zu handeln und wird zu keiner Beratung hinzugezogen. Da die meisten von Schulden oder hohen Steuern gedrückt oder durch unrechtmäßige Übergriffe der Mächtigen bedrängt werden, begeben sie sich in Abhängigkeit. **Die Adligen** haben ihnen gegenüber alle Rechte, die auch ein Herr seinen Sklaven gegenüber hat. [...] Der andere der erwähnten Stände ist der der *equites* [Reiter, Ritter, Adliger]. Immer wenn ein Krieg sich entspinnt oder das Gemeinwohl es erfordert, stehen sie im Feld. Vor Caesars Eintreffen war dies fast alljährlich der Fall, dass sie selbst andere überfielen oder Überfälle abwehrten. Je vornehmer und reicher aber einer ist, desto mehr Klienten und Abhängige hat er um sich. Sonst kennen sie kein anderes Zeichen für Ansehen und Macht.« (Caes. bell. gall. 6,13–15)

kennzeichnet von der Kluft zwischen arm und reich. Die Spitzen des Adels geboten über riesige Gefolgschaften von mehr oder weniger Abhängigen. Als der Helvetier Orgetorix vor Gericht gezogen werden sollte, erschien er, so Caesar (bell. gall. 1,4,2), mit »seinen gesamten Sklaven, etwa 10 000 Mann«, dazu »allen seinen Klienten und Schuldnern« und entzog sich dem Prozess. Sein Schwiegersohn, der Haeduer Dumnorix hatte für geringes Entgelt die gesamten Steuern gepachtet, was ihm niemand streitig zu machen wagte (bell. gall. 1,18,3). Sie gehörten zu den führenden Köpfen in den ständigen Kämpfen um die Vorherrschaft zwischen den Stämmen und innerhalb derselben. Damit einher geht bei diesen der absolute Vorrang der (adeligen) Reiterei, die zu unterhalten entsprechendes Vermögen erforderte. Fußtruppen spielen im gallischen Krieg bei den Stämmen Mittelgalliens kaum noch eine Rolle. Da sie aus der oben beschriebenen Unterschicht rekrutiert sein müssen – die anderen sind bei der Reiterei –, kann das nicht verwundern. Wenn der Umkehrschluss zulässig ist, spräche eine starke und selbstbewusste Fußtruppe für eine ebensolche Schicht von Gemeinfreien und vielleicht für eine weit geringere Distanz zwischen diesen und den Adligen, erst recht wenn diese selbst zu Fuß kämpften. Zeitgenössische Beispiele sind die Belger, vor allem die Nervier, die Caesars Legionen zu Fuß schwer zu schaffen machten. Gleiches gilt für die Zeit der Wanderungen im 4. und 3. Jh. v. Chr. Da liegt die Hauptlast des Kampfes ebenfalls bei den Fußkämpfern, die mit ungebrochenem Selbstbewusstsein auftreten, während die später so gerühmte gallische Reiterei gegen die nie sehr hoch geschätzte der Römer glanzlos bleibt.

Nach den eher festlichen Gräbern der Hallstatt-Elite mit ihren Repräsentationsdolchen tritt dieses betont kriegerisch selbstbewusste Element zuerst mit der Stufe Latène A in den Kriegergräbern des Marne- und Mittelrheingebietes sowie in Britanniens Arras-Kultur auf, wo es jedoch vor allem an die Elite der Wagenkämpfer gebunden zu sein scheint. Die eigentlichen »Fürstengräber« laufen auch im Mittelrheingebiet in der Frühlatènezeit aus.

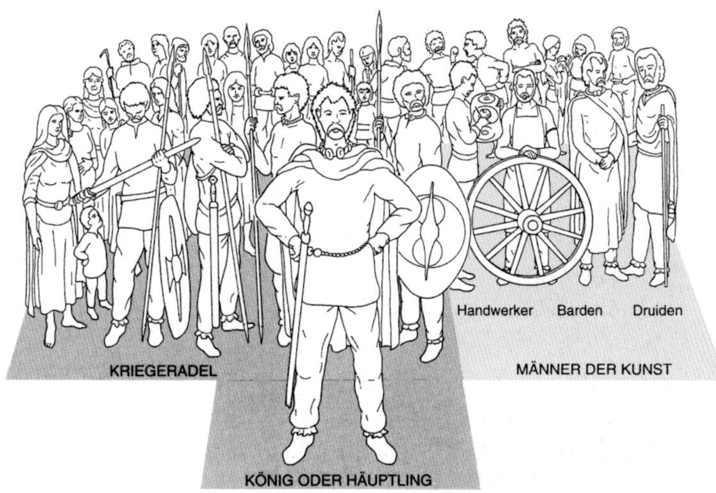

So könnte die keltische Gesellschaft der frühen und mittleren Latènezeit ausgesehen haben.

Im Großen und Ganzen zeigen die Grabausstattungen der Latènestufen B und C, also des 4. bis 2. Jh. v. Chr., eine gewisse Gleichförmigkeit. Die Bestattungssitten der Spätlatènezeit sind generell archäologisch schwer zu fassen, aber ganz am Ende begegnen wieder einige sehr reiche Gräber. Caesar beschreibt prächtige und aufwändige Brandbestattungen (bell. gall. 6,19,4) – sicher der Oberschicht, da von Sklaven und Klienten des Toten die Rede ist.

Adel, Volk und König

An »Regierungsformen« sind im Prinzip nur zwei überliefert: Adelsherrschaft und Königtum, wobei Könige, vor allem auf Kriegszügen, auch in Form des als besonders archaisch geltenden Doppelkönigtums auftreten. Die meisten Könige der Wanderzeit dürften »Heerkönige« sein, die als Anführer von Kriegszügen vor allem wegen ihrer diesbezüglichen Qualifikation und nicht allein ihrer Abstammung wegen gewählt wurden; wenn sie scheiterten, begingen sie nicht selten Selbstmord, so etwa der Brennos von Delphi. Es ist keine feste Abfolge feststellbar. Könige können die Adelsherrschaft ablösen wie bei den Norikern oder umgekehrt wie in Gallien. Was die antiken Autoren mit diesem Begriff jeweils tatsächlich meinten, ist eine Frage für sich.

Vielleicht kann man im 2. Jh. v. Chr. in dem Arvernerkönig Louernios eine Übergangsstufe sehen. Er ist schwerreich, fährt mit dem Wagen übers Land und wirft Gold und Silber in die Menge, daneben veranstaltet er tagelange öffentliche Bewirtungen fürs Volk (Athen. 4,37). Nach Meinung der Historiker ist eine entwicklungsgeschichtlich ganz typische Konfrontation die von König und Volk gegen den Adel. Sucht sich hier ein bedrängter König die Unterstützung des Volkes zu sichern? Zu dieser Zeit haben die Haeduer, die ärgsten Rivalen, schon keine Könige mehr. Die Niederlage der Arverner 121 v. Chr. gegen die Römer hätte dann das Aus für die Arvernerkönige bedeuten müssen. Später hören wir, dass Vercingetorix' Vater Celtillus getötet wurde, weil er hätte Alleinherrscher der Arverner werden wollen (Caes. bell. gall. 7,4,1).

Bei den Galatern Kleinasiens standen an der Spitze der drei Hauptstämme jeweils vier Tetrarchen (»Viertelschaftsführer«, griech. *tetra* »vier«), denen je ein Richter *(dikastes)* und ein Militärführer *(stratophylax)* mit zwei Unterfeldherren *(hypostratophylakes)* zur Seite standen. Die gemeinsame Ratsversammlung umfasste 300 Männer, die im *drunemeton* tagten, wohl einer Art heiliger Hain. Unter römischer Hoheit gab es zunächst noch drei Tetrarchen, bis 44 v. Chr. Deiotaros König wurde.

Hallstattzeit

In der älteren Eisenzeit treten uns die Spitzen der damaligen Gesellschaft nur in den Grabhügeln entgegen, ihr Status wird durch ihren Rang als Gastgeber oder Kämpfer bestimmt – so jedenfalls kann man die umfangreichen Geschirrsätze und die Waffen in den Männergräbern deuten. Ein Wagen als Beigabe ist etwas Besonderes und wird den Status noch erhöht haben, desgleichen Exotika wie Bernstein, eine etruskische Bronzeschale wie beim »Keltenfürst von Frankfurt« oder andere Dinge, die weit gespannte Beziehungen dokumentieren.

Hallstattzeitliche Goldhalsringe wie der von Uttendorf (Österreich) dürften Rang- oder Standeszeichen einer Elite gewesen sein.

Der Vergleich zu Homers Helden drängt sich auf. Diese heißen allesamt »Könige«, herrschen in einer Burg oder auch nur über einen Gutshof und eine Insel wie Odysseus. Ihre wirtschaftliche Basis ist die Landwirtschaft, doch sie pflegen Allianzen über ganz Griechenland hinweg, indem sie prestigeträchtige Geschenke wie Trinkgeschirr oder Waffen austauschen und sich beim Bekriegen der Nachbarn beistehen. Daneben oder dabei werden Fahrten unternommen, bei denen die Grenzen zwischen Raub und Handel verfließen. Aber noch vor dem materiellen Gewinn steht der Ruhm, das Einzige, was bleibt – im Falle von Odysseus & Co. sogar ziemlich lange.

Auffallend ist jedenfalls das weitgehende Verschwinden eindeutiger Kriegswaffen in den Gräbern der Stufe D des Westhallstattkreises – was nicht unbedingt Friedfertigkeit bedeuten muss, sondern nur, dass diese Waffen nicht ins Grab mitgegeben wurden. Einige Schwerter aus dieser Zeit sind durchaus bekannt. Dafür erscheint ein exklusives Attribut, der Goldhalsring, als neues Statussymbol.

Mikrokosmos Magdalenenberg?

Eine andere Tendenz scheint in den systematisch erforschten Grabhügeln auf, nämlich die zum Teil erkleckliche Anzahl von Nachbestattungen, die wie Satelliten das Zentralgrab umlagern. Die 126 Gräber von geschätzten mindestens 140 im Magdalenenberg bei Villingen werden anhand von Datierung, Alters- und Geschlechtsbestimmung als dreißig- bis vierzigköpfige Gemeinschaft interpretiert, die über drei Generationen hier bestattete, darunter etwa gleich viele Frauen und Männer sowie fünf Dolchträger. Eine

Analyse – nicht zuletzt mit Hilfe statistischer Verfahren – schälte sechs Kleingruppen mit jeweils etwa zehn Personen heraus. Eine starke Ausrichtung der hier bestattenden Gemeinschaft auf den leider beraubten Inhaber des Zentralgrabes drängt sich auf. Welche Bindungen aber bestanden zwischen der Gemeinschaft, dem toten »alten Chef« und dem lebenden, wenn es denn einen gab? War die Gemeinschaft eine Sippe – also verwandt – oder schon eine Gefolgschaft, wie sie in der Latènezeit so wichtig wurde? Wer durfte hier bestatten und wer nicht? Welche Stellung hatten die reichen Frauen? Wo sind die bestattet, die vor ihrem Chef gestorben sind, als es noch keinen Hügel zum Nachbestatten gab? Wann bekamen Nachfolger

Die 136 Nachbestattungen im Magdalenenberg bei Villingen lassen sich in mehrere Kleingruppen unterteilen, die vielleicht Familien entsprachen. 7./6. Jh. v. Chr.

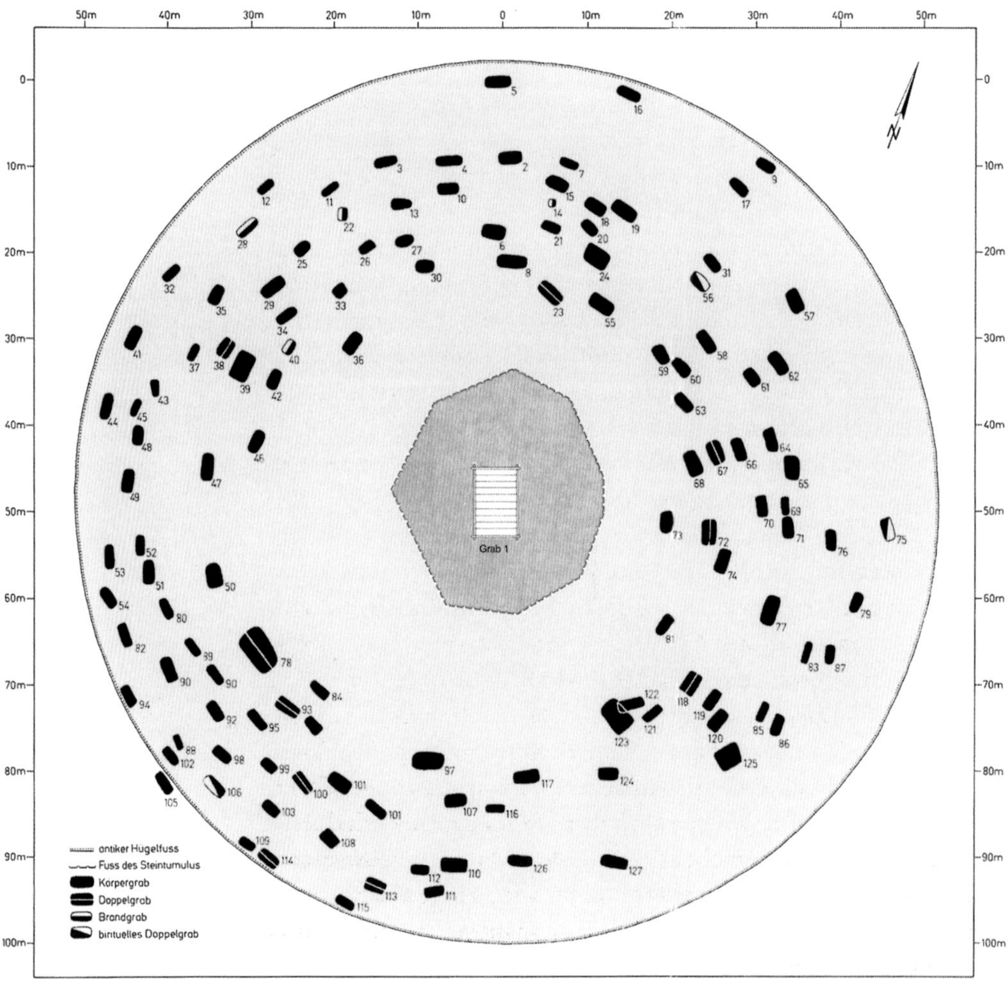

des Chefs einen eigenen Hügel? Oder hatte der große Ahne keinen Nachfolger, und die Gemeinschaft erlosch nach drei Generationen? Woher war er gekommen?

In Bestattungsbrauch und Sachkultur steht die Hallstattzeit trotz Veränderungen alles in allem in der Tradition der vorausgehenden Urnenfelderzeit, und es gibt keinen Grund, für die Gesellschaft etwas anderes anzunehmen. Es ist eine Tendenz zunehmender sozialer Differenzierung seit der Urnenfelderzeit zu erkennen – ein Bestreben, sich nach oben abzusetzen, das seinen Höhepunkt und sein Ende in der Späthallstattzeit findet.

Dabei ging es sicher nicht einfach darum, Reichtum zu demonstrieren, sondern einen Status zu legitimieren und diesen durch prunkvolle Bestattungen für den Toten und die Lebenden – auch für Konkurrenten – für das Diesseits und das Jenseits zu manifestieren. Die Steigerung des Aufwands ist gleichzeitig die Botschaft, dass Angehörige/Nachfolger gezwungen waren, sich dem Wettbewerb um die Spitzenposition zu stellen, wovon sicher auch das Wohl der Gemeinschaft abhing. Welche Rückschlüsse der Grab- und Totenkult der *principes* auf die real existierende Gesellschaft zulässt, ist nicht leicht zu beurteilen.

Der Blick auf die Bestattungen in den Hügeln mit ihren Beigaben lenkte lange davon ab, dass neben oder zwischen den Grabhügeln einfache Gräber in größerer Zahl liegen – meist unscheinbare Brandbestattungen ohne oder mit nur wenigen Beigaben. Über diese Mitglieder der Gesellschaft – und das waren sie, weil man sie sonst nicht zwischen den Hügeln bestattet hätte – wissen wir praktisch gar nichts, und erst recht nichts von einer anzunehmenden schweigenden Mehrheit – schweigend, weil sie nicht einmal Gräber haben, aus denen sie zu uns sprechen könnten.

Ein neuer Glaube?

Als ein Auslöser für die Herausbildung der Latènekultur, der Kunst wie des neuen Kriegerethos, wird das Aufkommen einer neuen Religion vorgeschlagen, die dann zuerst den Hunsrück-Eifel-Marne-Raum erobert hätte. So berückend diese Idee ist, so ungeklärt sind Herkunft und Entwicklung dieses Glaubens. Ein Teilaspekt muss das neue Kriegerethos gewesen sein, ein anderer vielleicht die Gefolgschaftsidee. Ob mit der Latènekunst, der künstlerischen Aneignung der mediterranen Vorbilder, wirklich die vermutete bisherige Distanz zwischen graecophiler Führung und Untertanen in einer neuen Gesellschaft aufgelöst wurde, wie neuere Überlegungen nahelegen, muss vorerst offen bleiben, wie so manches auf diesem nach wie vor weiten Forschungsfeld.

Hallstattmann mit Dolch und Lanze.
Zeichnerische Rekonstruktion K. Sieber-Seitz

Neue Eliten

Die Erfahrungen der vergangenen Jahrzehnte haben gezeigt, dass sich das Bild durch neue Funde und Forschungen ständig verändern kann. Neuere morphologische Untersuchungen der Skelette aus Münsingen/Rain anhand erblicher Merkmale (Schädeldeformation) zeigen, dass durch die gesamte Belegungszeit (Ende 5. bis Anfang 2. Jh. v. Chr.) innerhalb aller Gräbergruppen auf dem Friedhof Verwandtschaftsbeziehungen vorhanden sind. Sie sprechen für eine Heiratsgemeinschaft, zu der aber immer wieder auch fremde Personen stießen. Offenbar ist hier die Genese einer Adelssippe fassbar, die ihren eigenen Friedhof anlegte, sich damit vom Rest der Bevölkerung absetzte und ihren eigenen Erkennungscode »Goldfingerringe« einführte. Die Unterschiede der Grabbeigaben innerhalb der Verwandtschaftsgruppe sind nicht sehr groß und weisen vielleicht auf unterschiedliche Funktionen innerhalb der Adelsippe hin. »Arme« scheinen auf dem Friedhof nicht bestattet worden sein.

Plänkler, Reiter, Wagenkämpfer – Kelten im Kampf

Wenn man den Grabausstattungen glauben will, dann muss die Hallstattzeit im Westen eine friedliche Zeit gewesen sein: ein paar Schwerter in den Gräbern, davon einige noch aus Bronze, manche abgebrochen und geflickt; danach dann bloß noch der Zierdolch, den der »Fürst« von Hochdorf sonntags zum Festgewand trägt, bevor er mit dem Wagen, erweitertem Picknick-Geschirr und ein paar Freunden zum Angeln an die Enz fährt.

Ganz so wird es nicht gewesen sein, die eine oder andere Brandschicht der Heuneburg oder anderer Befestigungen wird nicht nur einem vernachlässigten Herdfeuer zuzuschreiben sein. Aber trotz Schwert, Lanzen- und Pfeilspitzen verschiedener Formen und schweren eisernen Hiebmessern – die sich auch sehr gut zum Schlachten eignen – bleibt der Westhallstattkrieger in den Gräbern etwas konturlos und merkwürdig unkriegerisch.

Das kann im Leben durchaus anders gewesen sein. Der Osten ist dagegen deutlich martialischer: In den Gräbern Streitbeil, Hiebmesser, mehrere Wurflanzen, gelegentlich Metallpanzer, Schildreste und Helme verschiedenen Typs, die sich an den Figuren der Situlen und Gürtelbleche wiederfinden. Dort sind auch Reiterkrieger mit Lanzen und Beil abgebildet sowie regelmäßig Schilde und Oberkörperpanzer, die aus in den Gräbern vergänglichem Material wie Leder, Holz, vielleicht auch Filz oder verleimtem Leinen bestanden haben können. Ähnliche Panzer dürften an den Glaubergstatuen dargestellt sein. Die Aneinanderreihung gleichartig ausgerüsteter Krieger auf den Situlen und auf der Schwertscheide von Hallstatt sowie der Übergang zu nur noch einer Lanze in den Gräbern wird mit dem Aufkommen der Phalanx – des Kampfes in geschlossener Formation – im Mittelmeerraum in Verbindung gebracht.

Reiten und Fahren

Die Latènezeit bringt den Krieger hervor, wie er in den Schriftquellen in bunten Farben gezeichnet wird. Mit ihm erscheint der zweirädrige Streitwagen in Gräbern des 5. Jh. v. Chr. im Mittelrhein-Marne-Raum und in England, er wird jedoch auf dem Kontinent nur zweimal in Schlachten erwähnt. Bei Sentinum 290 v. Chr. sollen es tausend gewesen sein, bei Telamon 225 v. Chr. zusammen 20 000 Reiter und Streitwagen. Danach hören wir nichts mehr von ihnen, bis die Römer in Britannien wieder auf sie treffen. Eine Reihe von Abbildungen in Stein und auf Münzen zeigen hingegen bis in die Spätzeit noch gallische Streitwagen mit Fahrer und Kämpfer, aber wohl eher als Reminiszenz. Ihre Funktion auf dem Schlachtfeld war es, zunächst durch wildes Herumkurven zwischen den Fronten Verwirrung zu stiften und die Pferde der Gegner scheu zu machen, Speere zu werfen, dann abzusteigen und zu Fuß zu kämpfen, während der Chauffeur abseits wartete, um notfalls seinen Chef herauszuholen. Später berichtet Caesar von Kunststücken, welche die Streitwagenfahrer Britanniens bei voller Fahrt vollführten (bell. gall. 4,33). In den Schriftquellen begegnen Streit-

Gallischer Krieger mit Helm, Schild, Langschwert und Keltenhemd aus dem 1. Jh. v. Chr. Darstellung von Peter Connolly.

wagen abseits der Schlachtfelder noch gelegentlich, als Grabbeigaben in manchen Regionen noch bis in die späteste Latènezeit.

Der Aufstieg der Reiterei muss sich hauptsächlich im 2. Jh. v. Chr. abgespielt haben, und es liegt nahe, ihn mit gleichzeitig stattfindenden Veränderungen der Gesellschaftsstruktur in Zusammenhang zu bringen. Zusätzlich könnte ihn der Hörnchensattel begünstigt haben, der etwa zu dieser Zeit aufkommt. Er ermöglichte erstmals wirklich festen Sitz ohne Steigbügel, die erst im 7. Jh. nach Europa kommen. Die Bewaffnung entsprach weitgehend dem gehobenen Fußkämpfer mit Schild, Schwert und Lanze, nur dass sich der adlige Reiter darüber hinaus noch öfters Helm und Kettenhemd leisten konnte.

Die Rekonstruktion eines zweirädrigen Streitwagens des Schweizerischen Landesmuseums Zürich wird auch bei Vorführungen eingesetzt.

Pausanias (10,19,9–12) berichtet eine wohl ostkeltische Eigenheit, die *trimarkisía* – von *marka* »Pferd«. Sie besteht aus dem Herrn und zwei Dienern zu Pferd. Dabei kämpft nur der Herr; fällt er aus oder sein Pferd, springt ein Diener ein, um ihn oder sein Pferd oder auch beide zugleich zu ersetzen, während dann der zweite Diener den Herrn samt Pferd in Sicherheit bringt.

Bewaffnung

Die persönliche Ausstattung bestand mindestens aus Lanze und Schild, der häufig in den Gräbern nur scheinbar fehlt, nämlich dann, wenn er ohne Metallteile auskam. Der typische Latèneschild war etwa brusthoch, meist langoval oder langsechseckig mit einer Mittelrippe, die sich in der Mitte zum hohlen Handschutz verdickte, denn der immer quer und mittig angebrachte Handgriff lag der Balance wegen in der Ebene der Schildplatte. Das bestätigen auch zwei halbwegs erhaltene Exemplare aus dem Neuenburgersee bei La Tène. Metallbeschläge, vor allem die charakteristischen bandförmigen Schildbuckel aus Eisenblech verstärkten den Schild. Erst in der Spätlatènezeit kamen runde, kalottenförmige Schildbuckel auf. Solche Schilde sind vergleichsweise handlich, und die spitzovalen Enden eignen sich auch zum überraschenden Zustoßen.

Die Stoßlanzen waren etwa 2,50 m lang mit bis zu sechzig Zentimeter langen Blättern mit Mittelrippe in unterschiedlicher Breite und Form, am andern Ende ein ebenfalls eiserner Lanzenschuh.

Leichtere Wurfspeere werden erwähnt und bei Caesar auch Bogenschützen, die aber im Fundmaterial wenig in Erscheinung treten; man ist versucht, Bögen eher als Jagdwaffen anzusehen. Vor allem aus Britannien kennt man Geschosse aus Stein und Ton für die Schleuderer, mit denen die Römer aber auch bei den Belgern zu tun hatten (Caes. bell. gall. 5,43).

Die keltische Waffe schlechthin aber war das Schwert, von dem eine dreistellige Anzahl von Exemplaren über die Museen Europas verteilt ist. Zunächst noch mit kürzerer und spitzer Klinge von manchmal unter sechzig Zentimeter Länge, wird diese im Laufe der Latènezeit zunehmend länger, stumpfer und breiter, so dass am Ende eine Anzahl reiner Hiebwaffen ohne eigentliche Spitze steht. Es gibt jedoch auch hier Ausnahmen. Die früheren Klingen haben meist einen konvexen Querschnitt, mit zunehmender Breite und technischer Fertigkeit können auch Kehlen vorkommen. Sie sind – wo untersucht – im Aufbau sehr unterschiedlich, von ein-

1a. 1b.

oben: Im Wasser des Neuenburgersees bei La Tène haben sich die Holzteile dieses keltischen Schildes erhalten. Die Eiche, aus der er gefertigt ist, wurde 229 v. Chr. gefällt.

rechts: Wohl schon in römischen Diensten: südgallischer Krieger mit Torques, Schild, Kurzschwert *(gladius)* und Kettenhemd aus Vachères (Dép. Basses-Alpes), 1. Jh. v. Chr.

fachem, eher weichem Schmiedeeisen über angeschweißte Schneiden bis zu mehreren feuerverschweißten Lagen oder Stäben aus Stahl und Eisen, eine einfache Art oder Vorform der Damaszierung. Die Griffe sind in aller Regel nicht erhalten und waren aus Holz, seltener Hirschhorn, Metall oder deren Kombinationen. Die meist reich bis überreich verzierten Scheiden aus Eisen-, seltener Bronzeblech haben vor allem in der Früh- und Mittellatènezeit mehr Aufwand erfordert als die Klinge. Das Schwert hing an einem eigenen Wehrgehänge, das nicht leicht zu rekonstruieren ist, und wurde rechts getragen, wo auch im dichten Gedränge Schild und Schildarm nicht am Ziehen hindern.

Helme sind vergleichsweise selten und waren vermutlich Anführern vorbehalten. In der Frühlatènezeit sind sie recht extravagant, teils spitzkonisch und über dreißig Zentimeter hoch, dann bereits in halbkugeliger Form mit Scheitelknauf und schmalem Nackenschutz, einige Stücke auch mit Goldauflagen und Einlagen aus Koralle oder Email. Seit dem 4. Jh. v. Chr. sind sie aus Eisen, bald auch mit eisernen Wangenklappen. In der Spätlatènezeit werden sie sehr schlicht und funktional und wirken geradezu neuzeitlich. Sie sind die Vorbilder für den eisernen Legionärshelm der römischen Kaiserzeit. Anhand einiger metallener Beschläge lässt sich erkennen, dass diese einst lederne Helme verstärkt haben müssen; Helme ganz aus Leder sind anzunehmen. Manche Helme tragen Vorrichtungen für Federbüsche oder Ähnliches, die nicht erhalten sind; antike Autoren erwähnen Tierfiguren als Helmaufsätze (Diod. 5,30). Den Vogel schießt buchstäblich der Helm von Çiumeşti ab, der einen Greifvogel mit beweglichen Flügeln trägt (s. Abb. S. 47).

Für Körperpanzer gilt sinngemäß das Gleiche wie für Helme: aus Metall nur für Chefs, aus anderem Material kaum nachweisbar, aber vorauszusetzen. Kettenhemden sind sehr selten und müssen als Prestigeobjekte betrachtet werden. Sie galten auch den Römern als keltische Erfindung, so Varro. Das Material war Eisen; Bronze wird gemeint sein, wenn gelegentlich ein Autor von »goldenen« Panzern spricht. Ihren Schnitt zeigen eini-

Die Schwertscheide aus Grab 994 von Hallstatt aus der Zeit um 400 v. Chr. zeigt zeitgenössische Kleider und Bewaffung.

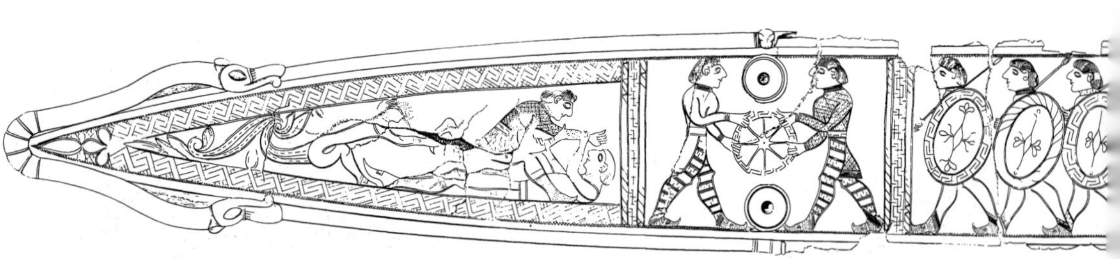

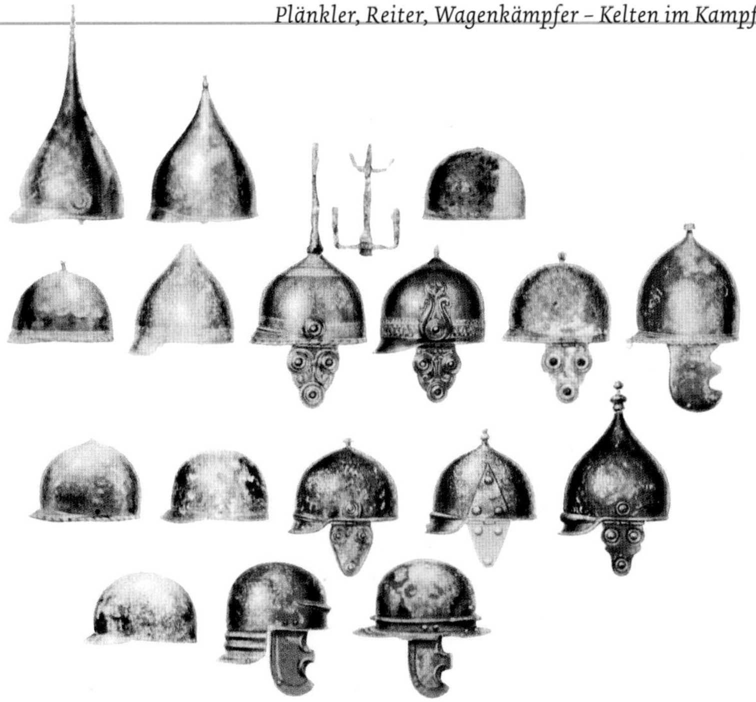

Die wichtigsten keltischen Helmtypen aus vier Jahrhunderten.

ge Abbildungen: ärmellos, oberschenkellang, mit einem Schulterüberwurf und metallener Schließe auf der Brust. Er entspricht im Prinzip dem griechischen Kompositpanzer mit seinen Schulterklappen, ebenso der Panzer der Glaubergfiguren (s. Abb. S. 76).

Mit einer ganz anderen Art von Rüstung wird »der Kelte« seit dem ausgehenden 5. Jh. v. Chr. geradezu kanonisch dargestellt – in seiner Nacktheit. Dieses irrationale Verhalten hat die Römer wenigstens anfangs nicht wenig verstört, aber sie verloren ihre Scheu spätestens bei Telamon 225 v. Chr. Heroische Nacktheit ist nicht auf die Kelten beschränkt.

Bei den Keltiberern finden sich überwiegend eigene Formen der Ausrüstung: Rundschilde, ein einschneidiges Kurzschwert (*falcata*) oder ein zweischneidiges, das die Römer als *gladius* übernahmen.

UNIVERSAL SOLDIERS – KELTISCHE SÖLDNER RUND UMS MITTELMEER

In der Antike waren Söldner eine übliche Erscheinung, seit dem 4. Jh. v. Chr. spielten keltische Verbände dabei eine große Rolle.

Dionysios I. von Syrakus ist ihr erster namentlich bekannter Arbeitgeber. Die ersten bewarben sich schon kurz nach der Einnahme Roms (387 v. Chr.) bei ihm, 369/68 schickte er Kelten und Iberer zur Unterstützung Spartas nach Griechenland. Seine Nachfolger Dionysios II. und Agathokles wie auch Karthago bedienten sich gleichermaßen der *keltoi* in den Kämpfen des 4. Jh. v. Chr. auf Sizilien, 307 v. Chr. auch auf karthagischem Boden in Nordafrika, zusammen mit Samniten und Etruskern. Der syrakusanische Handelsplatz Ancona dürfte ein wichtiger Rekrutierungsort gewesen sein.

Antigonos Gonatos, einer der Diadochenkönige in der Nachfolge Alexanders, heuerte Tausende keltischer Krieger auf dem Balkan an, nachdem er sie 278/77 besiegt hatte. Er schickte sie gegen Makedonien, wo sie die Königsgräber, darunter wohl auch das von Philipp II., Vater Alexanders des Großen, plündern durften – und gegen Pyrrhos von Epiros, der sich ebenfalls Kelten eingekauft hatte. Ein Jahr später gelangten 4000 von ihnen als »Leiharbeiter« an Ptolemaios II. von Ägypten, um gegen dessen Bruder Magas zu kämpfen. Wohl wegen Soldstreitigkeiten revoltierten sie und wurden auf eine Insel im Nildelta deportiert, wo sie elend zugrunde gingen. Dennoch verzichteten danach weder Ptolemaios III. (246–221) noch der IV. dieses Namens auf solch bewährte Kräfte.

231 v. Chr. unterschrieb in Alexandria der »Galater nach Abstammung« Zopyros als Vormund, d. h. wohl Ehemann der als Frau nicht rechtsfähigen athenischen Startänzerin Olympias einen befristeten Anstellungsvertrag mit einem hochdotierten Flötisten aus Syrakus – ein Schlaglicht nicht nur auf die Anwesenheit fest ansässiger galatischer Berufsoffi-

Der Schnurrbart verrät ihn: Wenig schmeichelhafte hellenistische Statuette eines Galaters aus Ägypten.

ziere im Dienst der Ptolemäer, sondern auch auf das bunte gesellschaftliche Umfeld.

Eine Inschrift in griechischer Sprache an einem Tempel zeugt von einem Einsatz 186/85 v. Chr. gegen Aufständische in Oberägypten.

Flavius Iosephus erwähnt noch beim Begräbnis Herodes' des Großen im Jahr 4 v. Chr. in Jerusalem Galater in dessen Leibwache.

Auch im Kleinasien des 3. und 2. Jh. v. Chr. heuerten Nikomedes von Bithynien, die Seleukiden und andere im Kampf um die Erbmasse des großen Alexander immer wieder galatische Söldner an.

Im 1. Punischen Krieg (264–41) standen Kelten unter anderem in Diensten der Karthager. Unter Hannibal in Italien (218–01) stellten die kurz zuvor von Rom unterworfenen Gallier Oberitaliens einen großen Teil der Truppen.

Sie wurden üblicherweise als geschlossene Einheiten von Fußsoldaten mit eigener Ausrüstung angeheuert, die oft auch Frauen und Kinder mitbrachten. Nicht selten blieben sie nach Beendigung ihres »Arbeitsverhältnisses« im Lande, so dass man gegen sie vorgehen musste. Geschätzt und gefürchtet war der *furor* ihres ersten Ansturms, der den Gegner ins Wanken bringen sollte. Sie scheinen im Allgemeinen als tapfer und verlässlich gegolten zu haben – außer wenn der Sold ausblieb. Er konnte einen Goldstater pro Mann und Kampagne betragen, zuzüglich eventueller Beute, zahlbar am Ende abzüglich Vorschuss. Die häufigsten Soldmünzen, makedonische Philipp- und Alexander-Statere, wurden zum Vorbild für die ersten keltischen Münzprägungen.

Söldner anderer Art waren die Gaesaten. Polybios schildert sie bei Telamon 225 v. Chr. als von Boiern und Insubrern »in den Alpen und an der Rhône« angeworben. Sie gaben sich elitär, kämpften nackt und nur mit Waffen, goldenen Hals- und Armringen angetan in der ersten Reihe, konnten aber weder hier die Niederlage verhindern noch drei Jahre später bei Clastidium. Danach erscheint der Name ab und an als Synonym für Berufskrieger und zuletzt im Namen einzelner römischer Hilfstruppeneinheiten; man deutet ihn als »Speermänner« – von kelt. *gaisa,* lat. *gaesum* »Wurfspeer«, der aber merkwürdigerweise bei ihnen offenbar keine Rolle spielt – oder »Söldner« (Polybios u. a.). Die Gaesaten waren sicher kein Stamm im Pogebiet, wie Strabon meinte, ihr heroischer Nacktkampf lässt eher eine Art Weihebund von Elitekriegern aus ganz Gallien vermuten. Dass sie sich von Bezahlung und der Aussicht auf Beute locken ließen, muss dabei einen religiösen Hintergrund keineswegs ausschließen. ■

Kriegerischer *furor*

Aus zahlreichen Äußerungen der antiken Autoren geht hervor, dass nichts den Römern in den Auseinandersetzungen mit den Galliern mehr zu schaffen gemacht hat als deren *furor*, die Kampfeswut. Er steht für das Urbarbarische schlechthin. Er bezeichnet den unbändigen, bedingungslosen und unmissverständlichen Drang, »auf den Mann zu gehen«, ohne Rücksicht auf Verluste. Von keltischer Seite könnte man sich ein religiöses Motiv vorstellen, eine Art Selbstweihung, ein Ausliefern an die Kriegsgötter auf Gedeih und Verderb. Das ganze Vorgeplänkel der Schlacht – mit all dem Gelärme, Kriegsgesängen, Droh- und Schmähreden gegen den Gegner, mit den Provokationen der Vorkämpfer und der Geräuschkulisse unzähliger *carnyces*, all das, worüber sich die Berichterstatter ein ums andere Mal mokieren – hatte offensichtlich mehrfachen Sinn als psychologische Kriegsführung: Einschüchterung und Demoralisierung des Gegners auf der einen Seite, Hineinsteigern zum Überwinden der eigenen Angst bis zum berserkerhaften *furor*, der im ersten Ansturm alles wirft, auf der anderen Seite. Scheitert dieser aber, dann folgt der völlige Zusammenbruch, kopflose Flucht oder Apathie. Das ist die oft geschilderte Stärke und Schwäche der gallischen Heere – abgesehen von anderen organisatorischen und disziplinarischen Defiziten. Dazu konnte auch gehören, dass sie, statt dem flüchtenden Gegner nachzusetzen, erst die Köpfe gefallener Gegner einsammeln gingen.

Boudicca und ihre Schwestern – Keltische Frauen

Die Rechte der Frauen

Das Bild der keltischen Frauen, wie es uns in der antiken Überlieferung und auch in den Grabausstattungen entgegentritt, ist ambivalent (s. das bekannte Zitat Caesars S. 93). Allgemein wird stets ihre – verglichen mit Griechinnen und Römerinnen – bessere Stellung hervorgehoben, die bei einigen AutorInnen in der Ausrufung des Matriarchats gipfelte – ein Mythos, der auch in der modernen Keltenbewegung noch eine Rolle spielt. Die mutterrechtlichen Strukturen leiten sich fast ausschließlich von mittelalterlichen literarischen Quellen und Rechtstexten aus Irland und Wales ab sowie von antiken Zitaten wie dem von Caesar (bell. gall. 5,14,4–5) über Gruppenehen in Britannien oder von Cassius Dio (77,15,5), in dem die kaledonische Fürstengattin der römischen Kaiserin Julia Augusta stolz entgegnet, dass es die »Notwendigkeiten der Natur« besser erfüllt, wenn man offen mit den Besten verkehrt, als sich – wie die Römerinnen – heimlich von den Minderwertigsten missbrauchen zu lassen. Eine neuere Untersuchung der Rechtstexte ergab jedoch eine ernüchternde Bilanz: Die Frau stand bis zur Heirat unter der Obhut ihrer Sippe, und ihre spätere Stellung hing davon ab, ob sie Haupt- oder Nebenfrau wurde. Auch als Ehefrau konnte sie keine selbständigen Entscheidungen treffen, keine Verträge abschließen und wurde von Mann oder Söhnen vertreten. Die Kinder gehörten dem Vater. Immerhin besaß sie als Absicherung eine Mitgift, die ihr auch nach einer Trennung blieb. Das während der Ehe erwirtschaftete Vermögen wurde dann geteilt und sogar ihre geleistete Arbeit angerechnet. Somit konnte sie aus einer Ehe durchaus vermögend hervorgehen. Dass eine Ehefrau sich scheiden lassen konnte und bei Verletzung ihrer Ehre das Bußgeld selbst erhielt, zeigt, dass sie als selbstständige Persönlichkeit angesehen wurde. Scheidungsgründe waren Verletzung der Ehre durch Verspotten, Nichterfüllung der ehelichen Pflichten oder sichtbare Spuren durchaus erlaubter Schläge des Gatten. Von einem Matriarchat bleibt da wenig übrig. War dies vor der Christianisierung anders? Das zähe Festhalten an von der Kirche nicht akzeptierten Rechtsbräuchen wie der Scheidung spricht eher dagegen. Lassen sich diese Rechtsformen auf das Festland übertragen? Wie schon mehrfach betont, lebten Iren und Waliser bereits vor ihrer Keltisierung dort, Rechtsbräuche wie auch Mythen könnten daher ebenso gut von einer älteren »vorkeltischen« Gesellschaft stammen.

»Die Männer lassen, wenn sie von ihren Frauen **Vermögen als Mitgift** erhalten haben, ihr eigenes Vermögen schätzen und legen einen gleich großen Wert mit der Mitgift zusammen. Über dieses Gesamtvermögen führen sie gemeinsam Buch und sparen den Gewinn; wer von beiden länger lebt, erhält den beiderseitigen Anteil mit dem hinzugekommenen Gewinn. Die Männer haben gegenüber ihren Frauen wie auch Kindern Gewalt über Leben und Tod. Wenn ein Familienoberhaupt aus besserem Hause stirbt, versammeln sich seine Verwandten und verhören die Ehefrau wie Sklaven, falls an dem Tod etwas Verdacht erregt. Bestätigt sich der Verdacht, verbrennen sie die Frauen, nachdem sie sie auf alle möglichen Arten gefoltert haben.«
(Caes., bell. gall. 6,19,1–3)

Stolze Königinnen

Aus Britannien kennen wir zwei Königinnen, die zur Zeit der römischen Eroberung ins Rampenlicht traten. Cartimandua war Königin der Briganten, knüpfte freundschaftliche Beziehungen zu Rom und lieferte 51 n. Chr. einen aufständischen König aus (Tac., hist. 3,45; ann. 12,40). Im Krieg mit ihrem verstoßenen Gatten Venutius rief sie 69 die Römer zu Hilfe. Sie rettete zwar ihr Leben, verlor ihren Thron aber an Venutius. Noch dramatischer verlief die Geschichte von Boudicca, die gegen die Römer in den Kampf zog.

Die beiden Königinnen bleiben jedoch Einzelfälle, und möglicherweise konnten sie nur in der unsicheren Zeit der römischen Eroberung Britanniens Macht ausüben. Als weitere historisch nicht belegte Königin tritt uns Onomaris – wohl kein keltischer Name – in einer anonymen Schrift mit vierzehn Episoden über »Frauen klug und mutig im Krieg« als einzige »Barbarin« und Gallierin entgegen. Als ihre Stammesgenossen von einer Missernte bedrückt auswandern und kein Mann die Führung übernehmen will, veräußert sie ihr gesamtes Gut und führt die vielen Menschen über die Donau, bezwingt in einer Schlacht die Einheimischen und herrscht danach als Königin. Man kann erschließen, dass das Reich an der unteren Donau lag und die Geschichte in der frühen Phase der keltischen Wanderungen im 4. Jh. v. Chr. spielt. Wenn diese Geschichte einen historischen Kern hat, dann ist es hier wieder der Ausnahmezustand, der einer Frau den Aufstieg zur Herrscherin ermöglichte. Eine Situation, wie sie auch im nicht weniger patriarchalischen Mittelalter immer wieder vorkam.

Mutige und kluge Frauen

Zur Stellung der Keltin auf dem Festland gibt es nur wenige Aussagen antiker Autoren wie die oben zitierte von Caesar, die ähnlich wie bei den inselkeltischen Quellen die »Obhut« des Mannes über Frau und Kinder, aber auch die Möglichkeit, Vermögen zu besitzen, erwähnt. Es fällt indessen auf, dass die verdoppelte Mitgift gemeinsam verwaltet wird, und allein die Tatsache, dass der erzielte Gewinn auch der Frau zusteht, unterscheidet sie von römischen oder germanischen Geschlechtsgenossinnen. Caesar berichtet zudem von politischen Heiraten und Polygamie in Adelskreisen.

Weitere Zitate aus der Zeit vom 2. Jh. v. bis zum 4. Jh. n. Chr. nähren vor allem die typischen Klischees von den großen und starken Keltinnen, die sie vielleicht, verglichen mit Griechinnen und Römerinnen, tatsächlich waren. Gern zitiert wird Ammianus Marcellinus, der erst im 4. Jh. n. Chr. die ihrem Gatten zu Hilfe eilende, stärkere und größere, zähneknirschende Keltin beschreibt, mit deren rabiaten Faustschlägen und Fußtritten es keiner aufnehmen kann.

Eine ganz andere Dimension politischen Einflusses schildert Plutarch (virt. mul. 6; mor. 246,b–d), der die Charakterstärke keltischer Frauen betont, die bei einem keltischen Bürgerkrieg vor dem Zug nach Italien unter den Kämpfenden erfolgreich schlichteten und daraufhin von den Männer bei Entscheidungen über Krieg und Frieden oder Zwistigkeiten stets zu Rate gezogen wurden. Immerhin erwähnt Polyaen (7,35,1), dass der »Galaterkönig« Brennos im 3. Jh. v. Chr. eine Volksversammlung von Männern

BOUDICCA

Boudicca war die Frau des reichen Königs Prasutagus, der über das mit den Römern verbündete Volk der Ikener im Osten Britanniens herrschte. Als dieser sein Reich dem römischen Kaiser und seinen beiden Töchtern vererbte, kam es zum Konflikt mit Rom, das Töchter nicht als Erben und zukünftige Herrscherinnen akzeptierte und Bündnisverträge nur für die Lebenszeit des Vertragspartners abschloss. Rom nahm das Land mit Gewalt in Besitz. Königin Boudicca wurde misshandelt, und ihre Töchter wurden vergewaltigt. Daraufhin erhoben sich 60/61 n. Chr. die Ikener und benachbarte Stämme unter Führung Boudiccas gegen Rom. Es gelang ihnen, drei Städte einzunehmen, darunter London, das völlig zerstört wurde. Erst C. Suetonius Paullinus konnte die Britannier in einer Schlacht besiegen. Der Krieg forderte angeblich jeweils etwa 80 000 Menschenleben.

Der Zeitzeuge Tacitus (ann. 14,29–39; agr. 14–16) schildert, wie Boudicca auf einem Streitwagen mit ihren Töchtern die Kämpfer anfeuert, und betont, dass bei den Britanniern auch Frauen den Oberbefehl über ein Heer haben könnten. Etwa 150 Jahre später hebt Cassius Dio (62,2) Boudiccas Intelligenz hervor. Sie war groß, besaß eine raue Stimme, einen durchdringenden Blick und leuchtend rote Haare bis zu den Hüften. Über einem bunten Hemd trug sie einen Goldtorques und darüber einen dicken Mantel, den eine Fibel zusammenhielt.

Über das Ende der kämpferischen Königin gibt es widersprüchliche Angaben. Nach Tacitus nahm sie Gift, während sie nach Cassius Dio krank wurde, starb und ein prunkvolles Begräbnis erhielt.

Im Mittelalter geriet Boudicca in Vergessenheit. Erst mit der Wiederentdeckung der Werke des Tacitus in der Renaissance wurde sie zur Hauptfigur zahlreicher Theaterstücke und Balladen und – besonders unter Königin Viktoria – zu einer britischen Heldin. Bis heute beflügelt sie Filmemacher, Romanschreiber, Songwriter und Frauen aus der Reenactment-Szene. Schiffe, Modekollektionen und sogar Haustiere tragen ihren Namen. ■

Boudicca und ihre Töchter in der Civic Hall von Cardiff. Bereits im 19. Jahrhundert war sie ein Idol.

und Frauen einberief, um diese von einem Kriegszug gegen die Griechen zu überzeugen. Über die tapfere Galaterin Chiomara, die 189 v. Chr. in römische Gefangenschaft geriet und von einem Centurio vergewaltigt wurde, berichtet Polybios (21,38; 22,21). Bei der Lösegeldübergabe ließ sie ihren Peiniger von ihren Verwandten umbringen, da nur ein Mann leben sollte, der Beischlaf mit ihr gehabt hatte.

Gräber als Spiegel des Lebens?

Im Gegensatz zu den spärlichen Schriftquellen aus der jüngsten Epoche der Kelten liegen archäologische Quellen besonders als Grabausstattungen recht zahlreich vor und umfassen den ganzen Zeitraum vom 8. bis 1. Jh. v. Chr. Der Fundanfall und dessen Aussagekraft hängen allerdings von den jeweiligen Bestattungssitten ab, aber auch von der sozialen Stellung, an welche die Ausstattung wohl in der Regel gekoppelt war. Eine Rolle spielten sicher auch das Alter (Mädchen oder Frau), der Stand (Ehefrau, Mutter, Witwe), die Region und vielleicht auch die Religion. Die breite Palette an unterschiedlichen Ausstattungen lässt uns Abstufungen und derartige Reglements nur noch erahnen. So zeigten Untersuchungen in Nordwürttemberg, dass die reich ausgestatteten Frauen alle im gebährfähigen Alter, also vermutlich verheiratet waren, was sich in Südwürttemberg nicht nachweisen ließ. Wir gehen davon aus, dass die Toten das erhielten, was sie für ihr Leben im Jenseits oder die Reise dorthin brauchten – ob sie all dies bereits zu Lebzeiten besaßen oder erst danach von den Angehörigen bekamen, wissen wir nicht. Während der Aufwand für die Anlage eines Grabhügels nachvollziehbar ist, lässt sich über jenen der Begräbnisfeierlichkeiten nur wenig sagen.

An der Seite des Mannes

Frauen- wie auch Männergräber zeigen soziale Abstufungen, die uns aber nichts über die rechtliche Stellung der Personen sagen. Gut analysieren lässt

Die ca. fünfzigjährige »Hofherrin« aus Niedererlbach (Lkr. Landshut) besaß reichen Schmuck aus Bronze, Bernstein und Lignit; 7./6. Jh. v. Chr. Bei ihr lag ein etwa sechsjähriges Kind.

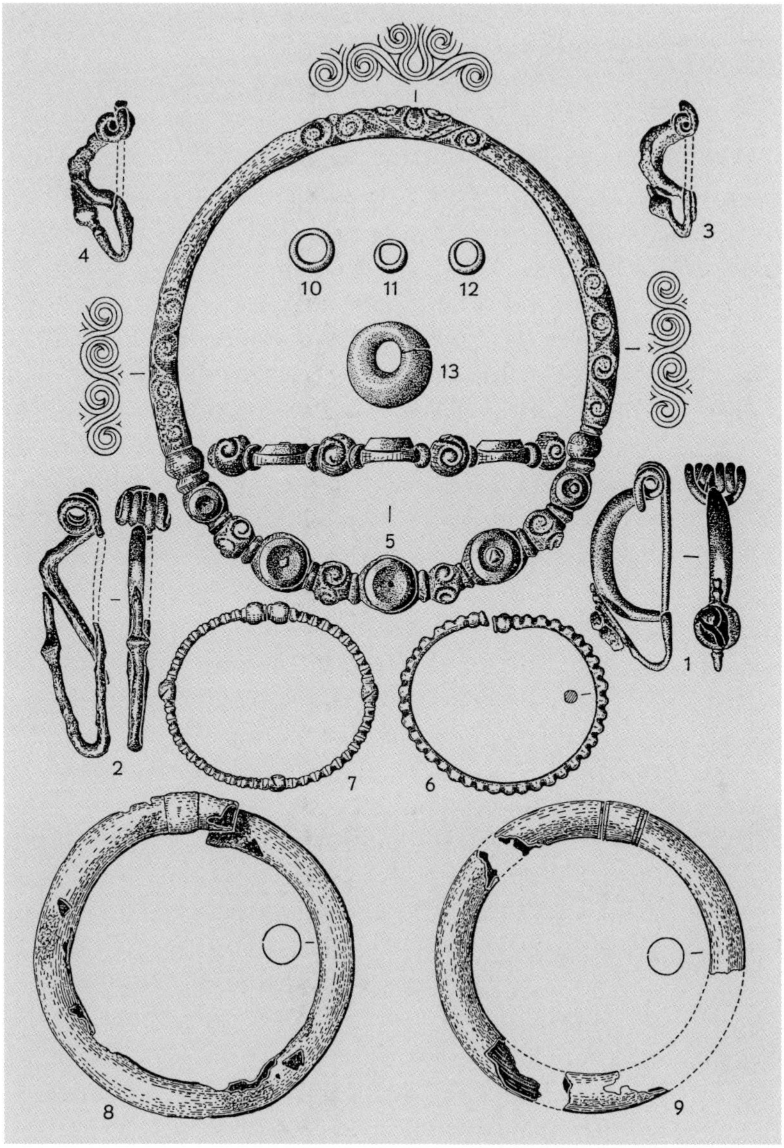

Zur Tracht einer dreißig- bis vierzigjährigen »reichen« Frau aus Nebringen (Kr. Böblingen) gehörte ein Scheibenhalsring. Sie starb an einer Stirnhöhlenvereiterung, 4. Jh. v. Chr.

sich der von 650–450 v. Chr. belegte Friedhof in Untereggersberg im Altmühltal: Zu Beginn wurden Frauen und Männer in getrennten Arealen bestattet, die spätere gleichmäßige Verteilung von Geschlecht und Alter spricht für Familien- oder Hofeinheiten. Während Männer eigene Hügel bekamen, wurden Frauen in bestehenden Hügeln beigesetzt. Es gab in jeder Generation einen Mann und eine Frau mit herausragender Ausstat-

DIE »FÜRSTIN« VON VIX

oben: Mit 1,64 m Höhe und 208 kg Gewicht ist der griechische Bronzekrater von Vix das bisher größte Metallgefäß der Antike.

unten: Die geflügelten Pferde am Goldring von Vix stammen aus der griechisch-etruskischen Fabelwelt.

Im Januar 1953 entdeckte man am Fuß des Mont Lassois in Burgund in einem fast völlig eingeebneten Grabhügel von vierzig Meter Durchmesser ein unberaubtes Frauengrab. Die ca. 35 Jahre alte Tote war in einer drei Meter tiefen, mit Kalksteinen abgedeckten Holzkammer von drei mal drei Meter beigesetzt worden. Sie lag auf dem Kasten eines Wagens, dessen Räder abmontiert an der östlichen Kammerwand standen. Außer Fibeln, Ringen und Perlen trug sie einen prächtigen Goldring mit stilisierten Löwenpranken, Kugelkopfenden und Pegasusfiguren. In der nordwestlichen Kammerecke stand ein mit einem Figurenfries verzierter griechischer Bronzekrater von 1100 l Fassungsvermögen. Auf dem Deckel ist eine bronzene Frauenfigur mit Schleier und Schnabelschuhen dargestellt, die vermutlich eine verlorene Opferschale hielt. Zum Trinkgeschirr gehörten eine Silberschale, zwei griechische schwarzfigurige Trinkschalen, eine Schnabelkanne und drei Bronzebecken aus Etrurien. Die Silberschale entspricht mediterranen Gefäßen für Trankspenden, die Bronzefigur ist vermutlich eine Priesterin – Hinweis darauf, dass die Tote auch Kulthandlungen vornahm. Die Grablege datiert in die Zeit um 500/480 v. Chr. und gehört damit zu den späten »Fürsten-« und »Fürstinnengräbern«.

Zwischen 1991 und 1993 wurde 200 m südwestlich des Hügels ein Heiligtum aus der Zeit um 500 v. Chr. ausgegraben. Zwei wohl am Eingang sitzende Steinstatuen – ein Krieger mit Schild, Waffenrock und Schwert sowie eine Frau mit langem Kleid und einem Torques mit Kugelenden (Abbild der »Fürstin«?) – deuten auf einen Ahnenkult hin. Das Grab von Vix ist nur eines von mehreren – allerdings bereits zerstörten – reichen Gräbern um den Mont Lassois, deren Belegung von der späten Bronzezeit bis in die späte Latènezeit reicht. Diese Gräber unterstreichen die große Bedeutung des Mont Lassois über die Blütezeit im 6. Jh. v. Chr. hinaus. ■

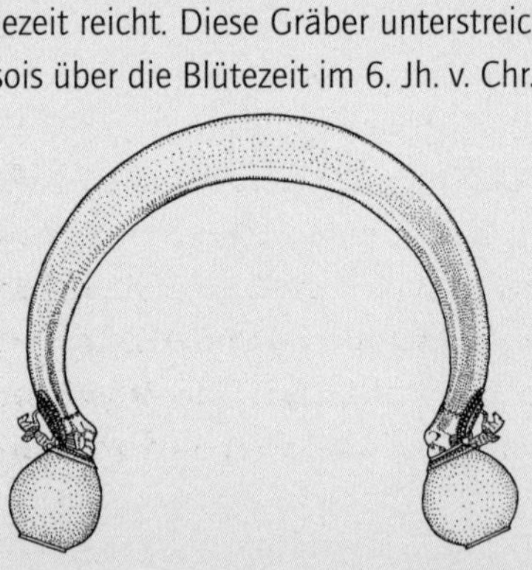

links: Der 480 g schwere Goldring von Vix ist ein einheimisches Produkt, technische Details weisen nach Spanien.

tung. Die Lebenserwartung der Frauen war mit etwa 33 Jahren relativ hoch und spricht für einen guten Lebensstandard. Eine mit ca. 23 Jahren verstorbene reiche »Hofherrin« war immerhin so beleibt, dass ihr Blechgürtel im Grab platzte. Als Hofherrin hatte sie sicher das Sagen über Untergebene und Abhängige – aber welche rechtliche Stellung hatte sie, was durfte sie entscheiden? Und welche Rechte hatten die weniger reichen »Bäuerinnen«, »Mägde« und »Sklavinnen«? Wie verhält es sich mit den fast durchweg reich ausgestatteten Frauen aus der Bergbausiedlung Hallstatt – haben sie durch ihre Arbeit oder den Verkauf von Salz eigenes Vermögen und damit eine fast gleichwertige Stellung wie die Männer erworben oder ist dies nur ein Ausdruck allgemeinen Wohlstands? Einige Schmuckgegenstände waren sicher Statussymbole und finden sich meist in ähnlich ausgestatteten Gräbern. Dazu kann man die hallstattzeitlichen Tonnenarmringe aus dünnem Bronzeblech zählen oder die latènezeitlichen Scheibenhalsringe, von denen ein 5- bis 6-jähriges Mädchen in Nebringen (Kr. Böblingen) sogar einen viel zu großen mit ins Grab bekam, der offenbar seiner Mutter gehörte. Mutter und Tochter waren reich geschmückt, der Vater und die beiden Geschwister dagegen nicht.

Wagenfahrende »Fürstinnen«

Immer wieder diskutiert wird die Stellung reicher Frauen – je nach Ausstattung und Umfeld als Hofherrin, Adelige oder Fürstin bezeichnet –, insbesondere wenn sie eigene Grabhügel und für Männer übliche Statussymbole wie Wagen oder Bronzegefäße besitzen. Die frühesten eisenzeitlichen Wagengräber mit vierrädrigen Wagen finden sich bereits im 7. Jh. v. Chr., z. B. in Niedererlbach bei Landshut (Hofherrin?) oder in Mitterkirchen bei Linz (Fürstin?). Zu den bedeutendsten gehört das späthallstattzeitliche Grab von Vix. Keinen Wagen enthält das prachtvolle frühlatènezeitliche Grab von Reinheim. Es gehört zu einer Gruppe von »fürstlichen« Männer- und Frauengräbern des 5. Jh. v. Chr. im Mittelrheingebiet, wohin sich die Machtzentren in der Frühlatènezeit offenbar verlagerten, wobei auffällt, dass in der Hunsrück-Eifel-Kultur reiche Frauengräber fehlen. Worauf beruhte die besondere Stellung der Frauen von Vix und Reinheim – auf ihrer Abstammung, ihrer Heirat, ihren Verdiensten, ihrem Reichtum oder ihrer religiösen Funktion? War die »Fürstin« von Vix auch die Herrin des Mont Lassois an einer wichtigen Wasserstraße, war sie Priesterin eines überregional bedeutenden Heiligtums und später eine verehrte Ahnin? Offenbar gab es Regionen, wo die Frauen mehr Aufstiegschancen hatten als im »patriarchalischen« Hunsrück-Eifel-Gebiet. In der Mittel- und Spätlatènezeit finden sich in Mitteleuropa zweirädrige Wagen genauso oft in Frauen- wie in Männergräbern, was dafür spricht, dass es sich um standesgemäße Fortbewegungsmittel handelte, die bei Frauen wohl zweirädrige Sitzwagen waren, wie sie auch noblen Etruskerinnen und Römerinnen zustanden.

Zu den spätesten »Fürstinnengräbern« gehört das von Sinsheim-Dühren aus dem 2. Jh. v. Chr. – ohne Wagen, aber mit zwei Spiegeln ausgestattet –, und noch im 1. Jh. v. Chr. finden sich auf treverischen Friedhöfen Wagengräber. Auf dem kleinen »Adelsfriedhof« von Goeblingen-Nospelt in Luxemburg wurde an einem überhügelten Frauengrab aus der Zeit um 20–25 v. Chr. noch ca. 150 Jahre später geopfert – ein Ahnenkult?

Totenfolge, Kult und Kampf

Nie sicher zu klären ist die Frage der Totenfolge, die bei Doppelbestattungen von Mann und Frau traditionsgemäß als Witwenfolge interpretiert wird, wobei kritisch betrachtet genauso die gegenteilige Deutung möglich ist: Warum sollte eine hochgestellte Frau nicht auch von einem Mann in den Tod begleitet worden sein? Im Grabhügel Hohmichele bei der Heuneburg lag die Frau wohl auf dem Wagen und der Mann daneben. Im Grabhügel vom Magdalenenberg wurde über dem Grab einer sechzig bis achtzig Jahre alten reichen Greisin ein »armes« Mädchen beigesetzt, ihre Dienerin?

Zur Rolle der Frauen im kultischen Bereich werden die wenigen Belege aus antiken Quellen beim Thema Religion zu nennen sein. Bereits erwähnt wurden Hinweise auf priesterliche Funktionen, die jedoch nicht auf »Fürstinnen« beschränkt sein müssen. »Kultstäbe« finden sich auch bei zwei Frauen vom Dürrnberg; Gräber mit auffallenden Amuletten könnten ebenfalls in diesem Sinne gedeutet werden. Die Funktion der auf den Bronzesitulen immer auftretenden »Trankspenderinnen« bei Symposien dürfte die einer Priesterin und nicht einer Dienerin gewesen sein; auch die Träge-

Trägerinnen von Opfergaben und Trankspenderinnen (Priesterinnen?) auf osthallstättischen Situlen.

»FÜRSTIN« UND »PRIESTERIN« VON REINHEIM

1954 fand man in der Nähe von Reinheim beim Sandabbau ein reiches Frauengrab. Die Tote, deren Skelett in der kieselsauren Erde vollständig vergangen war, lag in einer 3,50 m langen, wohl 3 m breiten, 0,50 m eingetieften Kammer aus Eichenbohlen. Der Grabhügel von ursprünglich zwanzig Meter Durchmesser und fünf Meter Höhe war von einem Kreisgraben umgeben. Die Frau trug einen goldenen Torques, zwei goldene Armringe und zwei goldene Fingerringe sowie zwei weitere Armringe aus Glas und Ölschiefer. Gewänder und Leichentuch wurden von einer bronzenen Maskenfibel, einer bronzenen Hähnchenfibel mit Koralleneinlagen (s. Abb. S. 132), einer ovalen und einer runden Goldscheibenfibel zusammengehalten. Neben dem Kopf lagen – wohl in einer vergangenen Schmuckschatulle – eine Stangengliederkette mit Amulettanhängern, darunter eine Eisenbüchse, zwei nackte Männerfigürchen, ein Schuhanhänger aus Bernstein, aber auch ein Set aus Fossilien und Mineralien. Bernsteinperlen und Glasperlen gehörten zu Kolliers oder zum Gürtelschmuck. Ungewöhnliche Gegenstände sind ein Bernsteinstab mit drei Silberkettchen und ein Bronzespiegel, dessen Griff als Figur mit einer Blattkrone gestaltet ist. Das Trinkservice für zwei Personen bestand aus einer Röhrenkanne, auf deren Deckel ein menschengesichtiges Pferd steht, sowie zwei Bronzebecken, die mit einem Holzdeckel verschlossen und in ein blau gestreiftes Tuch eingeschlagen waren. Von zwei Hörnern waren nur noch die goldenen Trinkhornbeschläge erhalten. Die Funde datieren das Grab in das erste Drittel des 4. Jh. v. Chr.

Der Spiegel, der Kultstab aus Bernstein und die Stangengliederkette mit den Amuletten zeigen, dass die Tote aus Reinheim nicht nur zur aristokratischen Oberschicht gehörte, sondern vielleicht auch Priesterin oder Seherin war. ■

Teile der Ausstattung der »Fürstin von Reinheim«: goldene Hals-, Arm- und Fingerringe sowie Trinkhornbeschläge, Bernsteinkette, Bronzeschale mit Goldscheibenfibeln und Glasarmring.

rinnen brachten vermutlich wichtige Gaben zum Opferfest. Der häufig dargestellte Geschlechtsakt (*symplegma*), bei dem die Frau in einem Fall immerhin auf einem Thron sitzt und der Mann vor ihr kniet, sind nicht einfach als orgiastische Ausschweifungen des Festes zu sehen, sondern als Vollzug der Heiligen Hochzeit des neuen Herrschers mit der Göttin, vielleicht vertreten durch eine Priesterin.

Die von Freizeitkeltinnen gerne dargestellten Kämpferinnen sind weder historisch noch archäologisch belegt. Die Königinnen Boudicca und Onomaris führten ihre Krieger zwar in die Schlacht, ob sie auch selbst zu den Waffen griffen, ist nicht überliefert. Die von Plutarch (vit. caes. 18) erwähnten kämpfenden Helvetierinnen leisteten zusammen mit Kindern und Männern letzten verzweifelten Widerstand in ihrer Wagenburg. Die Anwesenheit von Frauen und ganzen Familien am Rand von Boudiccas Schlachtfeld lässt sich am besten mit einer völlig illusorischen Siegeszuversicht erklären – mit tragischen Folgen. In Frauengräbern finden sich weder Waffen noch typische Kampfverletzungen, wobei allerdings die wenigsten Skelette anthropologisch und paläopathologisch untersucht sind. Bei den wenigen Darstellungen Waffen tragender Reiterinnen und Wagenlenkerinnen auf späten keltischen Münzen dürfte es sich um Göttinnen handeln.

Keltinnen und ihre mediterranen Schwestern

Ein Vergleich mit Griechinnen, Etruskerinnen und Römerinnen zeigt, dass auch Keltinnen in patriarchalischen Gesellschaften in traditionellen Geschlechterrollen lebten. Am schlechtesten stand die Athenerin da, die vom öffentlichen Leben weitgehend ausgeschlossen war. Dagegen genoss die Römerin zwar nicht de jure, aber de facto mehr Freiheiten. Sie konnte als Angehörige der Oberschicht kraft ihrer Position in einer führenden Familie Einfluss ausüben, erben und als Witwe sogar Vermögen anhäufen. Auch öffentliche Feste und Spiele standen ihr offen. Die hohe Stellung der Etruskerin, die uns ähnlich wie die der Keltin nur in Gräbern, Bildquellen, aber auch Inschriften entgegentritt, scheint nach einer politischen Wende im 6. Jh. gelitten zu haben. Die Einführung von timokratischen und auf Männer beschränkten demokratischen Systemen drängte sie ebenso wie die Griechin – in homerischer und archaischer Zeit die angesehene Vorsteherin des Haushalts – in das private, häusliche Umfeld zurück. Da jedoch in Etrurien und auch in Rom die Adelsfamilien weiterhin einflussreich waren, blieben die Frauen zumindest der oberen Klasse wichtige und angesehene Mitglieder der Gesellschaft. In bestimmten Situationen gelang es ihnen sogar, die traditionellen Rollen zu überschreiten, solange dies der Familie zugute kam. Ähnlich vielschichtig und abhängig von Geburt, politischer Lage, Region und Persönlichkeit kann man sich auch die Verhältnisse bei den Keltinnen vorstellen – vielleicht sogar etwas besser.

Eisen, Salz und Gold – Grundlagen keltischen Reichtums

Die Bedeutung des Eisens für die Eisenzeit zu betonen erscheint müßig, doch sie war nicht immer gleich. Zu Beginn der Eisenzeit noch selten und prestigeträchtig – der »fürstliche« Wagen im Grab von Hochdorf war komplett mit Eisenblech beschlagen –, wurde es erst im Laufe der Latènezeit immer alltäglicher. Diese Wende, wohl um das 5. Jh. v. Chr. anzusetzen, war an eine verbreitete Kenntnis des Verfahrens und eine Ausweitung der Kapazitäten gebunden. Der Bedarf zu Beginn der Eisenzeit war nicht groß, bisher war man gut nur mit Bronze ausgekommen, die auch weiterhin wichtig blieb. Bisher ist die örtliche Verhüttung von Eisen in der frühen Hallstattzeit nicht nachgewiesen; man muss vorläufig annehmen, dass das Rohmaterial anfangs aus dem Süden kam.

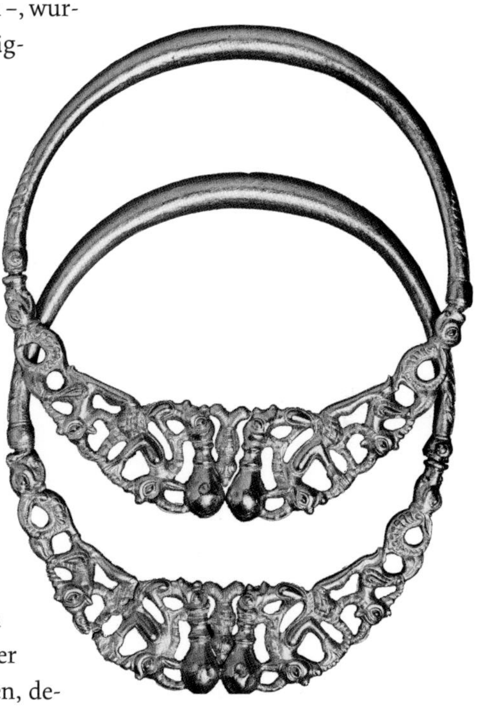

Halsringe aus dem Goldschatz von Erstfeld (Kt. Uri, Schweiz), der wohl als Opfergabe in einer Felsnische deponiert wurde.

Die zur Zeit ältesten Belege für die heimische Produktion von Eisen stammen aus Neuenbürg im nördlichen Schwarzwald. An den Hängen des Enztales werden seit einigen Jahren Produktionsstätten der Späthallstatt- und Frühlatènezeit ausgegraben, deren bislang älteste Spuren auf den Beginn des 6. Jh. v. Chr. weisen. Sie umfassen drei verschiedene Typen von teilweise sehr gut erhaltenen kuppelförmigen Verhüttungsöfen und Einrichtungen zum Zerkleinern des Erzes sowie steinerne Ambossplatten und Ausheizherde nahe der Öfen zur weiteren Verarbeitung der Luppen. Der einstige Umfang der Produktion lässt sich bisher nur erahnen. So lag eine »Ofenbatterie« von mindestens zwölf Öfen aneinandergereiht im Hang; weitere Gruppen von Öfen liegen in der Nähe.

Verhüttungsplätze sind aus allen Gebieten des keltischen Europa bekannt, kleinere und größere. Einer wenn auch sehr ungefähren Schätzung zufolge werden die eisenzeitlichen Schlackenhalden auf insgesamt ein bis zwei Millionen Tonnen veranschlagt. Der Holzverbrauch allein zum Betrieb der Öfen muss regional zu regelrechter Entwaldung geführt haben, die sich tatsächlich auch in Pollenprofilen zeigt. Hinzu kam noch der Bedarf für Röst- und Ausheizherde zum Vorbereiten des Erzes, Ausschmieden der Luppen und das Zusammenschweißen zu Barren.

Goldene Zeiten

»In Gallien gibt es kein Silber, aber große Mengen Goldes, denn die Natur liefert es den Bewohnern ohne jede Mühe und Bergbau. Da nämlich die Flussläufe scharfe Biegungen machen und das Wasser im Anprall große Stücke der vorstehenden Abhänge wegreißt, führt es viel goldhaltigen Sand mit sich. Diesen fangen die damit Beschäftigten auf, zermahlen ihn oder zerstampfen die Schollen, worinnen er ist; dann lassen sie das Wasser die Erde auswaschen und schmelzen den Satz in Öfen. Auf diese Weise gewinnen sie große Mengen Gold, mit dem sie sich schmücken, und zwar nicht nur die Frauen, sondern auch die Männer.«

Ob diese Prozedur tatsächlich so »ohne Mühe« von der Hand ging, wie Diodor (5,27) uns glauben machen will, sei dahingestellt. Auf Poseidonios beruft sich Athenaios und meint offenbar in ähnlichem Sinne, dass bei den Helvetiern üblicherweise »von Frauen und körperlich schwachen Männern« Flussgold gewaschen würde. Schön illustriert hätten diese Schilderungen die Teile einer Goldwaschbank aus der Otava bei Modlesovice in Südböhmen, deren Radiokarbon-Datierung dann leider ein mittelalterliches Datum ergab.

Der Goldreichtum Galliens war fast sprichwörtlich. Strabon (4,1,13) stimmt darin Polybios zu und nennt (4,2,1) die Tarbeller in Aquitanien, wo das Gold in faustgroßen Stücken knapp unter der Erdoberfläche zu finden sei. Ähnliches hätte sich laut Strabon zu Polybios' Zeiten – geboren um 200 v. Chr. – unversehens bei den norischen Tauriskern zugetragen, so dass der Goldpreis vorübergehend um ein Drittel gefallen sei (4,16,12).

Dass man sich auch größerer Mühen unterzog, zeigen regelrechte Goldbergwerke mit Stollen unter Tage im Zentralmassiv in Frankreich. Es ist dennoch unwahrscheinlich, dass alles Gold der Gallier selbst gewaschen war. Auch mit der Löhnung der Söldner, den Stillhaltegeldern geplagter Städte und manchem anderen, was man sonst so erbeuten konnte, wird einiges an Gold den Weg zu den Kelten gefunden haben.

DIE EISENVERHÜTTUNG

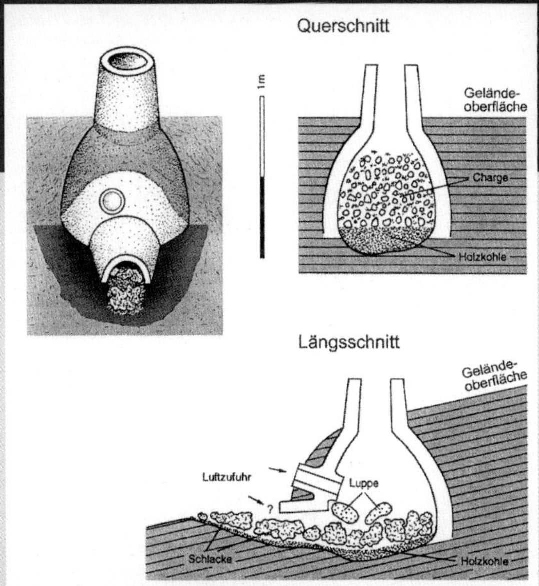

Die Eisenverhüttung erfolgte noch bis ins Mittelalter in Rennfeueröfen: Darin wird nicht das Eisen selbst erschmolzen, da man die nötige Temperatur (ca. 1530 °C) nicht erreichte, sondern man ließ – vielleicht gefördert durch Zuschläge wie Kalk – die schon bei rund 1200 °C flüssige Schlacke ausrinnen, daher der Name »Rennofen«. Übrig blieb die Luppe, durchsetzt mit Schlacke und Holzkohle, die durch mühsames Ausschmieden ausgetrieben wurde. Es gab verschiedene Schacht- und Kuppelöfen, betrieben mit Blasebälgen oder vom Wind an einem Hang. Zerkleinertes Erz und Holzkohle wurden abwechselnd eingeschichtet, der Brand dauerte etliche Stunden. Modernen Versuchen zufolge waren für ein Kilogramm Schmiedeeisen rund einhundert Kilogramm Holzkohle nötig.

Das Eisen wurde direkt verarbeitet oder zu Barren feuerverschweißt. Typisch von der Hallstatt- bis in die Römerzeit sind Doppelspitzbarren mit quadratischem Querschnitt und mehr oder weniger stark ausgezogenen Spitzen, die vermutlich für Biegeproben als erste Qualitätsprüfung dienten. Eine zweite Handelsform sind Schwertbarren, die wie die Rohform eines Schwertes mit Griffangel aussehen (s. Abb. S. 109). Sie dürften aus hochwertigerem Material bestanden haben; sie sind dünner ausgeschmiedet, so dass sich im Inneren kaum Verunreinigungen verbergen lassen, wie das bei den bis zu zehn oder fünfzehn Zentimeter dicken Spitzbarren schon nachgewiesen wurde. Erzeugt wurde weiches Schmiedeeisen, aber auch schon Stahl mit höherem Kohlenstoffgehalt; beides wurde auch gezielt kombiniert. Die Eigenschaften hingen außer vom Know-how von Nebenelementen aus den Erzen ab, häufig Phosphor. Die Qualitätssorte *ferrum noricum* (Plin. nat. 34,145;155) könnte Mangan enthalten haben. Eisenerze waren vielerorts obertägig erreichbar: Bohnerz im Jura, Raseneisenerz in Niederungen und andere in Mittelgebirgen und in den Alpen.

Da Rennfeuerschlacken noch sehr viel Eisen enthalten, wurden alte Halden in der Neuzeit gern ausgebeutet und damit alte Verhüttungsplätze zerstört. ■

ganz oben: Rekonstruktion eines keltischen Eisenverhüttungsofens mit Vorgrube und aufgesetztem Ofenschaft. Entwurf G. Gassmann.

oben: Doppelspitzbarren waren die Handelsform des Eisens von der Hallstatt- bis in die Römerzeit.

Weißes Gold

Während der Mensch sehr gut in der Lage ist, ohne Gold zu leben, ist Salz eine Notwendigkeit – nicht nur aus physiologischen oder geschmacklichen Gründen. Die Bedeutung von Salz als Konservierungsmittel für Lebensmittel in einer Zeit ohne Kühlschrank können wir heute kaum noch ermessen. Fleisch und Fisch, aber auch Käse können mit Salz haltbar gemacht werden, ebenso Felle und Häute für die Gerberei – und natürlich das Streusalz für die Wagen im Winter. Gemessen am archäologisch heute feststellbaren Aufwand muss das Geschäft mit dem Salz sehr viel wichtiger gewesen sein als selbst das Eisen: Für nichts, so scheint es, wurde größerer Aufwand betrieben als für die Salzgewinnung.

Der Brennstoffverbrauch der großen Salinenanlagen dürfte nicht geringer gewesen sein als der bei der Verhüttung, wie bisherige Untersuchungen im Tal der Seille in Lothringen zeigen. Dort sitzt der ganze heutige Ort Marsal auf einer Abraumhalde aus »Briquetage« – groben Keramiktiegeln zum Sieden der Sole, deren Menge die Bearbeiter auf 4 Mio. m^3 schätzen. Bei großflächigen Prospektionen auf einer Fläche von achtzig Hektar wurden bereits mehrere tausend Salzsiedeöfen entdeckt, die sich auf einen Zeitraum zwischen älterer Hallstatt- und Spätlatènezeit verteilen. Der Ort Marsal ist heute von einer Art Salzmarsch umgeben, die nicht natürlichen Ursprungs ist; als deren eigentliche Ursache wird starke Erosion durch Entwaldung der Umgegend für den Salinenbetrieb angesehen. Die Jahresproduktion wird für die Latènezeit auf bis zu 10 000 Tonnen geschätzt, für die Hallstattzeit immerhin auf mehrere tausend Tonnen. Die Forscher sprechen von proto-industriellen Ausmaßen.

Ähnliche, wenn auch nicht ganz so weitläufige Anlagen samt Siedlungen und Gräberfeld werden seit gut hundert Jahren in Bad Nauheim ausgegraben; Briquetage der Eisenzeit ist auch von einer Reihe anderer Fundplätze bekannt.

Noch spektakulärer sind die bekannten Salzbergwerke im Salzkammergut, in Hallstatt mit seinem namengebenden Gräberfeld und auf dem Dürrnberg bei Hallein.

Die antiken Stollen des Hallstätter Bergwerks wurden schon vom Bergbau der frühen Neuzeit immer wieder angeschnitten, der diese durchaus als Werke älterer Kollegen erkannte und als »Alter Mann« oder »Heidengebirge« bezeichnete. Dabei kam 1734 der vom Salz bestens konservierte Leichnam eines prähistorischen Bergmanns zutage – und wurde kurz danach verscharrt. Heute würde »Ötzi« durch solch einen Fund ernsthafte Konkurrenz erwachsen! Die ältesten bisher gefundenen Stollen datieren bereits in die Urnenfelderzeit, die intensivste Nutzung brachte die Hallstattzeit. In zwei Stollenkomplexen wurde auf mehreren Ebenen salzhaltiges Sediment und Steinsalz abgebaut, Letzteres in bis zu zwanzig Meter hohen Hallen. Die Stollen, die sich im Lauf der Zeit wieder geschlossen hatten, lieferten eine Unzahl von Funden, vor allem auch organisches Material, Abfall der Bergleute bis hin zu deren Exkrementen, die eine Fülle von Erkenntnissen brachten. Ein großer Murenabgang um 350 v. Chr. bedeutete das weitgehende Ende des Abbaus bis in die Spätlatènezeit, als offenbar in gewissem Rahmen wieder gefördert wurde.

Abgelöst wurde Hallstatt vom Dürrnberg, wo der Abbau in der Späthallstattzeit begann und mit der Latènezeit seine Blüte erreichte. Die Gesamtlänge der Stollen mehrerer Stollenfelder berechnet man auf 5,5 km mit bis zu 450 m langen Stollen bis 200 m unter der Oberfläche. Hier kamen 1573 und 1616 ebenfalls vorgeschichtliche Bergmannsleichen zutage. Der erste soll »an Haut und Fleisch gelb, wie ein geselchter Stockfisch« gewesen sein und im heißen Sommer erst nach etlichen Wochen zu faulen angefangen haben, der Kollege von 1616 sei sogar »etlich Jahr [!] unverwest behalten worden«.

In den Salzstollen von Hallstatt konserviert: Tragsack aus Rindshaut mit Tragegestell, Kienspäne, Fellmütze und Knieholzschäftung eines Pickels.

Sind die Bergwerke selbst schon erstaunlich genug, so erst recht die Gemeinschaftsleistung, die hinter solch einem Großbetrieb steht: Beschaffung von Holz, Werkzeug und Kienspänen in großer Zahl, Versorgung der Häuer selbst, Abtransport und Verarbeitung des Materials, »Vertrieb«, Werkstätten, Landwirtschaft und so weiter und so fort – man weiß nicht, was man mehr bewundern soll.

An den Gräberfeldern von Hallstatt und vom Dürrnberg ist abzulesen, dass man wohlhabend war und international, wie viele »Fremdformen« im Fundmaterial belegen. Der Blick hinter die toten Funde auf die einstmals lebenden Strukturen bleibt leider wiederum äußerst beschränkt.

»Holzwurm«, Schmied & Co. – Findige Handwerker

Die Produkte des Handwerks prägen zu einem großen Teil das »archäologische« Bild der Kelten, wobei schon aus Gründen der Erhaltung Keramik- und vor allem Metallfunde im Vordergrund stehen, während Holz, Leder, Stoffe und beispielsweise auch Lebensmittelprodukte kaum Chancen auf gebührende Würdigung haben – Keltenkringel und *tuccetum* (gesalzene Rinds- oder Schweinswurst) bleiben unterrepräsentiert.

Paradedisziplin des keltischen Handwerks ist das Metallhandwerk, nicht zuletzt in Bronze, schon weil diese sich im Boden in der Regel sehr gut erhält. Hier hatte man bereits mehr als tausend Jahre lang Erfahrungen sammeln können.

Am Anfang stand bei Bronze immer der Guss, denn auch Blech musste zunächst in mühevoller Hammerarbeit aus flachen Gusskuchen gestreckt und gebreitet werden, bis es die gewünschte Stärke – und zwar möglichst gleichmäßig – erreicht hatte. Der Maximalgröße von Blechen waren dadurch enge Grenzen gesetzt. Kleinere Gefäße wurden wie heute in Treibarbeit aufgezogen, größere mit Bördelung und Nieten zusammengesetzt oder gelötet. Eine zweite Methode für größere Stücke bestand darin, bereits eine Art Rohform zu gießen und diese dann in die endgültige Form zu treiben.

Einfachere und öfter benötigte kleine Teile goss man in offene Formen, die meisten Stücke in »verlorener Form«. Hierzu wird ein Wachsmodell angefertigt, mit Ton umhüllt und gebrannt, wobei der Ton hart wird, während das Wachs ausfließt und die Negativform hinterlässt. Für Hohlräume müssen Kerne eingebaut werden. Durch zuvor sinnreich angeformte Steigkanäle und Eingusstrichter erfolgt das Eingießen des flüssigen Metalls und das Entweichen der Luft. Nach dem Abkühlen wird die Form zerschlagen und die Nacharbeit beginnt: Abtrennen der Guss- und Steigkanäle, Kanten versäubern, Oberflächenbearbeitung, Verzierungen anbringen. Selbst heute mit elektrischen Maschinen noch eine Geduldsprobe, war es damals von Hand sicher echte Sklavenarbeit.

Um ein Gussteil mit einem größeren Werkstück aus Bronze oder Eisen fest zu verbinden, ließ man die Gussform dieses »überfangen«: Es wurde gleich in die Gussform mit eingebaut und umgossen, so etwa eiserne Achsnägel mit bronzenen Zierköpfen (s. Abb. S. 128).

Eisen konnte nicht gegossen werden, was neben dem Rost sein größter Nachteil gegenüber der Bronze war. Das bedeutete, dass jedes eiserne Werkstück in Schmiedearbeit geformt werden musste, was bei genauerem Hinsehen gerade bei filigranen Objekten wie kleinen Fibeln eine erstaunliche und oft übersehene Fertigkeit erforderte. Andererseits konnten kompakte Werkstücke nur bis zu einer bestimmten Größe verarbeitet werden, um sie in der Esse noch auf Schmiedetemperatur bringen zu können. Die ungefähre Obergrenze dürfte ein viereckiger Steckamboss von rund zwölf

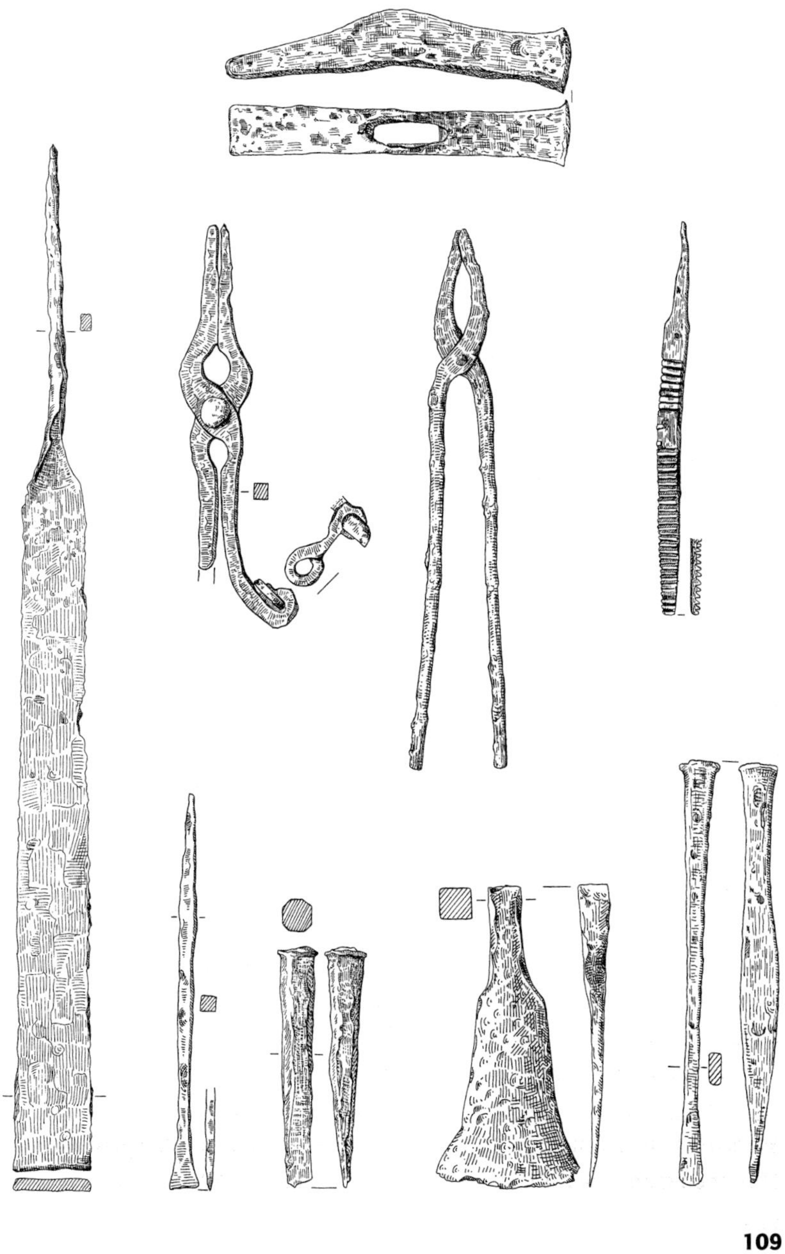

Schmiedewerkzeug aus dem *oppidum* von Manching: Hammer, Zange, Raspel, Kreuz- und Flachmeißel des Schmieds sahen noch vor hundert Jahren kaum anders aus. Links ein Schwertbarren.

Zentimeter Kantenlänge markieren. Besondere Fertigkeiten erforderten die vollplastischen Vogelköpfe in Schmiedeeisen an den Feuerböcken aus dem Hortfund von Kappel oder der Herdrost aus dem reichen Grab von Clemency, dessen Gittermuster die virtuose Beherrschung des Feuerverschweißens bezeugt.

Das Härten von Eisen durch Erhitzen und Abschrecken wurde mehr oder weniger erfolgreich praktiziert. Es setzt einen ausreichenden Gehalt an Kohlenstoff, Stickstoff oder auch Phosphor voraus, der nicht immer vorhanden war. Künstliches Aufkohlen fand offenbar nur unabsichtlich im Schmiedefeuer statt, andere Methoden sind bisher nicht nachgewiesen.

Blecharbeiten und Verzierungen der Oberfläche wurden gleichermaßen auf Eisen und Bronze ausgeführt. Immer neue Durchbrucharbeiten, Stichelgravuren und Punzmuster bedecken vor allem Schwertscheiden, gern auch als flächige Punzierungen, sogenannte Chagrinage. Unter mehreren hundert Schwertscheiden sind keine zwei, die einander völlig gleichen. Effekte durch Schwärzen oder Brünieren mit anschließendem Schleifen und Polieren, um die Muster hervorzuheben, oder Ätzmuster sind korrosionsbedingt heute kaum mehr feststellbar.

Drahtzieher und »Glasschleuderer«

Das Ziehen von Draht wurde etwa für die Herstellung von bronzenen Fibeln genutzt. Bei Eisendraht sind oberflächliche Ziehspuren wegkorrodiert; obwohl bisher kaum eine Hand voll möglicher Zieheisen bekannt wurde, muss wenigstens für die benötigte Drahtmenge von Kettenhemden Ziehen vorausgesetzt werden.

Kettenhemden gehören sicher zu den exklusivsten keltischen Produkten, obwohl ihre Herstellung eher langwierig als schwierig war. Die meisten bekannt gewordenen Exemplare – es sind fast nur kleine Fragmente – bestehen aus lediglich zugebogenen Ringen;

Glasarmringe und -perlen, wie sie gut erhalten aus Gräbern stammen, wurden im *oppidum* von Manching hergestellt.

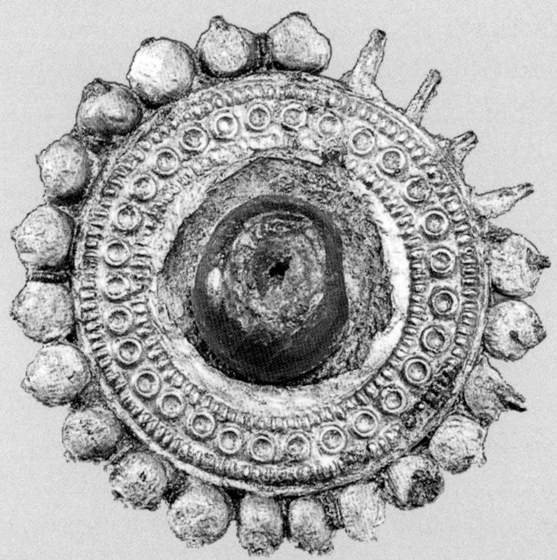

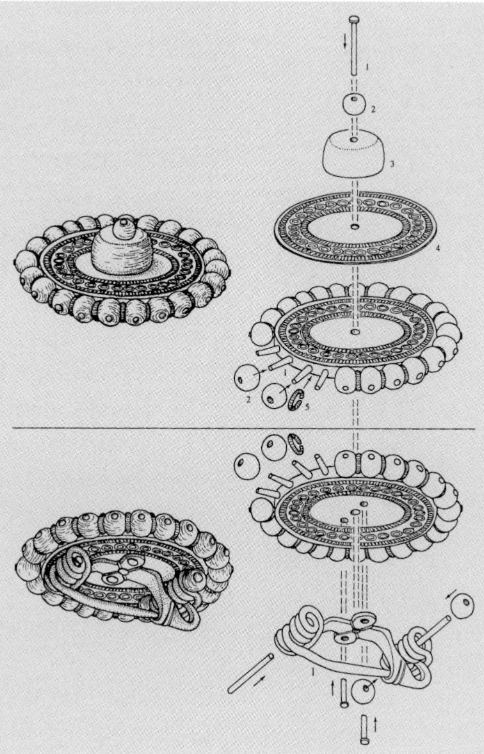

Die meisterhaft gefertigte Scheibenfibel von Saint-Sulpice (Schweiz) besteht aus Bronze (1), Koralle (2), Bernstein (3), Gold (4) und Silber (5), um 400 v. Chr.

deren Vernietung kommt erst spät auf. Die äußeren Ringdurchmesser liegen etwa zwischen zwölf Millimetern und vier bis fünf Millimetern.

Aus Glas wurden vor allem Perlen mit in mehreren verschiedenfarbigen Lagen aufgelegten »Augen« (Schichtaugenperlen) und Armringe hergestellt. Sie sind nahtlos, wohl in einer Art Schleudertechnik mittels zweier Stäbe hergestellt. Kabinettstückchen wie das Hündchen von Wallertheim (s. Abb. S. 130) sind die Ausnahme. Glaseinlagen, die an die Stelle der Koralle traten, wurden als rotes »Blutemail« direkt aufgeschmolzen. Rohglasproduktion ist nicht nachgewiesen, Brocken wie der aus Manching dürften importiert worden sein.

Die Domäne der keltischen Metallhandwerker ist das kleine Format, souverän konstruiert und akribisch umgesetzt. Fibeln, Dolchgriffe, Schwertscheidenteile bestehen mitunter aus Dutzenden von Einzelteilen und Einlagen (s. Abb. S. 26, Hallstattdolch, sowie Abb. S. 71, La-Tène-Schwert von Kirkburn). Liebe zum Detail zeigt sich im Ornament und in der Verarbeitung.

Schwarze Kunst

Aus tiefschwarzem Gagat, einer fossilen Pechkohle, wurden vor allem Perlen und kleine Anhänger gefertigt. Der verwandte, nicht ganz so schwarze Sapropelit ist eine Kohle aus Faulschlamm und wurde zu Armringen verarbeitet. Während der Mittellatènezeit gab es ein eindeutig auf Export angelegtes Produktionszentrum in Mittelböhmen, dessen Ende vermutlich vom Aufkommen der modischen Glasarmringe bestimmt wurde.

Zwar nicht in Form von Armringen, aber in ähnlicher Weise wie Gagat und auch mit diesem zusammen wurde Bernstein verarbeitet – dieser schon seit langem –, der offenbar auch Unheil abwehrende Funktion hatte.

Nur selten erlaubt erhalten gebliebenes Holz Einblick in dessen Verarbeitung. Ist es Bauholz, so sind praktisch alle traditionellen Verbindungen wie Einzapfen, Überblatten oder Einnuten samt Holznägeln vorhanden. Eine Unzahl von Dingen in Haus und Hof war aus Holz – bis hin zu gedrechselten Schüsseln und Schalen, etwa aus dem Neuenburgersee bei La Tène, die in der Form der Keramik entsprechen. Der Ausspruch, die Eisenzeit müsste eigentlich »Holzzeit« heißen, weil dieser der tatsächlich am häufigsten verwendete Werkstoff gewesen sei, ist keinesfalls aus der Luft gegriffen.

Deutlich wird dies beim Blick in die keltischen Werkzeugkisten. Längs- und Querbeil, flache und hohle Stechbeitel, Raspel und grobe Feilen, Zieheisen verschiedener Form, kleine Sägen, Löffelbohrer und Zirkel bieten – vorläufig mit Ausnahme der großen Zugsäge und des Hobels – eigentlich alles für den Zimmerer und Schreiner. Dem Schmied standen Treib- und Schmiedehämmer, Zangen von knapp zwanzig bis achtzig Zentimeter Länge, Kreuz- und Flachmeißel, Durchschläge, Blechscheren (in Tarodunum/Zarten im Schwarzwald), verschiedene Steckambosse, Gesenke und anderes mehr zur Verfügung, für feinere Arbeiten Stichel, Punzen, kleine Feilen und verschiedene Bohrer. Ein eiserner Maßstab aus Manching ist 31 cm lang und trägt Bronzeringe zur Unterteilung verschiedener Bruchteile.

Der Hirsch aus der Viereckschanze von Fellbach-Schmiden (Rems-Murr-Kreis) wurde aus einer 127 v. Chr. gefällten Eiche geschnitzt.

Die Dreh- oder Drechselbank wurde in der Späthallstattzeit gebräuchlich und für alle geeigneten Werkstoffe benutzt, manchmal sogar, um Wachsformen für Bronze- oder Goldguss exakt rund auf Maß zu bringen. Leider sind nur die Werkstücke, aber keine Bänke erhalten geblieben.

Koch- und andere Töpfe

Keramik wurde die meiste Zeit überwiegend von Hand aufgebaut. In der älteren Hallstattzeit entstanden Gefäße, Schalen und Teller von für diese Technik erstaunlicher Größe und Form, die mit aufwändigen Kerbschnittmustern, Bemalung und weißen Inkrustationen äußerst dekorativ und prächtig sind. Während Handaufbau wohl Teil des Hauswerks war, ermöglichte die seit der spätesten Hallstattzeit in Gebrauch kommende schnell laufende Töpferscheibe eine darüber hinausgehende Produktivität, die wohl eher kommerziell genutzt wurde. Besonders wird das auf die hitzefeste Graphittonkeramik der *oppida*-Zeit zutreffen, die für Kochtöpfe verwendet wurde. Spitzenprodukte sind die bemalten Gefäße der Spätlatènezeit, an denen die bemerkenswerte Sicherheit im Umgang mit der Proportion in Form und Flächendekor besonders ins Auge fällt. Überhaupt sind ästhetische Missgriffe, wie sie aus heutiger Sicht der Hallstattzeit gelegentlich unterliefen, im Latène-Kunsthandwerk äußerst selten, vieles erscheint erstaunlich »modern«.

Spinnen und Weben

Auch das Spinnen und Weben war sicherlich überwiegend Hauswerk – vermutlich eine Domäne der Frauen. Erst die breite Verwendung gleichartiger einfacher Webarten in der Latènezeit legt den Beginn rationeller handwerklich-manufakturmäßiger Fertigung in größerem Maßstab nahe, so etwa am Dürrnberg.

Die Gewebe des Hauswerks vor allem der Hallstattzeit konnten demgegenüber sehr individuell und aufwändig sein. Die technischen Möglichkeiten waren gegeben, denn der seit der Bronzezeit und in einigen Gegenden Europas bis ins 20. Jahrhundert verwendete Gewichtswebstuhl kann ohne Schwierigkeiten vierschäftig aufgezogen

oben: Die bemalte Keramik der Spätlatènezeit verbindet gelungene Proportionen mit kunstvollem Dekor. Fellbach-Schmiden, 1. Jh. v. Chr.

rechts: Nachbildung eines vorgeschichtlichen Gewichtswebstuhls, wie er mancherorts noch bis ins 20. Jahrhundert in Gebrauch war.

werden und ermöglicht damit alle wichtigen Webarten: neben der einfachen Leinwandbindung und ihren Abarten vor allem Köperbindungen für strapazierfähige Wollstoffe, darunter Fischgrat- und Diamantköper. Man kannte auch schon Mischgewebe aus Leinen und Wolle sowie »moderne« Nähte: Ein Stofffetzen aus dem Hallstätter Salzbergwerk wurde mit einer sauberen Kappnaht vernäht. Nähnadeln aus Eisen oder Bronze sind ebenfalls schon gefunden worden.

Schöne Brettchengewebe mit komplizierten Mustern wurden nicht nur als einzelne Bänder gewoben, sondern auch als Anfangskante am Webstuhl benutzt. Dabei bilden die auf einer Seite lang ausgezogenen Schussfäden der Brettchenborte nach dem Anschlagen am Webstuhl die senkrechten Kettfäden (s. Abb. S. 140).

Von Unkundigen chronisch unterschätzt wird die intellektuelle Leistung, die dem Entwurf sowie der Umsetzung beim Aufziehen am Webstuhl und dem eigentlichen Weben zugrunde liegt.

Zu Wasser und zu Lande – Handel und Wandel

Der Transport von Menschen, Waren und geistigen Vorstellungen über weite Strecken ist zu Beginn der Eisenzeit eine altbekannte Erscheinung. Schon allein die Versorgung mit nicht überall vorkommenden Rohstoffen wie Salz, Bronze oder ihre Bestandteile Kupfer und Zinn sowie begehrten Exotika wie Bernstein hatte ein in Teilen mindestens Jahrhunderte altes Netz von Beziehungen über ganz Europa entstehen lassen. Andere Güter der Eisenzeit waren Mahlsteine aus Eifelbasalt und Porphyr aus Böhmen, von wo auch Sapropelit-Armringe kamen, Graphit aus der Passauer Gegend und eine ganze Reihe weiterer Produkte, wobei der tatsächliche Charakter dieser Beziehungen irgendwo zwischen echtem Handel und traditionellen Formen des Gütertauschs kaum zu ermitteln ist. Die Völkerkunde kennt hier eine Vielzahl von Möglichkeiten.

Verkehrsmittel und -wege

Die Gunst der Natur Galliens für den Transport auf dem Wasser heben mehrere Autoren der Antike hervor (z. B. Strab. 4,1,2), und es ist unbestritten, dass in vorindustrieller Zeit die Wasserwege für den Warentransport ungleich wichtiger waren als später. Neben dem zu allen Zeiten für den »Hausgebrauch« benutzten Einbaum müssen mangels Funden die frachttauglichen Wasserfahrzeuge anhand von allerdings stilisierten Schiffsmodellen wie dem vom Dürrnberg, römerzeitlichen Booten in offenbar

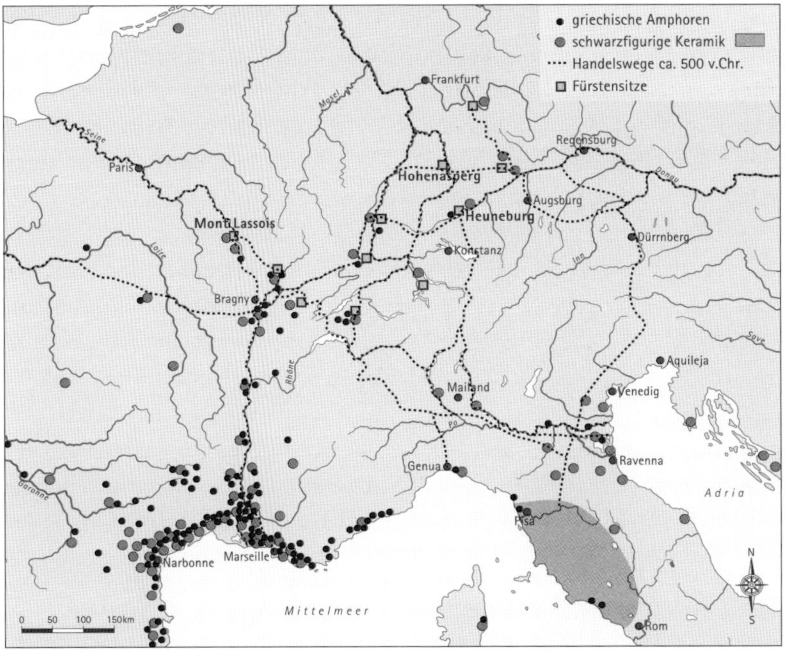

Funde von griechischem Trinkgeschirr und Weinamphoren zeigen Beziehungen und mögliche Verkehrswege zwischen hallstättischen »Fürstensitzen« und dem Mittelmeerraum um 500 v. Chr.

einheimischer Tradition oder Parallelfunden aus England und Slowenien rekonstruiert werden. Dabei kommt man auf flachbodige Kähne mit breiten, stumpfen Enden, um sie nach dem üblichen Auflaufen am flachen Ufer bequem be- und entladen zu können. Zudem ergeben sich so geeignete Standplätze zum Staken, was im flachen Wasser der beste Antrieb ist. Das Dürrnberger Modell hat breite Paddel für tieferes Wasser. Solche Kähne oder Prahme können schon bei einer Länge von rund zehn Metern – das Wrack aus dem Laibacher Moor, Ljubljana/Slowenien, hatte sogar eine Länge von 27 Metern – mehrere Tonnen tragen bei lediglich wenigen Dezimetern Tiefgang. Dadurch ergibt sich die Nutzbarkeit selbst kleiner Flüsse als Wasserweg, zumal für die Eisenzeit mit etwas höherer Wasserführung gerechnet wird. Bei Ausnutzung jahreszeitlicher Schwankungen konnte das Wasserwegenetz saisonal nochmals erweitert werden. Wasserbauliche Verbesserungen sind allerdings vorläufig noch unbekannt.

Zu Lande gab es Tragtiere – aus La Tène ist ein hölzerner Packsattel bekannt – und natürlich Wagen, von denen wir allerdings nur die »Luxusversionen« aus den Gräbern kennen. Diese sind sehr ausgereift: mit Speichenrädern, deren Felgen aus einem einzigen, wohl über Dampf gebogenen Span bestehen konnten, mit nahtlos heiß aufgezogenen eisernen Radreifen, (häufig) zehn Speichen und wohlüberlegter Auswahl der verwende-

ten Hölzer. Die Spurweite betrug fast regelhaft um 1,3 m. Wie dagegen etwa die 2000 Last- oder Wohnwagen des Brennos-Zuges nach Griechenland aussahen, wissen wir nicht. Die Schirrung erfolgte noch ohne Kummet mit Jochen, von denen einige gefunden wurden. Straßen waren in der Regel unbefestigt, bei Bedarf wurden auf sumpfigem Untergrund Bohlenwege angelegt (Caes. bell. gall. 7,19,2) und auch unterhalten – so mehrfach gefunden – oder ebenfalls nachgewiesene Jochbrücken gebaut (s. S. 158), sogar über die Loire (Caes. bell. gall. 7,11,6).

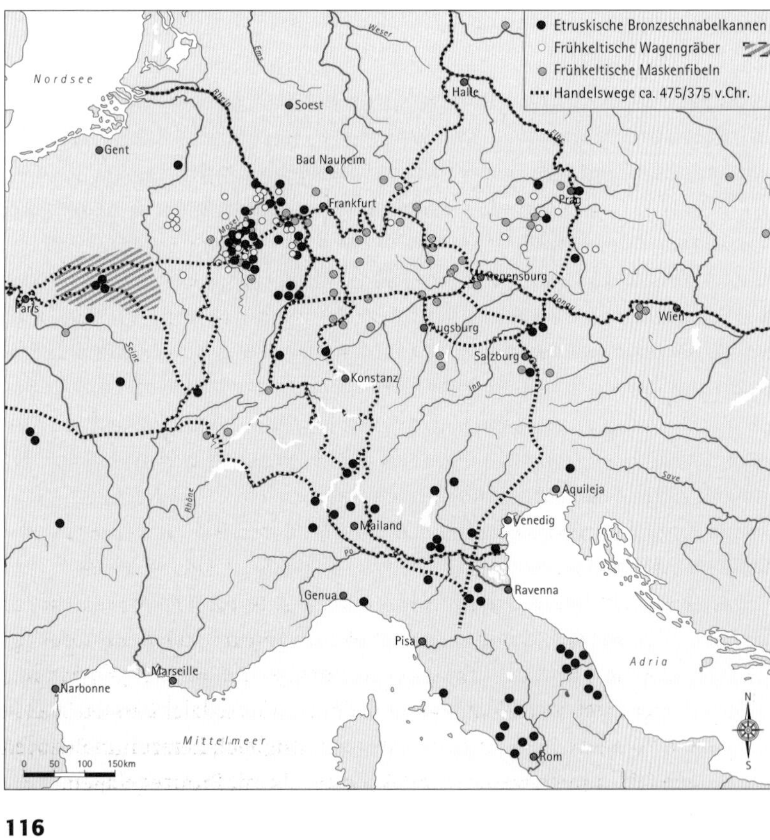

oben: Im Wasser des Neuenburgersees bei La Tène hat sich ein Speichenrad mit eisernem Radreifen erhalten. Es könnte von einem Streitwagen des 3. Jh. v. Chr. stammen.

rechts: Die Handelswege der Frühlatènezeit führten hauptsächlich über die Alpen zu den Etruskern.

Südimporte

Das Auftreten von Importgut aus dem Süden in der Hallstattzeit hatte viele Vorläufer: von Mittelmeerschnecken während der Eiszeit bis zu mykenischen Bronzen, aber Menge und Charakter der im 6. und 5. Jh. v. Chr. auftretenden Südimporte griechisch-etruskischer Herkunft waren neu. Wie erwähnt, handelt es sich hauptsächlich und in beachtlicher Vielfalt um feines Trinkgeschirr aus Keramik und Bronze sowie anderes Zubehör des Trinkgelages nach griechischem Vorbild, das auch die in vieler Hinsicht stark griechisch beeinflussten Etrusker pflegten. Man vermutet, dass das Trinkgeschirr in der Regel nur als Dreingabe zum eigentlichen Importgut Wein in den Norden gelangte.

Neuere Untersuchungen skizzieren den Ablauf dieser Entwicklung vom Mittelmeer aus. Eine Erkundungsphase an der französischen Mittelmeerküste und im Hinterland in der zweiten Hälfte des 7. Jh. v. Chr. durch Etrusker und – in geringerem Maß – phokäische Griechen zielte hauptsächlich auf Metalle wie Gold, Silber, Kupfer und Zinn im Austausch gegen Wein, wie zahlreiche etruskische Amphoren nahelegen. Es folgt eine Ausbauphase in der ersten Hälfte des 6. Jh. v. Chr. mit starker Zunahme etruskischer Keramikfunde, die nun auch weiter rhôneaufwärts vorkommt. In der Mitte dieses Jahrhunderts erfolgt ein deutlicher Einbruch, nach dem – wie an der Keramik ablesbar – das etwa 600 v. Chr. gegründete Massalia die Etrusker verdrängt hatte, gleichzeitig tritt vermehrt etruskische Keramik in Oberitalien auf. Ebenfalls seit dieser Zeit ist griechische Keramik auch im südwestdeutschen Hallstatt-Gebiet sowie im Südwesten und der Mitte Frankreichs zu finden. Die Deutung liegt nahe: Einige Jahrzehnte nach seiner Gründung ist Massalia so weit, die Etrusker mit eigenem Wein vom gallischen Markt und damit aus dem Erzgeschäft zu drängen, die sich daraufhin auf den Norden zunächst Italiens umorientieren. Gleichzeitig engagiert sich Massalia verstärkt in den Erzregionen und wohl auch an den »Zinnstraßen« Galliens und Aquitaniens, vielleicht im Zusammenhang mit der angenommenen Sperrung Gibraltars durch die Karthager nach Alalia. Parallel streckt man seine Fühler in Richtung der »Hallstattfürsten« aus. Mehrere Siedlungen mit Unmengen Amphorenscherben entlang der Rhône-Saône-Schiene deuten auf Umfüllstationen von Amphoren in handlichere Gefäße wie Lederschläuche zum Weitertransport auf dem Landweg.

Mit dem Ende der alten »Fürstensitze« im 5. Jh. v. Chr. (s. S. 32) geht eine wirtschaftliche Depression in Massalia einher, die vielleicht ersten Wellen der großen Wanderungen zuzuschreiben ist. Zugleich liefert nun Etrurien wieder den Südimport, weniger mit Keramik als mit Bronzegefäßen.

KELTISCHES GELD

Die keltische Münzprägung beginnt im 3. Jh. v. Chr. im Donauraum mit Nachahmungen der häufigsten Soldmünzen vor allem Philipps II. von Makedonien und Alexanders des Großen, die noch lange umliefen. Sie tragen keine Wertangabe, maßgeblich war das Gewicht.

Der Münzfuß, das Grundgewicht, war für Gold der Stater (ca. 7,5 g), für Silber oft die Drachme (ca. 2,2–2,5 g), später im Westen auch der römische Quinar (ca. 1,7–1,8 g). Die Stückelung erfolgte nach Bruchteilen (1/2 Stater, 1/4 Stater usw.) und reichte bei Gold bis zum 1/72 Stater (ca. 0,1 g). Kaufkraft und Wechselkurse sind unbekannt, die sorgfältigen Abstufungen der Goldmünzen deuten immerhin deren hohen Wert an. Auf dem Balkan bekam ein Söldner im 3. Jh. v. Chr. einen Stater pro Monat.

Die Münzbilder der griechischen Vorbilder – Porträts von Herrschern und Gottheiten, Streitwagen, Reiter – wurden bald mehr und mehr verfremdet, stilisiert und bis zur Unkenntlichkeit in Einzelelemente aufgelöst und reduziert. Die »Regenbogenschüsselchen« – im Volksglauben am Ende von Regenbogen zu finden – sind oft ganz glatt. Zuweisungen von Münztypen zu einzelnen Stämmen gelingen vor allem in Gallien und England, besonders wenn im 1. Jh. v. Chr. kurz vor Ende der keltischen Prägung Umschriften üblich werden.

oben: Geprägte Münzen aus Gold und Silber sowie gegossene Potinmünzen aus dem *oppidum* von Manching. Das Stück links oben lässt links noch den Gusszapfen erkennen.

rechts: Tüpfelplatten aus Ton. In den Vertiefungen wurde die jeweils exakt abgewogene Menge an Metallspänen zu tropfenförmigen Schrötlingen geschmolzen.

Edelmetallmünzen wurden zwischen stabförmigem Ober- und flachem Unterstempel in freiem Schlag geprägt, Scheidemünze aus Potin, einer zinnreichen Bronze, zu mehreren gegossen, wie an den Bruchstellen der Gussstege erkennbar. Erst das Vorkommen zahlreicher solcher Kleingeldmünzen in den *oppida* belegt den Münzgebrauch im Alltag.

Die eisernen Stempel hatten meist Prägeeinsätze aus Hartbronze, so dass verschlissene Formen mit einer Urform (Patritze) leicht neu gegossen werden konnten. Die Rohlinge (»Schrötlinge«) wurden in Tonplatten mit eingeformten Näpfchen (»Tüpfelplatten«) aus zuvor mit kleinen Balkenwaagen abgewogenem Metall aufgeschmolzen. ■

rechts: Mit der Feinwaage aus Manching konnte man den Goldstaub für die Tüpfelplatten abwiegen und Münzgewichte überprüfen.

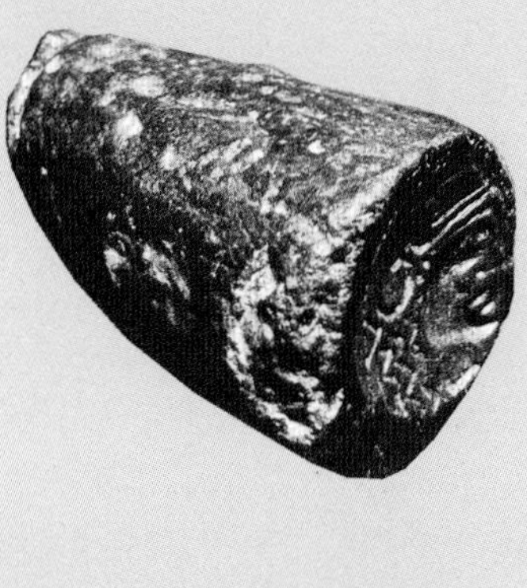

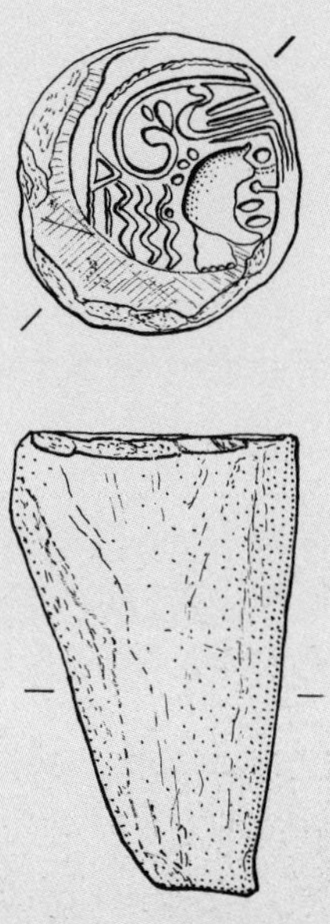

Auf dem bronzenen Prägestock aus dem *oppidum* auf dem Mont Vully über dem Neuenburgersee (Schweiz) wurden silberne Münzen geschlagen. Rechts eine Silikonabformung des Stempels.

Die Frage nach näheren Zusammenhängen und Kausalitäten dürfte für diese letzte Phase besonders schwierig zu beantworten und diese vereinfachte Skizze auch noch nicht die letzte Version der Geschichte sein.

Aus Bruchstücken ergänzte Weinamphore aus Massilia/Marseille und Umgebung von der Heuneburg an der oberen Donau, 6./5. Jh. v. Chr.

Wie bereits angesprochen, wird auch die Frage nach der Natur dieses Austausches mit dem Westhallstattkreis unterschiedlich gesehen. Die Vorschläge reichen von gezieltem, direktem Fernhandel Massalias über Gastgeschenke zur Beziehungspflege (*keimelia*), Heiratsgut und gewaltsame Aneignung bis zu Etappenhandel über viele Zwischenstationen. Vermutlich wird es hier keine bequeme Pauschalantwort geben. Ungeklärt ist auch die Frage nach den Tauschprodukten aus dem Norden; es gibt einige Hinweise, aber handfeste Belege fehlen noch, und solange darf mit allem, was keine verwertbaren Spuren hinterlässt, spekuliert werden: Metalle, Holz, Häute und Felle, Wachs, Honig, Salz, Vieh, Pökelfleisch, Sklaven, Söldner ...

Seehandel

Beeindruckend müssen die Schiffe der Veneter an der bretonischen Atlantikküste gewesen sein, die das Monopol des Seehandels – und das hieß vor allem des Zinnhandels – an der Atlantikküste und nach England hatten. Dort wurde, so Poseidonios (bei Diodor), das Zinn in Wagen auf eine nur bei Ebbe erreichbare Insel gefahren, wo es die Schiffe übernahmen. Die fremden Händler durften Britannien nicht oder nur an wenigen Hafenplätzen betreten. Die Rückroute verlief über Garonne und Narbo (Narbonne) oder über Massalia, was wohl heißt über Corbilo in der Loiremündung. Dann folgte ein etwa dreißigtägiger Landtransport zur Rhônemündung.

Caesar beschreibt die Schiffe der Veneter (bell. gall. 3,13) als flachbodig, um sie bei Ebbe trocken fallen lassen zu können, ganz aus Eiche mit fußdicken Balken und daumendicken Nägeln zusammengehalten, mit hohem Bug und Heck für entsprechenden Wellengang, dazu eiserne Ankerketten und – wohl der Belastbarkeit wegen – Ledersegeln. Die kleineren Ruderschiffe der Römer konnten ihnen nicht einmal mit dem Rammsporn schaden. Erst als sie Sicheln an lange Stangen banden und ihre bessere Wendigkeit ausnutzten, um die Schoten der venetischen Segel zu zerschneiden, und ihnen auch noch eine Flaute zu Hilfe kam, welche die Veneter festnagelte, gewannen sie die Oberhand.

Eine weitere Besonderheit war das seegehende Lederboot mit Tierhäuten über einem Holzgerippe bei Briten und Lusitaniern (Plin. nat. 4,16; Strab. 3,3,7). Den rundlichen Formen nach könnte das Bootsmodell von Broighter solch einen Typ darstellen (s. Abb. S. 74).

Haus und Hof, Dorf und *oppidum* – Die Siedlungen

Von den Siedlungen der Lebenden ist weitaus weniger bekannt als von den Bestattungsplätzen ihrer einstigen Bewohner. Ein Grund dafür ist die damals übliche Holzbauweise der Gebäude, die lediglich Bodenverfärbungen von Pfostengruben, Wandgräbchen, Herdstellen, Vorrats-, Keller- und Abfallgruben, Öfen und Brunnen übrig lässt. Ihnen wurde in der frühen Forschung keine Beachtung geschenkt, lediglich die noch als Wälle erkennbaren Befestigungen fanden Interesse.

Häuser aus Holz

Bei den Wohn- und Wirtschaftsgebäuden handelt es sich um ein-, zwei- oder dreischiffige Pfostenbauten, die je nach Funktion und Siedlungsplatz unterschiedliche Größen aufwiesen. Die Pfosten waren entweder eingegraben oder in Schwellbalken eingesetzt. Das Dach wurde meist von Firstpfosten getragen und von weiteren Mittelpfosten gestützt. Als Dachdeckung kommen Schindeln, Rinde, Grassoden, Stroh oder Schilf in Betracht. Die Wände bestanden aus mit Lehm verstrichenem Rutengeflecht oder Spaltbohlen. Die Außenwände schützte ein Kalkanstrich, der mitunter Bemalung aufwies. Die Türen konnten bereits mit Schlössern verriegelt werden. Ein um 111 v. Chr. gefertigter hölzerner Türflügel mit Scharnierzapfen hat sich auf der Altenburg bei Niedenstein in Hessen erhalten, zahlreiche Hakenschlüssel liegen aus Manching vor. Der Rauch des Herdfeuers zog durch den Dachstuhl und die spärlichen kleinen Fenster ab. Das machte den Innenraum zwar rauchig, dunkel und zugig, der Rauch schützte aber auch das Dach samt den darunter aufbewahrten Vorräten vor Schädlingen. Die nicht erhaltene Inneneinrichtung und das Mobiliar dürften spärlich und zweckmäßig gewesen sein. Strabons Behauptung, dass die Kelten auf

Rekonstruktion der »guten Stube« im Museum auf dem Mont Beuvray, dem ehemaligen *oppidum* und Hauptort der Haeduer, Bibracte, bei Saint-Léger-sous-Beuvray.

Stroh und Fellen auf dem Boden saßen und auch schliefen, dürfte sich auf die Zeit kurz nach der Einwanderung in Italien beziehen. Von den erwähnten kleinen Tischen wurden Reste in einem Grab in Wederath-Belginum (100 v. Chr.) gefunden. Die laut Plinius ins Römische Reich importierten wollenen Polster und linnenen Kissen dürften auch dem eigenen Wohnkomfort gedient haben. Die auf den Bronzesitulen dargestellten Möbel besaß sicher nur die Oberschicht.

Vorräte wurden in Wohnhäusern, in von der Erde durch mächtige Pfosten abgehobenen Speichern oder in Gruben, die sich nach unten hin trichterförmig erweiterten, gelagert. Die vielen eingetieften Hütten dienten – wie Spinnwirtel und Webgewichte zeigen – überwiegend zur Stoffherstellung, aber auch als Werkstätten für die Metallverarbeitung.

Dörfer und Herrenhöfe

Die Siedlungsformen der keltischen Gebiete unterscheiden sich sowohl regional als auch in Hinsicht auf den Stand ihrer Erforschung. Die Grundform aller Siedlungstypen – ob Einzelhof, Weiler oder städtische Siedlung – ist das oft von Zäunen und Palisaden begrenzte Mehrhausgehöft. Die spätbronzezeitlichen »Reihenhaus-Siedlungen« werden nun von Haufendörfern abgelöst, darunter offene, teilweise sehr große Dorfsiedlungen im Flachland. Neben den agrarisch geprägten finden sich schon in der Hallstattzeit und zunehmend seit der Latènezeit Niederlassungen mit hand-

RÄTSELHAFTE VIERECKSCHANZEN

Viereckschanzen heißen annähernd quadratische, 0,4–1,6 Hektar große Anlagen mit Wall und Graben, die hauptsächlich in Süddeutschland verbreitet sind mit Ausläufern nach Böhmen und Frankreich. Bereits 1896 wurde eine dieser »Römer«- oder »Schwedenschanzen« bei Gerichtsstetten (Nordbaden) untersucht und als keltischer Gutshof oder Verteidigungsanlage bezeichnet. Die 1931 erstmals geäußerte Deutung als Heiligtum setzte sich nach Ausgrabung der Schanze von Holzhausen bei München 1960 durch: Der fast unbebaute Innenraum, ein »Tempel« mit Säulenumgang und bis zu 35 m tiefe Schächte mit hohen Stickstoffwerten – Reste von blutigen Opfern? – sowie ein Holzpfahlabdruck, der an die Opferungsszene auf dem Kessel von Gundestrup erinnerte (s. S. 2), sprachen für Kultstätten und Opferriten, wie sie in der antiken Literatur beschrieben sind. Zweifel kamen nach der Entdeckung eines zwanzig Meter tiefen Schachtes in der 1977 bis 1980 ausgegrabenen Viereckschanze von Fellbach-Schmiden auf – eindeutig ein Brunnen mit einer 123 v. Chr. errichteten Holzkastenverschalung. Darin lagen ein Hirsch und zwei Ziegenböcke aus Eichenholz, die eine kultische Interpretation nicht ausschlossen (s. Abb. S. 112). Weitere Ausgrabungen in Ehningen, Bopfingen, Riedlingen und Nordheim in Baden-Württemberg erbrachten jedoch befestigte Höfe mit mehreren Gebäuden sowie Handwerks- und Siedlungsabfall. Die Schächte erwiesen sich als mit Stallmist (Stickstoff!) verseuchte Brunnen. Den Zugang über eine Holzbrücke schützten oft massive Torbauten. In Bopfingen-Flochberg lagen um die Viereckschanze 120 Hausgrundrisse eines älteren Dorfes und eine rund fünfzig Jahre ältere Hofanlage.

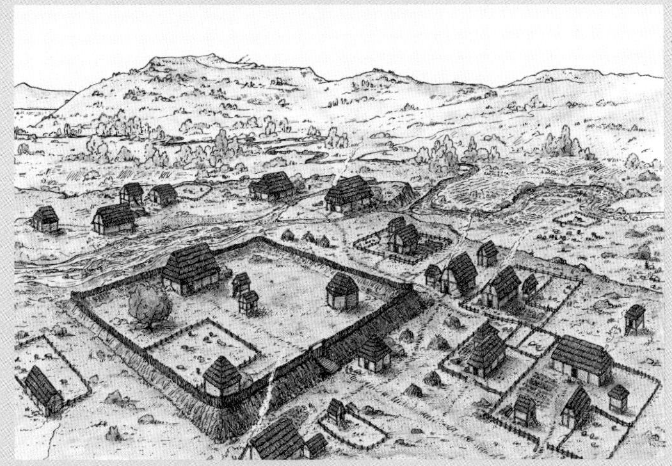

Zeichnerische Rekonstruktion der Viereckschanze von Bopfingen als Herrenhof innerhalb einer Siedlung. Zeichnung J. Sailer.

Viereckschanzen entstanden um 200 v. Chr., hatten ihre Blüte in der Oppida-Zeit (zweite Hälfte 2. bis Mitte 1. Jh. v. Chr.) und bestanden teilweise noch einige Jahrzehnte länger. Das auch für Dörfer typische Fundspektrum spricht für eine bäuerliche Oberschicht. Vermutlich bildeten die Herrenhöfe politische, administrative, wirtschaftliche und kultische Mittelpunkte für eine bestimmte Kleinregion, während die französischen Anlagen zum Teil offenbar ausschließlich Kultzentren waren. ■

DIE HEUNEBURG – HERODOTS PYRENE?

Die auf einem Geländesporn oberhalb der Donau bei Riedlingen gelegene Heuneburg war das Vorbild für den von W. Kimmig geprägten Begriff »Fürstensitz«. Zwischen 1950 und 1979 wurde ein Drittel der Anlage ausgegraben, die bereits in der Jungsteinzeit besiedelt und in der Bronzezeit mit einer Holz-Erde-Mauer befestigt war. Allein für die Eisenzeit lassen sich zwischen dem ausgehenden 7. Jh. und der Zeit um 450 v. Chr. vierzehn Siedlungsphasen und zehn unterschiedliche Befestigungen nachweisen. Einer ersten Holz-Erde-Mauer folgte bereits um 600 die berühmte Lehmziegelmauer mit vorspringenden Rechtecktürmen und überdachtem Wehrgang, im Innern änderte sich nun die Siedlungsstruktur: Aus einer bäuerlichen wurde eine stadtartige Anlage mit engen Häuserzeilen, schmalen rechtwinkligen Gassen mit Abwassergräben und stärker handwerklich genutzten Bereichen. Nicht nur die singuläre Lehmziegelmauer zeigt starke mediterrane Einflüsse, sondern auch Scherben von Trinkgeschirr und diesem nachempfundene einheimischen Erzeugnisse. Weitere Fundstücke, aber auch innovative Techniken wie der Gebrauch der Drehbank weisen auf Kontakte in den Süden und Südosten, Bernstein dagegen in den Norden. Ob sich fremde Händler und Handwerker auf der Heuneburg aufhielten oder einheimische »Pyrener« sich Anregungen aus der Fremde holten, bleibt Spekulation. Die Heuneburg mit der bei Herodot erwähnten Stadt Pyrene bei den Donauquellen gleichzusetzen erscheint immerhin verlockend.

Die rekonstruierte Lehmziegelmauer der Heuneburg mit dem »Donautor«. Die Lehmziegel saßen auf einem Steinsockel, der weiße Kalkanstrich bot Wetterschutz.

In den Jahren 2004 und 2005 wurde ein bis zu sieben Meter tiefer Graben unterhalb der Nordspitze der Burg freigelegt. Dieser gab gut erhaltene Bauhölzer einer um 580 v. Chr. errichteten Brücke frei, die offenbar zu einer Brückenkonstruktion gehörten. Brücke und Graben wurden wohl im letzten Viertel des 6. Jh. aufgegeben. Erstaunliche Ergebnisse erbrachten die Untersuchungen der letzten Jahre im Außenbereich und in der weiteren Umgebung der Heuneburg. Sie ergaben eine Vorburgsiedlung innerhalb der einstigen, teilweise noch vorhandenen Wallanlagen. Im nordwestlichen Wall fand man die steinernen Flanken einer sieben Meter breiten Toranlage, deren Ausführung dem Sockel der Lehmziegelmauer entspricht und die wohl eine hölzerne Vorgängerin hatte.

Parallel dazu existierte im Nordwesten, Westen und Süden eine ausgedehnte Außensiedlung von mindestens 100 ha, die durch Wälle und Gräben in kleinere Siedlungseinheiten unterteilt war. Darin ließen sich bisher insgesamt rund 50 Gehöfte erschließen, deren Ausmaße von 1,0 bis 1,5 ha in etwa den hallstattzeitlichen Herrenhöfen entsprechen. Man vermutet hier jeweils mehrere Höfe umfassende Quartiere von Verwandschaftsgruppen wie Clans o. Ä. Um 550 v. Chr. zerstörte eine Feuersbrunst nicht nur die Stadt, sondern auch die nordwestliche Außensiedlung. Diese wurde nicht wieder aufgebaut, sondern als Bestattungsplatz mit Großgrabhügeln genutzt.

Die neue Burganlage erhielt eine Holz-Erde-Mauer, die Innenbebauung war weniger dicht und regelmäßig. Aus den kleineren Gebäuden ragte ein 400 m² großes Herrenhaus hervor – der Sitz des »Fürsten«? Kontakte in den Süden belegen große massaliotische Transportamphoren und die Einführung der schnell rotierenden Töpferscheibe. Zu dieser jüngsten Phase gehörte wieder eine mit Außenwall und Graben befestigte Vorburgsiedlung im Westen, für die sogar der Graben an der Hauptangriffsseite der Burg selbst verfüllt wurde.

In der ersten Hälfte des 5. Jh. v. Chr. enden Burg und Vorburg in einer Brandkatastrophe. Heute befindet sich auf der Heuneburg ein Freilichtmuseum mit rekonstruierter Lehmziegelmauer, Handwerkerhäusern und »Fürstenhaus«. ■

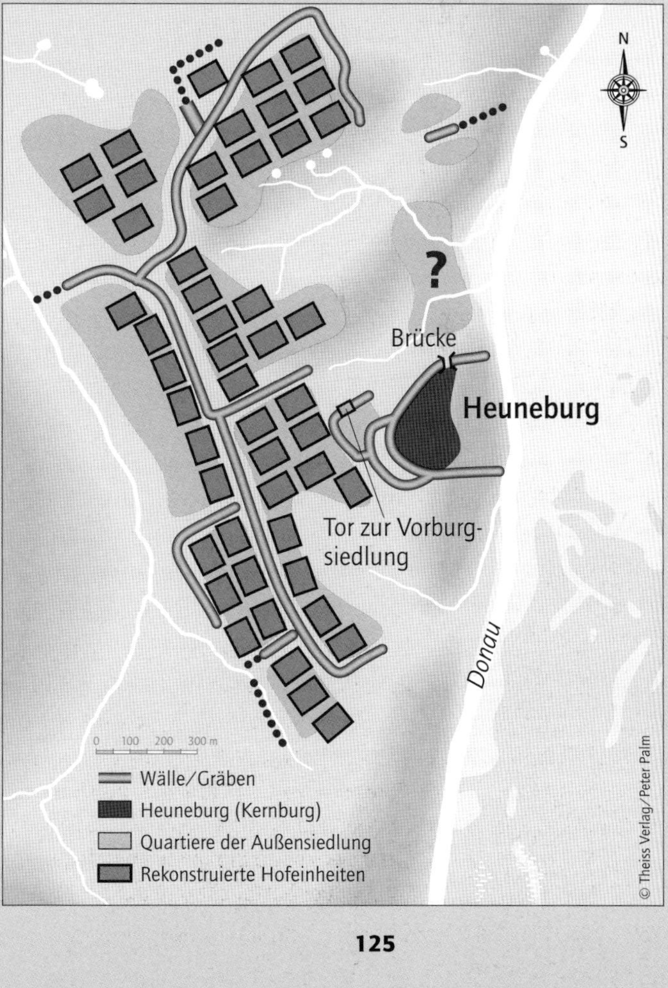

Die Heuneburg mit Holzbrücke an der Nordspitze, der Vorburgsiedlung nit Toranlage, sowie den Quartieren der Außensiedlung, Gräben und Wällen.

werklicher Spezialisierung wie Neuenbürg im Schwarzwald oder Hofstetten im Schweizer Jura mit Eisenverhüttung, Bad Nauheim und das Seilletal in Lothringen mit Salinen, Berching-Pollanten und Sévaz in der Schweiz mit Eisenverarbeitung, Sissach-Brühl als Töpferort, Lovosice in Böhmen mit Mühlsteinen oder Umschlagplätze wie Bragny-sur-Saône für Transportamphoren und Basel-Gasfabrik. Sehr speziell ist eine Fischfangstation aus kleinen Pfahlbauhütten am Federsee in Oberschwaben, die von 730–620 v. Chr. in Betrieb war. Eine besondere Funktion besaßen auch die Außensiedlung der Heuneburg oder das Dorf von Hochdorf-Reps, die mit Fürstensitzen in Verbindung zu bringen sind.

Viele dieser Siedlungen gruppierten sich um Herrenhöfe, die offenbar aus ihnen hervorgegangen sind.

Vom 8. bis 5. Jh. v. Chr. finden sich solche Rechteckhöfe von drei bis fünf Hektar in großer Zahl in Südbayern – östlich des Verbreitungsgebietes der Fürstensitze. Von Palisaden und vorgelagerten Gräben geschützt, oft mit Torbauten versehen, bilden sie zwar repräsentative Anlagen, die Bebauung im Innern wirkt aber eher bescheiden. Da sich einige Höfen immer monumentaler entwickelten, scheinen sich hier Differenzierungen innerhalb der ansässigen Hofbauern abzuzeichnen. Oft lässt sich ein Bezug zu Grabhügeln herstellen, deren Bestattungen auf Mitglieder der Oberschicht deuten. Sicherlich zur Spitze gehörten die »Hofherrinnen« von Niedererlbach, von denen die ältere mit einem Wagen und die jüngere (650–550 v. Chr.) mit einem Bernsteinkollier aus 497 Perlen bestattet wurde. Im Nördlinger Ries – in der Kontaktzone zwischen Fürstensitzen und Herrenhöfen – fand sich ein Rechteckhof aus dem 6. und 5. Jh. v. Chr. mit Südimporten unterhalb des Fürstensitzes auf dem Ipf. Eine weitere ältere Anlage zeigt dagegen eine abweichende Innenbebauung mit einem großen quadratischen Bau, der nach der Auflassung mit einer Steinpackung abgedeckt wurde und daher eine kultische Funktion gehabt haben könnte.

Ähnliche Anlagen sind die *fermes indigènes*, isoliert liegende, eingefriedete, zum Teil befestigte Gehöfte, die sich von ca. 500 v. bis 100 n. Chr. in fast ganz Frankreich finden. Sie gelten als Wohnsitze der aristokratischen Führungsschicht. Weitere befestigte Herrenhöfe sind die Viereckschanzen, die seit dem 4. Jh. von Böhmen bis Frankreich verbreitet waren.

Schutz auf der Höhe – Höhensiedlungen

Zu den prominentesten Höhensiedlungen zählen die »Fürstensitze«, deren am besten erforschter die Heuneburg an der oberen Donau (Kr. Sigmaringen) ist.

Der weitaus größte Teil der anderen Anlagen ist weniger gut untersucht. Sie sind überwiegend, aber nicht immer befestigt, variieren in der Größe – von Höfen bis hin zu stadtartigen Anlagen – wie auch in Zeitraum und Intensität ihrer Besiedlung. Neben den offenbar größere Regionen beherrschenden »Fürstensitzen« und *oppida* existieren aber auch kleinräumige Erscheinungen, die auf andere Herrschaftsverhältnisse hinweisen. So entwickelte sich die gut erforschte Altburg bei Bundenbach im Hunsrück vom Herrenhof im 4. Jh. v. Chr. zu einer beachtlichen Festung mit sieben Meter breiter Zweischalenmauer im 2. Jh. v. Chr. Die Innenbebauung blieb jedoch landwirtschaftlich geprägt, die nächsten Burgen waren kaum zehn Kilometer entfernt. Saßen hier gleichrangige Burgherren, die über ihre Kleinregionen herrschten? Im hessischen Bergland wurden im 4. und 3. Jh. v. Chr. zahlreiche Befestigungen gegründet, um Eisenvorkommen zu erschließen. Nur einige von ihnen entwickelten sich im 2. Jh. zu großen *oppida.*

Die zwischen Britannien, Frankreich, Deutschland, Böhmen, Mähren und Ungarn verbreiteten *oppida* prägen im 2. und 1. Jh. v. Chr. die keltische Welt. Die gut befestigten stadtähnlichen *oppida* liegen zwar meist auf

Rekonstruierte Holzhäuser im Freilichtmuseum der Höhensiedlung Altburg bei Bundenbach im Hunsrück.

Das *oppidum* von Manching bei Ingolstadt ist die am besten erforschte spätkeltische Stadtanlage. Manching lag am Südufer eines Donauarms an der Mündung der Paar mit Anbindung an die Flussschifffahrt sowie am Schnittpunkt zweier Handelsrouten. So konnte sich die Siedlung – vermutlich der Hauptort der Vindeliker – zu einem bedeutenden Handels- und Wirtschaftsmittelpunkt entwickeln.

Die beiden eisernen Achsnägel tragen Eulenköpfe aus Bronze: kleine Meisterwerke keltischer Kunsthandwerker und Wahrzeichen des Kelten- und Römermuseums in Manching.

Die systematische Erforschung begann 1955 und erfasste bislang ca. 25 von insgesamt 380 Hektar Siedlungsfläche. Seit 300 v. Chr. entstand im Zentrum eine Siedlung aus Einzelgehöften, die im 2. Jh. stark anwuchs, mit einer geschätzten Zahl von 5000 bis 10000 Einwohnern. Erst um 130/120 v. Chr. erhielt sie einen sieben Kilometer langen *murus gallicus*, der zweimal durch vorgeblendete Pfostenschlitzmauern repariert wurde. Von den vier Toren wurde das Osttor – ein Zangentor – ausgegraben.

Besiedelt waren rund achtzig Hektar der gesamten Innenfläche, der Rest wurde wohl landwirtschaftlich genutzt. Die planmäßig angelegte Stadt war in Parzellen und Viertel aufgeteilt. Die Hauptachse bildete eine durch das Osttor führende zehn Meter breite Straße, an der Holzhäuser von Handwerkern und Händlern lagen. In einem Viertel mit Grubenhäusern und Werkgruben wurde Keramik produziert und Metall verarbeitet. Große rechteckige eingezäunte Baukomplexe mit Wohnhäusern, Speichern und großen Langhäusern – vielleicht Stallungen oder Magazine – von bis zu 7 m × 40 m Grundfläche gelten als Herrenhöfe wohlhabender Besitzer. Auch dort arbeiteten Handwerker. Weitere umzäunte Bereiche werden als Kultbezirke mit runden und viereckigen Tempelchen gedeutet. Dazu gehören Depots mit zerstörten Waffen, Reste einer Pferdestatuette aus Eisenblech und ein vergoldetes Kultbäumchen (s. Abb. S. 163). Ein großer Platz diente wahrscheinlich als Markt- und Versammlungsort. In den dünner bebauten Randzonen lagen landwirtschaftliche Gehöfte und Felder zur Versorgung der vielen Einwohner. Im Norden wird an einem in die Siedlung reichenden Donauarm eine Schiffslände mit Stapelplatz vermutet. Ein wichtiger Produktionszweig war die Eisenverarbeitung durch spezialisierte Schmiede, das Roheisen wurde wohl aus dem Raseneisenerz der benachbarten Moore gewonnen. Bronze- und Edelmetallhandwerke spielten eine eher untergeordnete Rolle. Auffallend häufig belegt ist Recycling von Altmetall aus Bronze und Eisen im 1. Jh. v. Chr. – wohl schon ein Hinweis auf den Niedergang der Siedlung. Bedeutend war die Produktion von hochwertigem Kera-

mikgeschirr, außerdem wurden Armringe und Perlen aus Glas gefertigt, Holz und Knochen verarbeitet sowie Leder und Textilien hergestellt (s. Abb. S. 110, 134).
Dass Manching eine Handelsmetropole war, belegen über eintausend zum Teil dort geschlagene Münzen sowie Weinamphoren, Ton- und Glasgeschirr aus Südgallien, Mittel- und Süditalien. Griffel, Wachstafelrahmen und Graffiti auf Scherben zeigen den Gebrauch von Schrift. Mit einem Maß- und Gewichtssystem, einem eigenen Münzsystem mit Kleingeldwährung sowie der zu erschließenden Spezialisierung und Arbeitsteilung zeigt Manching bereits typische städtische Elemente (s. S. 118f.).
Zwei innerhalb und außerhalb des Ringwalls liegende Friedhöfe mit 65 Körperbestattungen vom 4. bis 2. Jh. v. Chr. bergen nur einen Bruchteil der gesamten Bevölkerung. Innerhalb der Siedlung weisen zahlreiche Skeletteile auf mehrstufige Bestattungsrituale hin (s. S. 153).
Bereits im 1. Jh. v. Chr. zeichnet sich ein allmählicher Niedergang ab, dessen Ursachen u.a. die römische Expansion im Westen und Süden sowie das Vordringen germanischer Gruppen aus dem Norden waren. Die Stadt wurde vermutlich nach und nach verlassen, als das Handelssystem zusammenbrach; die Stadtmauer konnte nicht mehr instand gehalten werden. Die jüngsten Funde datieren um 40/30 v. Chr. ■

Modell einer der großen Gehöftanlagen im *oppidum* von Manching.

Höhen, einige jedoch auch im Flachland an strategisch gut geschützten Plätzen, wie Manching oder das Doppel*oppidum* Altenburg/Rheinau in zwei Rheinschleifen. Die planmäßig errichteten und organisierten Stadtanlagen waren Zentralorte, Stammeszentren, Handelsmetropolen, Warenumschlagsplätze und Kultzentren, wie sich dies in Manching oder Bibracte nachweisen lässt. Das von Anfang an stark römisch geprägte Bibracte auf dem Mont Beuvray, Zentralort der römerfreundlichen Haeduer, ist das am besten erforschte *oppidum* Galliens. Für Deutschland ist es Manching.

Die Untersuchungen von Manching ergaben, dass die große Siedlung erst später mit einer Mauer befestigt wurde – eine Entwicklung, die bei anderen bedeutenden Großsiedlungen entweder nicht mehr zur Ausführung kam, wie z. B. bei der nie fertiggestellten Befestigung in der Nähe der Großsiedlung Tarodunum-Kirchzarten am westlichen Schwarzwaldrand, oder nie vorgesehen war.

Das Schicksal der *oppida* verlief nach der Eroberung Galliens durch Rom sehr unterschiedlich. In Süddeutschland wurden sie wie Manching meist schon Mitte des 1. Jh. v. Chr. ohne direkten Einfluss der Römer aufgegeben. In Gallien erhielten sie oft zuerst ein römisches Gepräge wie Bibracte oder Gergovia und wurden später von der Höhe hinunter in die Ebenen verlegt, während andere wie die *oppida* Bern-Engehalbinsel, Genf und Basel als römische Siedlungen weiter bestanden.

Glashündchen aus einem Grab aus Wallertheim (Kr. Alzey-Worms), 2. Jh. v. Chr.

Ein Mops kam in die Küche ... – Keltische Köstlichkeiten

Auch wenn die Kelten ihren Ruhm als tapfere Krieger erlangten, so waren die meisten doch Bauern und hatten genug damit zu tun, mit ihrer Hände Arbeit ihre Familien und ihre Herren zu ernähren.

Dinkel, Gerste, Hülsenfrüchte

Der keltische Landwirtschaft war weit entwickelt, wozu auch das Arbeitsgerät aus Eisen beitrug. Seit dem 7. Jh. v. Chr. gab es eiserne Sicheln zum Ährenschneiden. Die auf Hallstatt-Situlen einfachen Hakenpflüge werden seit dem 5. Jh. durch Schareisen verstärkt, die von den Etruskern übernommen wurden. Durch die weiterentwickelte Technik konnten jetzt auch ungünstige Lagen – insbesondere in den Mittelgebirgszonen – erschlossen werden. Funde von Pflugmessern, die die Ackerkrume vor der Schar schneiden, belegen eine Entwicklung hin zum Wendepflug in der Spätlatènezeit. Nach Plinius (nat. 18, 172; 18, 296) erfanden keltische Tüftler den Räderpflug und die *vallus* genannte Erntemaschine. Abbildungen dieser zweirädrigen, von einem Zugtier geschobenen Maschine mit schaufelartigem Kastenaufsatz und Holzzinken, mit denen die Getreideähren abgerissen wurden, kennt man erst von gallorömischen Steinreliefs.

Die keltische Landwirtschaft arbeitete mit Fruchtwechseln, dem Anbau von Winter- und Sommerfrucht und regelmäßigen Brachen. Die Felder wurden nicht nur organisch, sondern – wie Plinius berichtet (nat. 17,4) – auch mineralisch mit Mergel *(marga)* gedüngt.

Poseidonios (bei Athen. 6,36) berichtet uns von den **Ess- und Trinkgewohnheiten** bei keltischen Gastmählern: »Die Kelten sitzen auf trockenem Stroh und lassen sich ihre Mahlzeiten auf hölzernen Tischen servieren, die sich nur wenig über die Erde erheben. Ihre Speise besteht aus nur wenig Brot, aber einer großen Menge Fleisch, entweder gekocht, auf Holzkohle gebraten oder an Spießen. Sie essen sauber, aber nach Art der Löwen: Mit beiden Händen halten sie ganze Fleischteile und beißen das Fleisch mit dem Mund ab. Alle Teile, die schwer abzureißen sind, schneiden sie mit einem kleinen Dolch ab. [...] Das Getränk der Reichen ist Wein aus Italien oder der Gegend um Marseille. Sie trinken ihn unverdünnt, aber manchmal geben sie doch etwas Wasser dazu. Die unteren Klassen trinken Weizenbier, zubereitet mit Honig; aber die meisten Leute trinken es pur. Sie nennen es *korma*.«

Welche Getreidesorten angebaut wurden, erfahren wir aus der Analyse sogenannter Makroreste – Pflanzenteile, die sich in feuchter Umgebung oder in verkohltem Zustand erhalten haben – und von Pollen aus Mooren. Inzwischen gibt es immer mehr Fundplätze, die entsprechend untersucht werden konnten, so dass wir zumindest partiell recht spannende Einblicke in die Vielfalt eisenzeitlicher Natur- und Kulturlandschaft bekommen.

Zu den wichtigsten Getreidesorten gehörte vor allem Spelzgetreide, das aufgrund des schützenden Spelzes weitgehend resistent gegen Schimmel, Fäulnis und Schädlinge ist. Es lässt sich auch in Erdgruben gut lagern, muss aber vor dem Mahlen zuerst entspelzt werden. Als Wintergetreide wurde Dinkel, als Sommergetreide Spelzgerste angebaut. Eine wichtige Rolle spielte auch die Rispenhirse, daneben gab es Emmer, während Einkorn, Weizen, Hafer, Roggen und Kolbenhirse geringe Bedeutung hatten. Der Anteil der einzelnen Sorten kann jedoch nicht nur in den verschiedenen Siedlungen, sondern – klimatisch bedingt – auch in den Regionen differieren. So wurde in Ostfrankreich bevorzugt Dinkel, in Nordfrankreich Emmer und Gerste und in Böhmen Weizen angebaut. Weitere wichtige Kulturpflanzen waren Hülsenfrüchte wie Linsen, Erbsen und Ackerbohnen. Aus Schlafmohn, Lein und Hanf konnte Öl gewonnen werden, wobei Mohn auch als Heil- und Rauschmittel dienen konnte; Lein und Hanf waren wichtige Faserpflanzen. Sellerie, Dill, Petersilie und Zitronenmelisse müssen, Möhren, Rüben, Mangold, Kohl und Feldsalat können in Gärten innerhalb der Siedlungen angebaut worden sein. Den Boden grub man mit Holzspaten und Hacken um. Wildkräuter und Wildfrüchte wie Erdbeeren, Brombeeren, Himbeeren, Schlehen, Wildäpfel und -birnen, Hagebutten, Holunder und Vogelbeeren sowie Haselnüsse bereicherten den Speisezettel. Bereits aus der Frühlatènezeit gibt es Koriander und Reste von Feigen, die wohl getrocknet aus dem Mittelmeerraum importiert wurden. Kerne der Wildrebe sind vereinzelt belegt. Zum Süßen sammelte man Honig von Wildbienen.

Rinder, Schweine, Huhn und Hund

Seit der mittleren Latènezeit gab es Laubmesser zum Laubschneiden. Erst später wurden Sensen zur Grasmahd und Gewinnung von Heu eingesetzt. Zusammen mit Stallmist aus dem Brunnenschacht von Fellbach-Schmiden und der Siedlung Basel-Gasfabrik ist dies ein deutlicher Hinweis darauf, dass das Vieh nun – zumindest im Winter – in Ställen gehalten wurde und auch gefüttert werden musste. Wahrscheinlich wurde auch ein Teil des angebauten Getreides, insbesondere Gerste und Hirse dafür verwendet.

Schweine und Rinder waren die wichtigsten Fleischlieferanten, aber auch Schaf und Ziege sowie – wenn auch

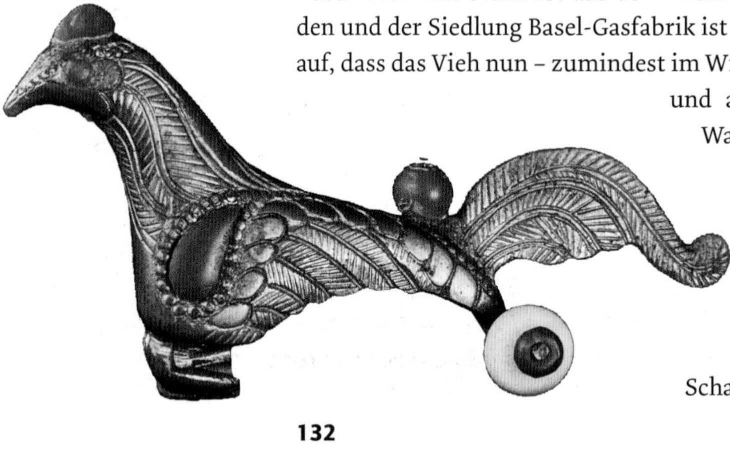

Realistische Darstellung eines Hahns mit Einlagen aus Koralle: Bronzefibel aus dem »Fürstinnengrab« von Reinheim, um 450 v. Chr.

seltener – Hund und Pferd wurden geschlachtet. Bis auf Ziegen und Hunde waren alle Tiere deutlich kleiner als die römischen und heutigen Exemplare. Die Pferde hatten die Größe von Ponys, die kurzhörnigen Rinder waren rund dreißig Zentimeter kleiner. Hinweise auf gezielte Züchtung lassen sich erst unter dem Einfluss der Römer beobachten. Die Tiere lieferten nicht nur Fleisch, Milch, Wolle, Sehnen, Horn und Leder, sie dienten mit Ausnahme der Schweine auch als Arbeitstiere. Es gab schon viele Hunderassen, vom großen Schäferhund über den mittelgroßen Jagdhund bis zum zwergpinscherartigen Schoßhündchen von Manching, das möglicherweise aus Italien kam. Als neue Tierart taucht in der Späthallstattzeit – erstmals auf der Heuneburg – das aus Süd- oder Osteuropa importierte Haushuhn auf. Kleinwüchsig und noch nicht täglich Eier legend, wurde es wohl als Ziervogel gehalten. Aus der frühlatènezeitlichen Siedlung von Hochdorf kennen wir eine größere Rasse sowie Hausgänse und -enten. Katzen und Esel kamen erst mit den Römern nach Mitteleuropa.

Zwischen bedeutenden Siedlungen mit entsprechender Oberschicht wie der Heuneburg und ländlichen Siedlungen lassen sich allerdings große Unterschiede in der Verteilung der Tierarten, insbesondere von Rindern und Schweinen sowie Schafen und Ziegen – dem Vieh des kleinen Mannes – und dem jeweiligen Schlachtalter feststellen. In der Spätlatènezeit zeichnen sich Spezialisierungen innerhalb der Viehzucht in Einzelhöfen, Dörfern und *oppida* ab. So wurden in Gallien in Einzelhöfen verstärkt Schafe, in Dörfern und *oppida* mehr Schweine gehalten. Das Fehlen von Schinkenknochen deutet auf eine gezielte Produktion des gallischen Exportschlagers Schinken hin. In den latènezeitlichen Herrenhöfen Süddeutschlands überwiegen abwechselnd Schweine- und Rinderknochen, in den *oppida* von Manching und Altenburg solche von Rindern.

Ritschert Aus den botanischen Untersuchungen zahlreicher Exkremente – Hinterlassenschaften der Bergleute in den Salzbergwerken von Hallein und Dürrnberg – können wir auf das alltägliche Essen schließen. Es bestand aus Gerste, Hirse und Saubohnen. Zusammen mit den Fußknochen von Schwein, Schaf oder Ziege, Schwanzknochen und Rippen – minderwertigem schwartenreichen Fleisch – wurde alles vor Ort zu einem Eintopf verkocht, der noch heute zu den typischen Gerichten in den Ostalpen gehört, das sogenannte Ritschert.

Rezept für Althattstätter Ritschert:
100 g Saubohne, 50 g Rollgerste, 200 g Hirse, 500 g geselchtes Fleisch
Bohnen über Nacht einweichen, dann mit Fuß-, Schwanz- und Kopfteilen von Schwein oder Schaf und der Rollgerste halb weich kochen, Hirse hinzufügen, zugedeckt im Ofen dünsten, mit Salz, Essig und Kräutern abschmecken.

Ritschert, Keltenkringel und kein Wildschwein

Doch was hatte »der Kelte« in seinem Napf? Am häufigsten gab es sicher Getreidebrei, Suppe und Eintopf, wohl nicht immer so nahrhaft wie der »Ritschert« der Bergleute von Hallstatt und vom Dürrnberg. Gewürzt wurde mit Kräutern und dem eher kostbaren Salz, das man überwiegend zum Konservieren von Fleisch benötigte.

Gekocht wurde auf Feuerstellen, die es in jedem Wohnhaus gab, in Keramiktöpfen, die man ins Feuer stellte, und Metallkesseln, die an verstellbaren Gehängen über der Herdstelle hingen. Mit Fleischhaken konnte man die Fleischstücke aus der Brühe fischen. Feuerböcke und Bratspieße wurden für den sicher nicht alltäglichen Spießbraten verwendet.

Tongeschirr aus Manching. Der Graphit im Ton der schwarzen Kochtöpfe (links) kam aus der Gegend von Passau; er verbesserte Hitzefestigkeit und Wärmeleitung.

Dinkel, Emmer und Weizen eigneten sich auch als Brotmehl. Zuvor musste das Getreide bei Spelzgetreide wie Dinkel erst im Mörser entspelzt und gemahlen werden. Dazu verwendete man in der frühen Eisenzeit die bereits in der Jungsteinzeit gebräuchliche Sattelmühle aus einer rauen Steinplatte als Unterlieger und einem Läuferstein, mit dem man das Korn zerquetschte. Später folgte die fortschrittlichere Schiebemühle, nach der Form auch Napoleonshut genannt, und seit dem 5. Jh. die effizientere Drehmühle. In Wederath fand man in einem Brandgrab aus der Zeit um 125 v. Chr. ringförmiges Lochgebäck aus feinem Weizenmehl: die heute bei Keltenfesten immer wieder angebotenen »Keltenkringel«. Funde von Siebgefäßen sind ein Hinweis auf Käseherstellung.

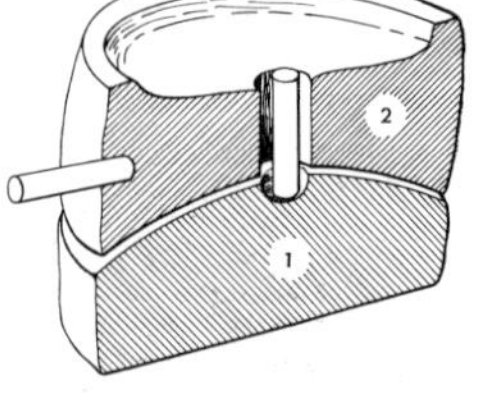

Durch das vergrößerte Mittelloch im Oberlieger (2) der Handmühle gelangt das Korn von oben zwischen drehbaren Ober- und festen Unterlieger (1), wo es nach außen zu immer feiner gemahlen wird.

Anders als in dem kleinen gallischen Dorf von Obelix kamen Wildschweine selten auf den Tisch. Tierknochenuntersuchungen haben gezeigt, dass die Jagd fast keine Rolle bei der Ernährung spielte, auch wenn man Hasen, Hirsche, Wildschweine und besonders Fisch nicht verschmähte. Am Federsee in Oberschwaben wurde sogar eine hallstattzeitliche Hechtfanganlage ausgegraben.

Bier, Wein und Honigmet

Getrunken wurde aus Weizen und Gerste gebrautes Bier. In der Siedlung von Hochdorf-Reps hat man die mutmaßlichen Reste einer Brauerei mit reichlich verkohlter, für die Vermalzung angekeimter Spelzgerste ausgegraben. Ein wohl der Oberschicht vorbehaltenes Getränk war Met, einjährig vergorener Honigwein, wie er in Fürstengräbern vom Glauberg in Schnabel- und Röhrenkannen und von Hochdorf und Hohmichele im Kessel nachgewiesen werden konnte. Der Honig stammte von Wildbienen. Der begehrte Wein wurde hingegen nicht selbst angebaut, sondern aus dem Mittelmeerraum importiert.

»Weil die gute Mischung der Luft durch außerordentliche Kälte verdorben ist, gibt es weder Wein noch Öl. Deswegen machen diejenigen Gallier, die diese Dinge entbehren müssen, ein Gerstengetränk, das Zythos genannt wird. Als Getränk benutzen sie das Wasser, mit dem sie Honigwaben ausspülen.« (Diod. 26,2)

Bracas und karierte Mäntel – Kleidung und Schmuck

Diese wenigen antiken Beschreibungen keltischer Äußerlichkeiten aus der späten Latènezeit prägen bis heute das Bild der Kelten. Doch stimmen diese Aussagen auch?

Als weitere wichtige Quellen können wir zeitgenössische figürliche Darstellungen von Menschen – meist künstlerisch verfremdet von den Kelten selbst, realistischer, dafür aber klischeehafter von ihren Feinden – und die sich rasant vermehrenden archäologischen Funde und Beobachtungen heranziehen.

À la mode »Sie kleiden sich sehr auffällig: Sie tragen gemusterte Hemden in unterschiedlichen Farben und lange Hosen, die sie *bracas* nennen. Als Überwurf dienen ihnen gestreifte Mäntel, die an der Schulter mit einer Fibel befestigt werden, und zwar im Winter flauschige, im Sommer glatte, die mit einem dichten und buntfarbigen Würfelmuster geschmückt sind« (Diod. 5,30,1).
»Sie tragen das *sagum* (Umhang, Mantel), lassen ihre Haare lang wachsen und ziehen eng anliegende Hosen an; als Untergewand tragen sie langärmelige Hemden, die mit Schlitzen versehen sind und bis zur Scham und zum Gesäß reichen« (Strab. 4,4,3).
Nach Diodor war nicht nur bei den Frauen, sondern auch bei den Männer Goldschmuck beliebt. »Um die Handgelenke und Arme tragen sie Reifen und um den Hals dicke Ketten aus massivem Gold, dazu noch kostbare Fingerringe und sogar goldene Brustpanzer« (Poseidonios bei Diod. 5,27,3).

Zeitgenössische Darstellungen

In der Hallstattzeit sind vor allem die auf Bronzesitulen (6.–4. Jh. v. Chr.) und einigen anderen Blechgegenständen sowie auf Tongefäßen aus der Gegend von Sopron, Ungarn (7. bis Mitte 6. Jh. v. Chr.) dargestellten Fest-Szenen zu nennen, die – mit Ausnahme der Bronzekline aus Hochdorf (s. Abb. S. 149) – jedoch auf den Osthallstattkreis beschränkt sind.

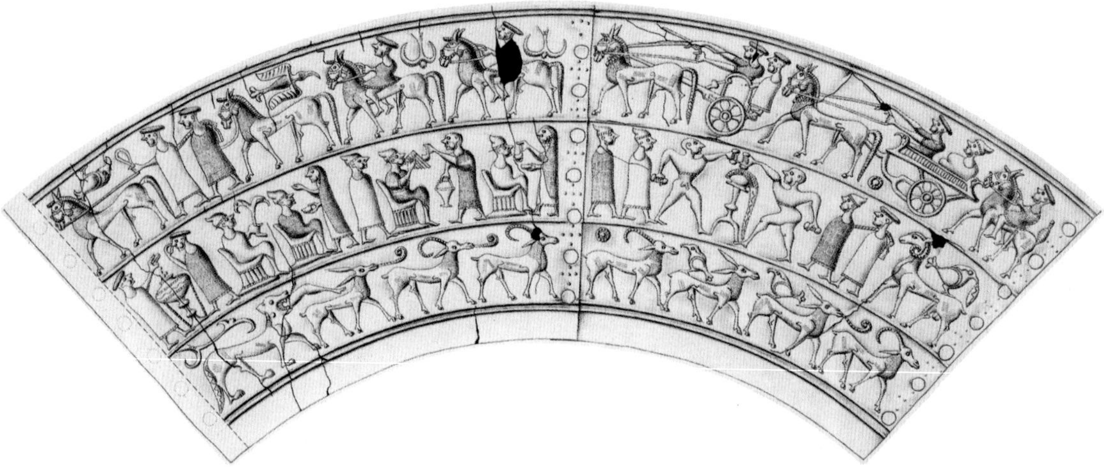

Auf der Situla von Vace (Slowenien) sind Männer und Frauen in unterschiedlicher Bekleidung zu sehen.

Fast ausschließlich im Profil dargestellt sind Männer, aber auch Frauen, denen wir in der Latènezeit kaum mehr begegnen, wobei Kleidung, Accessoires und auf den eingeritzten Strichmenschen der Tongefäße auch das Geschlecht oft schwer zu bestimmen sind. Die Strichfrauen haben weite, kurze oder lange Kleider, sogar glockenartig ausgestellte Röcke mit Punkt-, Karo-, Streifen- und Bogenmustern. Punzen um den Kopf könnten Frisuren, Schleier oder Ohrschmuck darstellen. Die Situlen-Frauen tragen stets Kopftücher oder lange Schleier, unter denen Ohrringe oder Frisurenteile hervorblitzen. Darunter erkennt man waden- oder knöchellange, enger und weiter geschnittene Kleider, Blusen und Röcke in unterschiedlicher Musterung, teilweise gegürtet, mit und ohne Ärmel, und sogar Pluderhosen.

Männer tragen ein bis zu den Waden reichendes Hemd mit halblangen Ärmeln, einfarbig, kariert oder getupft und mit Borten an Saum und Ärmeln. Einige haben wadenlange Umhänge oder über die Schulter geworfene Mäntel. Seltener sind kurze Hemden und Hosen, Röcke, boleroartige Westen, Lendenschurze und Bauchbinden. Beeindruckend ist die Vielfalt an Kopfbedeckungen: Es gibt Baretts, Zipfelmützen, turbanartige, halbkugel- und glockenförmige Kappen, Kapuzen und Hüte mit ausladender Krempe. Die berühmten keltischen Hosen *(bracas)*, die die kaiserzeitlichen Autoren veranlassten, von der *Gallia bracata* zu sprechen, tragen diese Männer (noch) nicht. Solche scheinen jedoch bei den Strichmännchen der älteren Tongefäße vorzukommen und zeigen – wie auf der berühmten frühlatènezeitlichen Schwertscheide von Hallstatt (s. Abb. S. 88/89) – Diagonalstreifen. Dort und auf einer figürlichen Fibel vom Dürrnberg sind Männer mit einem eng anliegenden frackartigen Obergewand bekleidet; die schräggestreiften Hosen entpuppen sich bei der Fibel als eine weite, in viele Falten gelegte Hose. Obwohl es für einige der Gewandtypen Vorbilder aus dem etruskischen Raum gibt, ist vieles – wie die langen Hosen und die Kopfbedeckungen – lokal geprägt.

Weitere menschliche Darstellungen aus der Latènezeit sind selten und meist stark verfremdet. Hölzerne Götterfiguren und Votivfiguren tragen Ponchos mit und ohne Kapuze (*cucullus/cuculla*). Der aus Filz oder Loden gefertigte gallische Mantel (*sagum*) wird später zum typischen römischen Soldatenmantel. Auf gallorömischen Grabsteinen sind diese Kapuzencapes bei Männern eine selbstverständliche Reminiszenz an keltische Kleidung, bei Frauen werden regionale Eigentümlichkeiten noch lange beibehalten. Übrigens ist auf keiner dieser späten Darstellungen mehr eine Hose zu sehen.

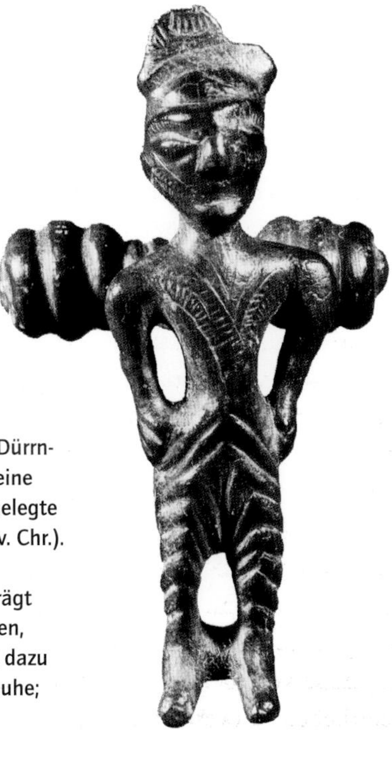

links: Die Figur auf der Fibel vom Dürrnberg bei Hallein trägt einen Hut, eine Art Frack, eine in schräge Falten gelegte Hose und Schnabelschuhe (5. Jh. v. Chr.).

rechts: Die Bronzefigur aus Trier trägt einen für Reiter und Jäger typischen, eng anliegenden, kurzen *cucullus*, dazu Gamaschen und geschlossene Schuhe; gallorömisch.

Auf Siegesdenkmalen sind die besiegten Barbaren meist nackt, solche mit nacktem Oberkörper und in der Taille und um die Knöchel geschnürten karierten Hosen können Kelten oder Germanen sein. Zu den frühesten gehören die von Attalos I. von Pergamon nach seinem Sieg über die Galater 233/232 v. Chr. gestifteten Statuen, die nur als römische Kopien erhalten sind. Keltisch sind hier die Schnauzbärte und der zurückgekämmte Wuschelkopf, griechisch dagegen die Mäntel und das Gewand der einzigen Frau (s. Abb. S. 24).

Schmuck und Fibeln aus Gräbern

Weitere wichtige Quellen zur Kleidung sind Funde aus Gräbern, meist aus Metall angefertigte Trachtbestandteile, die sich im Boden erhalten haben. Zu den wichtigsten zählen die Fibeln, die in der späten Hallstattzeit – aus dem südalpinen Raum kommend – allmählich die gängigen Nadeln ablösten und sich wegen ständiger modischer Veränderungen gut datieren lassen. Aus Brandgräber-Funden der frühen Hallstattzeit lassen sich nur schwer Trachten rekonstruieren, während ihre Lage in späteren Körpergräbern eher Rückschlüsse auf die Trageweise zulässt. Bei Männern gehörten die Fibeln offenbar zu einem Mantel, während sie bei den Frauen vor allem das Obergewand schlossen. Weitere wichtige Bestandteile bei Männern und Frauen waren Gürtelbleche, -haken und -ketten. Kleine Nadeln und Ringe im Kopfbereich von Frauen zierten Frisuren, Schleier oder Hauben. Versuche, aus Kugelkopfnadeln und Bronzeröllchen aus Hallstätter Frauengräbern Frisuren zu rekonstruieren führten zu verschiedenen Zopffrisuren, die gleichzeitig als weiche Unterlage für das auf Bronzesitulen oft dargestellte Tragen von Lasten auf dem Kopf dienten, und neckisch unter dem Schleier hervorschauen konnten. An Schmuck finden sich Ohrringe, Halsringe, Ketten, Armringe, Fingerringe und Fußringe, je nach Epoche, Region und sozialem Status in unterschiedlicher Zusammensetzung und sich veränderndem Stil. Deren Verbreitung lässt zwar Kultur- oder Werkstattkreise erkennen, aber keine Verbreitungsgebiete von historisch bezeugten Völkerschaften. Was die uns in den Gräbern erhaltenen Trachtbestandteile für die Personen und ihre Angehörigen einst bedeuteten, können wir nur erahnen. Davon abgesehen, dass die Toten sicher in ihrer nicht immer alltagstauglichen Festtagstracht bestattet wurden, vornehme Personen sogar extra ange-

rechts: Darstellerin der Keltengruppe Carnyx als Frau aus dem 3. Jh. v. Chr.

ganz rechts: Rekonstruierte Frauentracht des 4. Jh. v. Chr.

links: Hallstattfrau mit Paukenfibeln, Bronzegürtel, Arm- und Fußringen, 6. Jh. v. Chr. Zeichnerische Rekonstruktion K. Sieber-Seitz.

fertigte Kleidung bekamen, hing die Ausstattung ab von der Stellung und Funktion der Person innerhalb der Gemeinschaft, von Stand (Berufskleidung), Wohlstand, Familienstand (verheiratet, Kinder), Alter, regionaler oder religiöser Zugehörigkeit. Über solche Reglements können wir nur spekulieren. So wie die Goldhalsreifen der späten Hallstattkultur offensichtlich eine Herrschaftsfunktion ihrer Träger symbolisierten, zeigen die kaum mehr abnehmbaren, lang getragenen Tonnenarmbänder reicher Frauen, dass sie nicht arbeiten mussten. Wie aufwendig wir uns die Kleidung vorstellen müssen, belegt der mit Tausenden von Bronzeblechknöpfen besetzte Mantel aus einem Frauengrab des 7. Jh. v. Chr. aus Mitterkirchen bei Linz.

Kostbare Stoffe und Schnabelschuhe

Glücklicherweise haben sich auch Gewebereste erhalten, die uns zeigen, dass die Weberei in höchster Blüte stand. Besonders fundreich war das »Fürstengrab« von Hochdorf, dessen Grabkammer und Beigaben vollständig mit Stoffen ausgekleidet und verhüllt waren. Leider fanden sich keine Kleidungsreste des in vier Lagen Tücher eingehüllten Toten. Neben mit Brettchenwebkanten verzierten Wollstoffen gab es auch Matten aus Grasbast und ein Kopfkissen aus Grashalmen, das von einem Gewebe aus Hanfbast und Dachshaar umhüllt war. Aus drei anderen Fürstengrabhügeln in Baden-Württemberg wurden Reste von mit Goldfäden durchwirkten Gewändern und einem Gürtel beobachtet.

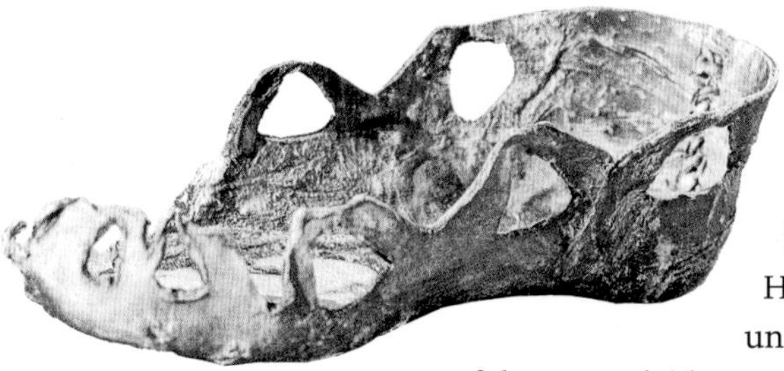

Gut erhaltene Stoffreste aus Wolle, Leinen und Hanf stammen aus den Bergwerken von Hallstatt und dem Dürrnberg bei Hallein. Sie wurden dort als Lumpen benutzt und stammen Nähten, Säumen und Flickungen zufolge von Kleidern. Die hallstattzeitlichen Gewebe zeigen neben einfachen Leinwandbindungen auch komplizierte Köperbindungen wie Diamant- und Fischgratköper. Die Muster wurden nicht nur durch unterschiedlich gefärbte Zwirne und Garne, sondern auch durch schattierende Spinnrichtungsmuster gebildet. Zahlreiche Karos, Streifen und Hahnen-

oben: Bundschuh aus dem Salzbergwerk im Dürrnberg bei Hallein.

rechts: Nachgewebte Brettchengewebe aus dem Fürstengrab von Hochdorf (Kr. Ludwigsburg).

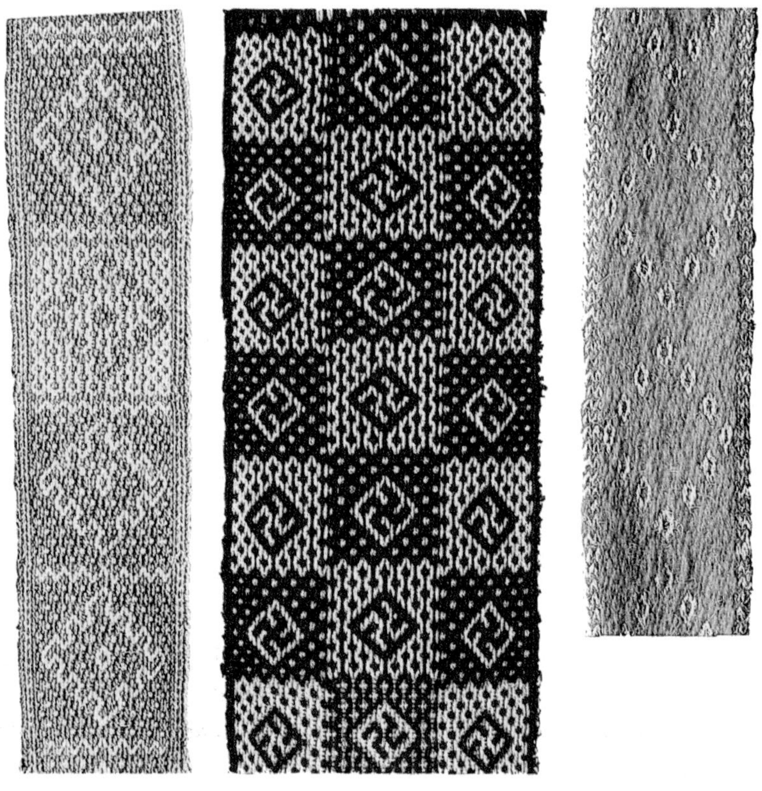

tritt bestätigen die von den antiken Autoren hervorgehobene Vorliebe der Kelten für diese Dekors.

Die Fasern wurden mit der Handspindel versponnen und mit dem Gewichtswebstuhl verwoben. (s. Abb. S. 113). Die Feinheit der Garne und die Dichte einiger Gewebe macht das Nachweben heute fast unmöglich. Gefärbt wurde mit einheimischen Naturfarbstoffen, insbesondere aus Pflanzen, in den unterschiedlichsten Farben. Besonders aufwendig war die Blaufärbung mit dem Indigo enthaltenden Färberwaid. Rotes Gewebe aus Hochdorf wurde mit dem Farbstoff der im Mittelmeerraum heimischen Kermesschildlaus erzeugt.

Die einzigen bislang gefundenen Kleidungsstücke kamen 1992/94 bei der Riesenfernerhütte im Pustertal in Südtirol zutage. Zwei lange Leggins und ein Sockenpaar aus feinem Wollstoff datieren zwischen 795 und 489 v. Chr.

In der Hallstatt- und frühen Latènezeit waren Schnabelschuhe »in«, die wir auf Darstellungen, bei Figuren, als Fibeln und Schuhleisten finden. Die auch in Etrurien gebräuchlichen Schnabelschuhe, die orientalischen Ursprungs sind, trug der Fürst von Hochdorf.

Aus den Salzbergwerken von Hallstatt und Dürrnberg liegen fünf Bundschuhe und ein Sohlenschuh aus kaum gegerbtem Schweins- und Rindsleder vor. Die hallstattzeitlichen Stücke sind aufwendig verschnürt; die latènezeitlichen sind einheitlicher und gleichen den flachen Bundschuhen zweier Schuhgefäße aus Ungarn und der Slowakei. Aus gallorömischer Zeit sind geschlossene Schuhe und Stiefel *(caligae)* belegt.

Aus Hallstatt kennen wir eine Zipfelmütze und ein Barett aus Fell, ähnlich den Kopfbedeckungen auf den Situlen, und aus Hochdorf einen »Chinesen-Hut« aus Birkenrinde, den wohl auch der Krieger von Hirschlanden trägt. (s. Abb. S. 107, 152).

Die von modernen Freizeit-Kelten gerne vorgeführte Körperbemalung mit blau färbendem Waid wird von Caesar (bell. gall. 5,1,2) und späteren Schriftstellern nur für die Britannier und Picten erwähnt und nie für die Festlandkelten.

Kilt, Plaid und Tartan Dem Kilt, einem knielangen, hinten gefalteten Wollrock, verhalf 1725 angeblich ein englischer Stahlwerksbesitzer zum Durchbruch, damit die Plaids seiner schottischen Arbeiter nicht in die Maschinen gerieten. Bis 1745 trug man in den Highlands Plaids als rechteckige Tücher um die Schulter über dem Kittel; Knie und Unterschenkel blieben frei. 1639 sind Plaids einfarbige Stoffe für Wams, Hose und Strümpfe der Hochlandregimenter. Tartans als typische Karomuster für Clans gibt es wohl erst seit dem 19. Jh., regionale Tartans sind älter. Der 1535 erstmals erwähnte Tartan-Stoff wurde sogar für Hosen verwendet. Kilts, Plaids und Tartans wurden nach der schottischen Niederlage von 1746 bis 1782 verboten. Seit dem 19. Jh. erleben Tartans und Kilts eine Renaissance. Die Heirat eines Schotten mit einer Indianerprinzessin machte den Kilt sogar zur Festtagstracht der nordamerikanischen Creek Indianer.

Leben und Tod – Der keltische Mensch

Schnurrbart und Wuschelkopf

In den antiken Quellen finden sich nur wenige Zitate zum Äußeren der späten Kelten. Der Schnurrbart galt geradezu als Standesmerkmal und findet sich auch auf dem berühmten Kopf von Mšecké Žehrovice oder dem Gundestrupkessel; bei dem gallorömischen Bronzekopf eines Helvetiers, um 100 n.Chr., ist immerhin noch ein Oberlippenbart vorhanden (s. Abb. S. 67). Ab und zu sind auch Vollbärte dargestellt. Das lange Haupthaar wurde in vielfältigen Frisuren getragen, mit Knoten, Zöpfen, gescheitelt oder in wirren Haarsträhnen; Münzbilder zeigen sogar eine Art Irokesenschnitt. Die Römer bezeichneten die Provinz *Gallia Lugdunensis* (mit dem Hauptort Lyon) als *Gallia comata* (»haariges Gallien«). Am häufigsten findet sich der wohl durch Kalkwasser modellierte Wuschelkopf, meist kombiniert mit Schnauzbart, so z.B. beim Sterbenden Gallier (s. Abb. S. 53). Frauenfrisuren kennen wir nur vom Kessel von Gundestrup mit kleineren oder größeren Zöpfen und Stirnbändern (s. Abb. S. 162).

Zum Färben der Haare verwendete man nach Plinius (nat. 28,51) eine *sapo* genannte Seife aus Buchenasche und Ziegenfett in Form kleiner Kügelchen, die bei den in der Gegend von Wiesbaden lebenden Mattiacern hergestellt wurde. Sie sollte das Haar aufhellen und rötlich färben, wobei das Färben vor allem bei Männern gebräuchlich war.

Der Kelte gilt als reinlich, wobei Poseidonios (bei Strab. 3,4,16; Diod. 5,33) sich über die Verwendung abgestandenen Urins zum Bad und zur Mundspülung bei den Keltiberern wundert. In der Hallstattzeit finden sich Toilettebestecke mit Pinzette, Ohrlöffel und Nagelschneider.

»Die **Gallier** sind von hohem Wuchs; ihr Fleisch ist von Säften strotzend, und die Hautfarbe weiß; das Haar ist nicht nur von Natur aus blond, sondern sie verstärken auch noch durch künstliche Behandlung diese eigentümliche Farbe. Sie netzen die Haare immer wieder mit Kalkwasser und streichen es von der Stirn rückwärts zum Scheitel und zum Nacken. [...] Die Haare werden durch diese Behandlung immer dicker, so dass sie sich von einer Pferdemähne nicht mehr unterscheiden. Den Bart scheren einige ganz ab, andere lassen ihn auf mittlere Länge wachsen. Ihre Adeligen rasieren sich die Wangen, den Knebelbart dagegen lassen sie lang wachsen, so dass der Mund verdeckt wird.« (Diod. 5,28)

»[...] aber sie sind alle gleich gepflegt und sauber, und in jenen Landstrichen, besonders bei den Aquitaniern, sieht man keine Frau, selbst unter den Armen, ungepflegt in Fetzen von Lumpen wie anderswo.« (Amm. 15,12,1)

Bandwürmer und Bandscheiben

Nicht sehr hygienisch waren dagegen die Zustände in den Siedlungen, wo Müll und Fäkalien sicher zur Ausbreitung von Krankheiten beigetragen haben. Nachweisen lässt sich dies an Koprolithen, die in den Bergwerken von Hallstatt und Dürrnberg zahlreich erhalten waren. Die

Bergleute litten unter Parasiten wie Kleiner und Großer Leberegel, Rinder- oder Schweinebandwurm, Peitschen- und Spulwurm, deren Befall nicht nur Gesundheit und Leistungsfähigkeit beeinträchtigte, sondern auch zum Tod führen konnte. Dies spricht für einen niedrigen Hygienestandard sowie für den Verzehr von rohem oder ungenügend gekochtem Fleisch. Den Juckreiz versuchte man mit Pestwurzblättern zu lindern. Bei antiken Medizinern hießen Augenwürmer wohl nicht von ungefähr *brigantes*.

Der Kopf aus dem Heiligtum von Mšecké Žehrovice gehörte möglicherweise zu einer Götterstatue. Er trägt den typisch keltischen Schnurrbart und einen Torques.

Untersuchungen der Skelette belegen zahlreiche Krankheiten, an denen wir auch heute noch leiden. Es gab den durch Entzündung der Hirnhäute verursachten Wasserkopf, Stirnhöhlenvereiterung, an denen zum Beispiel die reiche Frau aus Nebringen mit dreißig bis vierzig Jahren starb (s. Abb. S. 97), sämtliche Erkrankungen an Zähnen, Zahnfleisch und Kiefer, wobei besser ausgestattete Tote – wohl durch mehr Honig und Süßspeisen bedingt – häufiger Zahnverluste aufweisen. Stark in Mitleidenschaft gezogen wurden Wirbelsäule und Gelenke durch Überlastung, wobei sich hier Unterschiede bei Männern und Frauen auftun: Bei Frauen war die Halswirbelsäule betroffen – wohl Folge des Tragens schwerer Lasten auf dem Kopf – und bei Männern eher die Lendenwirbelsäule als Folge schweren Hebens. Weniger gesundheitsgefährdend als lästig waren Läuse, deren Nissen sich in Textilien aus den Bergwerken erhalten haben. Von der übergewichtigen Frau von Untereggersberg war bereits die Rede, zwei weitere Damen mit üppiger Taille scheinen im Magdalenenberg bestattet worden zu sein – Zeichen für Wohlstand oder eine Stoffwechselkrankheit? Bierbäuche waren zumindest bei den jungen Männern verpönt. Strabon (4,4,6) schildert den ihn seltsam anmutenden Brauch, dass eine Strafe drohte, wenn der Bauch dicker als die Standardlänge des Gürtel wurde.

Misteltrunk und warmes Bier

Was haben die Menschen gegen diese Krankheiten unternommen? Als Abhilfe wandte man sich sicher an Heilgötter und -göttinnen, die wir nur noch aus gallorömischem Kontext kennen. Zu ihnen gehören Apollo Grannos, den auch Kaiser Caracalla mit seinem Gemütsleiden aufsuchte. Man pilgerte zu zahlreichen Heilquellen wie der berühmten Seinequelle und hoffte auf den Beistand der Göttin Sequana, der man in gallorömischer Zeit die erkrankten Organe und Körperteile *en miniature* als Votivgaben darbrachte.

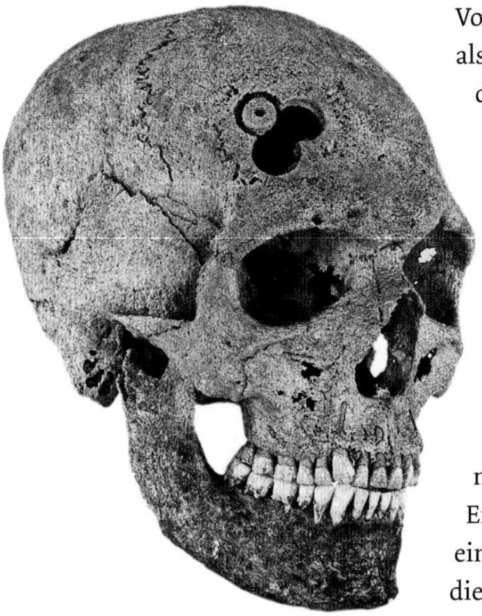

Von Ärzten und Heilkundigen erfahren wir nichts, als Heilmittel wird lediglich die Mistel erwähnt. In dem berühmten Zitat von Plinius d. Ä. (nat. 16,249–251) über Misteln schneidende Druiden ist sie der »Allheiler«, der jedem unfruchtbaren Lebewesen durch einen Trunk Fruchtbarkeit verleiht und gegen alle Gifte hilft (s. S. 165). Aus Pottenbrunn in Niederösterreich und München-Obermenzing kennen wir zwei latènezeitliche Kriegergräber mit chirurgischen Instrumenten. Knochensäge und Schädelbohrer zeigen, dass sie wohl auch Schädelöffnungen (Trepanationen) durchführten. Derartige komplizierte Eingriffe setzen gute anatomische Kenntnisse und eine solide chirurgische Ausbildung voraus. Waren diese Männer Feldscherer, Ärzte oder sogar Druiden? Trepanationen werden heute noch bei Gehirnblutungen und Tumoren angewandt. Der Schädel von Katzelsdorf zeigt mehrere Versuche, die sein Besitzer nicht überlebt hat. Es gibt aber auch Beispiele für gelungene Eingriffe.

Der dritte Versuch wurde abgebrochen … – trepanierter Schädel aus Katzelsdorf (Österreich), 3. Jh. v. Chr.

Das lateinische medizinische Sammelwerk des Marcellus von Bordeaux, der um 500 n. Chr. in Gallien lebte, enthält gallische Heilpflanzen und Zaubersprüche aus der Volksmedizin, die zeigen, wie eng das Heilen mit Magie verbunden war. Farnwurzel zerstoßen in Wein hilft gegen Rheuma und Ischias, Quendel gegen Mundgeruch, Huflattich oder ein warmes Bier mit Salz gegen Husten, in Essig zerriebene Seerose macht Knaben zu Eunuchen. Die Zaubersprüche sind nur schwer zu übersetzen, verständlich ist die Formel gegen Fremdkörper im Auge, die lautet: »In mein Auge soll Klarheit gehen«.

Wo sind die Kinder?

In Südwestdeutschland lag die durchschnittliche Lebenserwartung für Frauen bei 31 und für Männer bei 35 Jahren, in anderen Gegenden konnte sie von 25 bis 40 Jahren differieren. Sie erscheint uns heute zwar erschreckend gering, aber die hohe Sterblichkeit von Müttern im Kindbett, Säuglingen und Kindern betrug noch im 19. Jh. bis zu vierzig Prozent. Männer starben ähnlich jung im Kampf, an Krankheiten oder Unfällen. Dies soll aber nicht darüber hinwegtäuschen, dass es sogar Sechzigjährige gab wie den Fürsten von Frankfurt, der, ca. 1,85 m groß, mit kräftigem, muskulösem Körperbau, vollständigem Gebiss und einem wegen eines schlecht verheilten Schlüsselbeinbruchs nur bedingt einsetzbaren linken Arm, um 700 v. Chr. verstarb. Sogar siebzig Jahre alt wurde ein Greis in Münsingen (Schweiz), der unter einem langwierigen, schmerzhaften, bösartigen Knochentumor litt und außerdem an einer bei Männern seltenen Hormonkrankheit, die zu Fettsucht, Kopfschmerzen und psychischen Komplikationen führte – kein schöner Lebensabend. Möglicherweise hatte eine der ranghöchsten, mit sechzig bis achtzig Jahren verstorbene Frauen im Magdalenenberg, deren weit abgespreizte Arme auf Fettleibigkeit hindeuten, dieselbe Krankheit.

Von den wegen der hohen Kindersterblichkeit von etwa fünfzig Prozent zu erwartenden vielen Säuglings- und Kindergräbern finden sich viel zu wenige auf den Friedhöfen. Vor allem Säuglingsgräber, Neugeborene und Föten fehlen ganz. Diese wurden offenbar im Kreise ihrer Familien zur Ruhe gebettet. In einem Dorf bei Brig im Oberwallis wurden in den Wohnhäusern entlang der Hauswände in der Hallstattzeit 18 und in der Latènezeit 42 Säuglinge in einfachen Erdgruben bestattet, ebenso in der Siedlung am Dürrnberg, wo sie auch im Bereich von Haus- und Hofgrenzen liegen. Weitere Befunde gibt es aus Österreich, der Schweiz, Frankreich und England, wenige dagegen aus Deutschland – zu diesen gehören drei vollständige und dreizehn Teilskelette von der Heuneburg. Diese »Bestattungspraxis« war nicht nur in der Eisenzeit, sondern bis in das frühe Mittelalter üblich. Ob die Kinder tot geboren wurden, eines natürlichen Todes, gewaltsam oder durch Vernachlässigung starben, wissen wir nicht. Es ist wahrscheinlich, dass behinderte oder nicht lebensfähig erscheinende Kinder getötet wurden – eine Praxis, die bei Griechen und Römern durchaus üblich war. Immerhin hatte nach Caesar der Vater Gewalt über Leben und

Fibeln mit Goldüberzug und goldene, wohl etruskische Anhänger aus dem Grab eines etwa dreijährigen Mädchens nahe der Heuneburg, 6. Jh. v. Chr.

Tod seiner Familie. Da vereinzelt auch behinderte Menschen auf den Friedhöfen liegen, scheint nicht jeden dieses Schicksal getroffen zu haben.

Offenbar wurden Kinder erst ab einem bestimmten Alter auf den Friedhöfen bestattet. Im hallstattzeitlichen Württemberg lässt sich beobachten, dass Knaben erst ab dem zehnten Lebensjahr eine Männerausstattung erhielten, während in Gräbern jüngerer Kinder weibliche Inventare überwiegen. Da Knaben sicher nicht weniger häufig starben, wurden sie entweder auf dem Friedhof mit geschlechtsneutralen oder eher weiblichen Dingen bestattet oder außerhalb des Friedhofs, z. B. in Brandgräbern. In Kindergräbern liegen oft Amulette, welche die Kleinen wohl auch schon zu Lebzeiten schützen sollten.

Immer wieder finden sich besonders reich ausgestattete Kindergräber, vor allem Mädchengräber: So erhielten zwei Mädchen aus Münsingen (Schweiz) und Nebringen (Kr. Böblingen) den Halsring einer erwachsenen Hofbäuerin (?). Sollte damit der Anspruch auf den Status, den sie im Leben nicht mehr erreichen konnten, für das Jenseits manifestiert werden? Besonders kostbar war der Goldschmuck des höchstens vierjährigen Mädchens nahe der Heuneburg. Eine ungewöhnliche Doppelbestattung eines 14- bis 15-jährigen Mädchens mit reichem Bronzeschmuck und eines 11- bis 14-jährigen Knaben mit einem Bronzearmring – Statussymbol der Führungsschicht – aus dem 4. Jh. v. Chr. wurde 2005 ganz in der Nähe der Fürstin von Reinheim entdeckt.

Pagen und Geiseln – Die Kinder

Aus den schriftlichen Quellen erfahren wir über Kinder nur wenig. Aristoteles (polit. 1324B; 1336A) berichtet, dass man schon bei kleinen Kindern mit Abhärtung für den späteren Krieger beginnt, indem man sie ins kalte Wasser taucht und dünn bekleidet – eine Maßnahme, um zu prüfen, ob das Kind lebensfähig ist?

Diodor (5,28,4) schreibt, dass bei Gastmählern die jüngsten Kinder geeigneten Alters, sowohl Knaben als auch Mädchen, die Gäste bedienen müssen – ein Hinweis auf frühe Pflichten. Vordergründig befremdlich erscheint das Zitat Caesars (bell. gall. 6,13,10–12), dass es unschicklich sei, wenn ein Vater sich mit seinem noch nicht kriegstauglichen Sohn in der Öffentlichkeit zeige. Vermutlich ist damit jedoch gemeint, dass es üblich war, die Jugend früh zu Zieheltern zu schicken – zur standesgemäßen Erziehung und um mit befreundeten, politisch oder wirtschaftlich wichtigen Familien Verbindungen zu knüpfen, ein Netzwerk, wie es noch im Mittelalter in Adelskreisen üblich war. Wenn der Feldherr erwähnt (bell. gall.

6,13,12; 6,14,2), dass gallische Eltern ihre Kinder, wohl die Söhne, sozusagen als »Wehrdienstverweigerer aus Glaubensgründen« zu Druiden in die Ausbildung schickten und zuvor hervorhebt, dass, wer am tiefsten in die Lehre eindringen wollte, nach Britannien, also ins Ausland ging, lässt sich in ähnlicher Weise wahrscheinlich auch auf andere Ausbildungen übertragen. Bei einem bis zu zwanzig Jahre dauernden Studium musste man früh anfangen. Immerhin setzt dies voraus, dass die »Studenten« dort auch versorgt wurden und ihre »Studiengebühren« bezahlen konnten. Nicht nur von Caesar erfahren wir, dass die Zuneigung und Sorge um die Kinder – zumindest um die Erben und Nachkommen – immerhin so groß war, dass man die Eltern durch deren Geiselnahme erpressen konnte.

Götter, Druiden, Opfergaben – Keltische Religionen

Den keltischen Religionen wurde schon immer besonderes Interesse entgegengebracht. Geheimnisvolle Götter, Kultstätten und Druiden, die auch Menschenopfer vollzogen, sind bis heute ein magischer Anziehungspunkt und beflügeln die Fantasie nicht nur in esoterischen Kreisen.

Doch eigentlich wissen wir sehr wenig über die damaligen Glaubensvorstellungen. Schriftquellen, die sich zur Religion äußern, setzen frühestens im 4. Jh. v. Chr. ein und lassen sich mittels archäologischer Befunde nur bedingt in ältere Zeiten zurückprojizieren. Die Archäologie kann zwar religiöses Handeln erkennen, zum Beispiel bei Opferungen in Gewässern oder auf Brandaltären und auch in Gräbern, aber die Glaubensinhalte, die Götterwelt und die Jenseitsvorstellungen bleiben uns größtenteils verborgen.

»Das ganze Volk der **Gallier** ist religiösen Angelegenheiten sehr ergeben.« (Caesar, bell. gall. 6,16,1)

Der Ahnenkult

Ein unmittelbarer Ausdruck des Glaubens sind die Bestattungssitten, die meist über längere Zeit kontinuierlich beibehalten werden. Ähnliche Praktiken wie zum Beispiel die Bestattung in Grabhügeln lassen sich oft über größere Kulturräume hinweg beobachten, zeigen aber auch räumliche und zeitliche Unterschiede, was die Ausstattung und den Umgang mit den Toten angeht. Inwieweit hier die Glaubensvorstellungen übereinstimmen oder differieren, bleibt im Dunkeln.

Die Bestattung wurde innerhalb der Gemeinschaft nach bestimmten Reglements öffentlich und zeremoniell vorgenommen, um durch Rituale

DER PRIESTERKÖNIG VON HOCHDORF

1978 entdeckte man in Hochdorf (Kr. Ludwigsburg) unter einem verflachten Grabhügel ein unberaubtes »Fürstengrab«. Die 4,7 m × 4,7 m große hölzerne Grabkammer war geschützt durch eine weitere, 7,4 m × 7,5 m große Kammer mit dazwischen aufgeschichteten Steinen. Der rund vierzig Jahre alte, 1,87 m große, kräftig gebaute Mann lag auf einer fahrbaren Bronzeliege mit Matratze und Kopfkissen und war in kostbare Stoffe gehüllt. An den mit Stoff ausgekleideten Kammerwänden hingen neun Trinkhörner, eines davon aus Eisen. Ein mit drei Löwen verzierter, 500 l fassender Kessel war mit Met gefüllt, innen lag eine goldene Schale. Auf einem vierrädrigen Wagen waren Zaumzeug und Geschirr für zwei Pferde, Axt, Messer, Spieß, neun Bronzeteller und drei Bronzebecken gestapelt.

Der Tote war mit Goldhalsreif und -armband, goldenen und bronzenen Schlangenfibeln, Dolch, Ledergürtel mit Goldblech, Schnabelschuhen mit Goldblechbesätzen, Birkenrindenhut, Rasiermesser, Nagelschneider, Holzkamm, Angelhaken, Köcher mit 14 Pfeilen und Messer ausgestattet. Sein Gewand war entweder aus vergangenem feinen Leinen oder er war nackt. Die prächtige Ausstattung, die kostbaren blau und rot gemusterten Stoffe, die Goldbeigaben boten sicher ein beeindruckendes Bild des aufgebahrten Toten. Zwischen Tod und Bestattung im Spätsommer lagen mindestens vier Wochen, in denen Grabkammer und Beigaben vorbereitet wurden und man den Toten – wie fehlende Schmeißfliegeneier zeigen – konservierte. Ob mit Honig, Wachs oder durch Räuchern, ist unklar, zumindest rasierte man ihm sämtliche Haare ab. Die funktionsunfähigen Goldfibeln, Goldarmband und -schale wurden extra angefertigt, Dolch, Gürtel, Schuhe und Hörner mit Goldblechen verziert. Ob die Goldbleche der Schuhe unabsichtlich – vielleicht aus Hast – oder absichtlich seitenverkehrt aufgenäht wurden, wird kontrovers diskutiert. Die Reste der Werkstatt wurden mit im Grabhügel »bestattet«. Alle Beigaben wurden mit Tüchern verhüllt. Das Grab datiert um 540–520 v. Chr.

Zwei Männer und der Leichenbrand einer Person wurden während des Hügelbaus, ein weiterer Mann danach im Hügel bestattet. ■

Die Grabkammer von Hochdorf, nachgebaut im dortigen Museum: Der »Fürst« auf der Bronzekline, neun Trinkhörner an der Wand, Bronzekessel, Wagen und vieles mehr.

Goldene und vergoldete Beigaben aus dem Fürstengrab von Hochdorf (Kr. Ludwigsburg). Im Hintergrund die Lehne der Bronzekline mit Darstellungen von Schwerttanz und Wagenfahrt.

Abschied zu nehmen, zu trauern und die Furcht vor dem ständig lauernden Tod zu bewältigen. Je höher die Stellung des Toten, um so aufwändiger waren in der Regel die Bestattungsriten und -feierlichkeiten, von denen viele archäologisch nicht fassbar sind.

Wie aufwändig das Begräbnis und dessen Vorbereitung bei den »Fürsten« von Hochdorf und vom Glauberg waren, können wir nur erahnen. Für beide lässt es sich wahrscheinlich machen, dass sie zu Ahnen oder Heroen und damit zu Mittlern zwischen den Göttern und ihrer Gemeinschaft wurden.

Bei dem Herrn von Hochdorf fand sich zwar keine Heroenstatue, aber die im Grab vollzogene Vergoldung der Insignien spricht dafür, dass auch er sich in einen Heros oder Gott verwandeln sollte, frei nach dem griechischen Mythos vom Goldenen Zeitalter, als die Menschen unsterblich wie die Götter waren. Die Ähnlichkeit der Statue vom Glauberg mit der Ausstattung des Toten spricht eine deutlichere Sprache. Offenbar waren die Herren zu Lebzeiten mächtig und erfolgreich genug, um nach ihrem Tod einen Platz bei den Göttern einzunehmen. Ähnliche Vorgänge könnte auch das »Situlenfest« auf den Bronzeeimern im Osthallstattkreis zeigen: die Apotheose des Vaters nach seinem Tod und die Übertragung der Herrscherwürde auf den Sohn. Eine wichtige Rolle spielt hierbei die Trankspende durch eine *Hydrophore*, eine Priesterin; der Trank wird aus einer Situla in eine Schale geschöpft. Mit dem ebenfalls oft dargestellten *Symplegma*, Symbol für die Heilige Hochzeit mit einer Priesterin im Diesseits und der

Übersichtsplan vom Glauberg mit Wall- und Grabenanlagen. Zu dem Grabhügel mit Kreisgraben (A) lief eine 350 m lange Prozessionsstraße (B), links davon ein weiterer Grabhügel (C).

Göttin im Jenseits, verbinden sich alter und neuer Herrscher mit den Göttern, von denen sie abstammen, und werden sakrosankt. Große Kessel und Schalen sind wichtige Bestandteile der Grabausstattungen auch im Westhallstattkreis, die nackten Trägerinnen der Hochdorfer Bronzeliege stellen *Hydrophoren* dar (s. Abb. S. 5). Wartete der Fürst von Hochdorf auf seiner Bronzeliege auf die Göttin und ihren Trank? Waren die kostbaren Stoffe für die Heilige Hochzeit *(Hierogamie)* bestimmt?

Wir dürfen voraussetzen, dass Herren wie die von Hochdorf und vom Glauberg auch im Leben eine kultische Funktion hatten, ob sie nun als Priesterhäuptlinge oder Priesterkönige bezeichnet werden.

Abbilder vergöttlichter Ahnen

Außer den Glauberger Statuen gibt es noch eine Reihe weiterer Steinstelen, vor allem in Württemberg, in der Pfalz und in Burgund, die wohl ebenfalls im Zusammenhang mit dem Ahnenkult standen. Sie reichen von Platten und Blöcken mit stark stilisierten menschlichen Zügen und Merkmalen bis zu Figuren wie denen von Hirschlanden bei Ludwigsburg und vom Glau-

OLYMPIA DES NORDENS – DER GLAUBERG

Von 1994–97 wurde am Südfuß des Glaubergs in Hessen, einer eisenzeitlichen Befestigungsanlage, ein im Luftbild entdeckter Großgrabhügel und dessen Umfeld ausgegraben. In dem von einem Kreisgraben umgebenen Hügel mit 48 Meter Durchmesser fanden sich zwei reiche Gräber der frühen Latènezeit: das Körpergrab eines 28- bis 32-jährigen, 1,69 m großen Mannes in einer Holzgrabkammer (Grab 1) und das Brandgrab eines 30- bis 40-jährigen gleich großen Mannes in einem Holztrog (Grab 2). Beide hatten Schwerter in Scheiden aus Bronzeblech, verzierte Schwertgürtel, Lanzen und mit Met gefüllte Schnabelkannen aus Bronze. Der Krieger aus Grab 1 besaß Arm-, Finger-, Ohrring und einen prächtigen Halsring aus Gold, figürliche Bronzefibeln, einen Köcher mit Pfeilen, einen verzierten Bogen und einen Schild. Drei Bronzearmringe, typischer Frauenschmuck, sind wohl Trauergaben. Eine kleine Sensation ist die inzwischen restaurierte Blattkronenhaube aus Holz, Leder und Eisendraht.

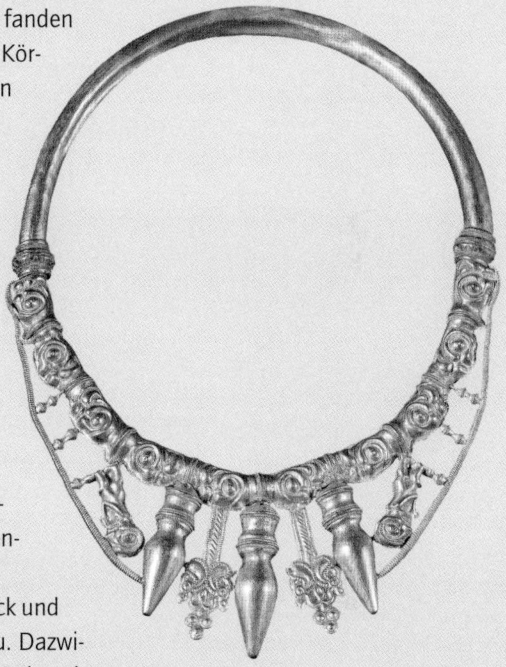

Der Goldhalsring aus dem Fürstengrab vom Glauberg findet sein Ebenbild an der Steinstele des »Fürsten«.

Westlich des Hügels befand sich ein Grabenviereck und nördlich des Kreisgrabens ein kleiner Pfostenbau. Dazwischen lagen, in einem westlichen Fortsatz des Kreisgrabens, eine lebensgroße Sandsteinstatue sowie Bruchstücke von drei weiteren. Am Grabenende waren eine 60- bis 70-jährige Frau und ein Kleinkind bestattet. Die Ausstattung der Statue ähnelt verblüffend der des Toten in Grab 1. Dargestellt ist ein Krieger mit Schwert, Kompositpanzer aus Leder oder Leinen, hölzernem Schild mit eisernem Schildbuckel und Randbeschlägen. Als Insignien trägt er einen ähnlichen Halsring, Armringe, einen Fingerring und auf dem Kopf die Blattkrone (s. Abb. S. 76). Die drei andern Statuen waren ähnlich gestaltet.
Von Südosten führte eine 350 m lange »Prozessionsstraße« auf den Hügel zu, westlich davon lag ein weiterer Grabhügel eines reich ausgestatteten Kriegers. Der Gedanke an ein dem Ahnenkult gewidmetes Heiligtum liegt nahe.
Aktuelle Forschungen zeigen auch, dass zwischen den vor allem im Süden und Westen des Glaubergs entdeckten Wällen und Gräben Siedlungsareale mit gehöftartiger Bebauung und Wasserstellen lagen. ■

berg. Im Gegensatz zu den frühlatènezeitlichen sind die hallstattzeitlichen Statuen ithyphallisch (nackt mit erigiertem Glied), wie der Mann von Hirschlanden, der, mit Dolch, Gürtel, Halsreif und konischem Hut ausgestattet, stark an den Herrn von Hochdorf erinnert. Auffallend sind bei beiden Figuren der relativ schmächtige Oberkörper mit den eng angelegten Armen und die muskulösen Beine. Diese Merkmale zeigen auch viele ihrer Vorbilder an der Adriaküste, bei Picenern und Etruskern sowie in Istrien, wobei die Bildprogramme jeweils unterschiedlich umgesetzt wurden. Die Abbilder der vergöttlichten Ahnen konnten auf den Grabhügeln oder wie ihre mediterranen Vorbilder neben den Gräbern aufgestellt sein. Der Schritt zum umgrenzten Heiligtum wie auf dem Glauberg ist vorgegeben. In den selben Kontext gehören wohl auch die beiden Figuren von Vix. Obwohl noch hallstattzeitlich, sind sie bekleidet und als Krieger bzw. Dame mit Torques – die vergöttlichte Fürstin? – ausgewiesen. Es ist die einzige bisher bekannte Frauenfigur unter den Großplastiken in Mitteleuropa. Eine ebenfalls ithyphallische Figur aus der Saône bei Seurre zeigt, dass es diese Bildwerke auch aus Holz gab. Die mit 2,30 m größte Figur von Holzgerlingen bei Böblingen besitzt als einzige einen Januskopf mit stark stilisierten Gesichtern und der schon latènezeitlichen Blattkrone auf einem kaum ausgebildeten Rumpf mit angelegten Armen. Sie stellt vermutlich einen Gott dar.

Merkwürdige Totenbehandlung

Während der gesamten Eisenzeit ist immer wieder ein Wechsel zwischen Brandbestattung und Körperbestattung zu beobachten, der allerdings die jeweils andere Bestattungsform nie völlig ausschloss. Im 2. und 1. Jh. v. Chr. erfassen wir plötzlich einen vollständig anderen Umgang mit den Toten, der sich uns nur schwer erschließt: mehrstufige Bestattungsrituale. Immer wieder gefundene Skelettteile in Siedlungsgruben wurden anfangs mit erschlagenen Feinden und Menschenopfern in Verbindung gebracht. Gleichzeitig

Erinnert stark an die Ausstattung des »Fürsten« von Hochdorf: Kegelhut, Halsring und Dolch an der Sandsteinstele von Hirschlanden, Kr. Ludwigsburg.

fiel auf, dass es aus dieser Zeit nur wenige reguläre Gräber gibt. Sorgfältige Beobachtungen und genauere Untersuchungen der Skelette legen jedoch nahe, dass hier komplizierte Bestattungsriten vorgenommen wurden, die uns heute makaber erscheinen.

In Manching fanden sich weit verstreut und vermischt mit Siedlungsabfall 5000 Menschenknochen – überwiegend Bruchstücke von Langknochen und Schädeln mit Zertrümmerungs- und Schnittspuren – von ca. 400 Menschen, darunter viele junge Männer. Offenbar ließ man die Leichen außerhalb der Siedlung verwesen und unterzog sie dann einer besonderen Prozedur. Weitere Aufschlüsse gibt die Siedlung Basel-Gasfabrik. Dort wurden etwa 120 Personen regulär in einem Friedhof am Stadtrand mit wenig spektakulären, meist jedoch ganz ohne (erhaltene) Beigaben beigesetzt. Die Beigabenarmut ist auch für andere Friedhöfe dieser Zeit typisch. Innerhalb der Siedlung fanden sich wie in Manching Knochen, Skelette und Teilskelette von mehr als einhundert Toten in Abfallgruben, Brunnen und Gräben. Dreißig Leichen, zwei davon erschlagen, lagen sorgfältig gebettet in Gruben in der Siedlung, die bis zu acht Personen enthielten. Sie waren mit Abfall verfüllt, enthielten vereinzelt Beigaben und zahlreiche Amphorenscherben von teurem Wein, wohl geopfert im Rahmen der Bestattungszeremonien. In 150 Gruben fanden sich Einzelknochen, auch von mehreren Personen, hauptsächlich Schädel, Ober- und Unterschenkel sowie Oberarme. Sie waren abgetrennt worden, nachdem der Tote verwest war. Tierverbiss zeigt an, dass man die Toten – vielleicht zur Schau gestellt – oberirdisch verwesen ließ und sie dann nachträglich und nicht unbedingt an einem Stück begrub. Einzelne Knochen wurden vielleicht als eine Art Reliquie entnommen und aufbewahrt. Unter den achtzig Toten sind doppelt so viele Männer wie Frauen.

Ähnliche Funde und Befunde aus anderen spätkeltischen Siedlungen zeigen, dass es sich hier um vielschichtige Bestattungsvorgänge handelte, die nicht jedem zustanden und die wir in ihrer Komplexität nicht mehr erfassen können. Der Totenkult muss eine bedeutende Rolle gespielt haben, und entsprechend vielschichtig

Die januskopfige Sandsteinstele von Holzgerlingen (Kr. Böblingen) stellt möglicherweise keinen Ahnen, sondern einen Gott dar; ca. 4. Jh. v. Chr.

waren die rituellen Handlungen, die auch mitten unter den Lebenden durchgeführt wurden. Entsprechende Praktiken gibt es heute noch in Tibet und auf Madagaskar. Näherliegende Erklärungsansätze liefern die Keltiberer, bei denen es für gefallene Krieger eine Schmach war, wie sonst üblich verbrannt zu werden, aber ehrenvoll, auf dem Schlachtfeld liegen zu bleiben, um mit Hilfe der heiligen Geier schneller ins Jenseits zu gelangen (Sil. pun. 3,341 ff.). Das Problem der fehlenden Gräber, insbesondere bei bevölkerungsreichen Städten, ist damit allerdings noch nicht gelöst. Vielleicht gab es noch ganz andere Praktiken, von denen uns nichts erhalten blieb. Auch ist nicht auszuschließen, dass der eine oder andere Sklave tatsächlich »entsorgt« wurde.

Trophäen und Menschenopfer

Der Schädel spielte in vieler Hinsicht eine besondere Rolle, sowohl denen der eigenen Toten als auch denen der Feinde kam eine Sonderbehandlung zu. Für Letzteres waren die Kelten berühmt und gefürchtet, wie uns antike Schriftsteller mehrfach überliefern.

»Den gefallenen Feinden hauen sie die Köpfe ab und hängen diese ihren Pferden an den Hals. [...] Diese Kriegsbeute nageln sie dann an die Eingänge ihrer Häuser. [...] Die Köpfe der vornehmsten Feinde balsamieren sie ein und bewahren sie sorgfältig in einer Truhe auf. Wenn sie diese Gastfreunden zeigen, brüsten sie sich, dass für diesen Kopf einem ihrer Vorfahren viel Geld geboten worden sei.« (Diod. 5,29,4–5).

Beispiele für genagelte Schädel gibt es wenige, meist stellte sich heraus, dass die Löcher von Trepanationen stammen. In Manching fand sich ein Schädel im Bereich des Osttors, wo er möglicherweise befestigt war. Ein weiterer Schädel, der offenbar von der Stirn bis zum Hinterhaupt mit einem spitzen Gegenstand durchstoßen worden war, stammt von der Achalm bei Reutlingen und würde diese Gewohnheit schon für das 5./4. Jh. v. Chr. belegen.

Caesar hat von derlei Praktiken nichts berichtet. Er beschreibt allerdings die prachtvollen Bestattungen der Oberschicht, wobei alles, was dem Toten lieb und teuer war, auf dem Scheiterhaufen mit verbrannt wurde, vor seiner Ankunft auch Tiere, Sklaven und Klienten (bell. gall. 6,19,4).

Ein weiterer grausig wirkender Befund wird tatsächlich mit Menschenopfern in Verbindung gebracht, wie sie von antiken Autoren überliefert sind. Nach Caesar (bell. gall. 6,16) wurden Menschenopfer dargebracht, um die Götter zu besänftigen, wenn Leute oder Gemeinschaften von schwerer Krankheit befallen waren, sich im Krieg oder in Gefahr befanden. Dafür

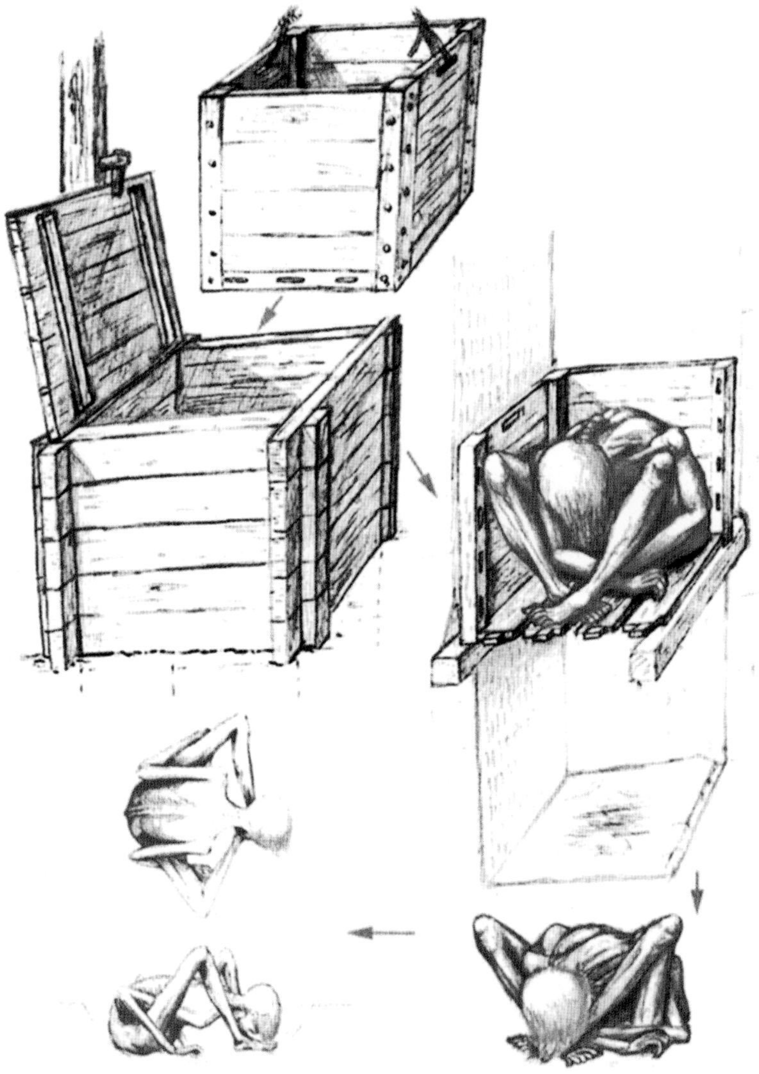

Menschenopfer oder Sonderbestattungen? In Acy-Romance (Dép. Ardennes) wurden junge Männer in Holzkisten getrocknet und beigesetzt.

wählte man vorzugsweise Diebe, Räuber oder sonstige Verbrecher, was den Göttern besonders willkommen war; fehlten solche, nahm man auch Unschuldige. Caesar (6,16,4) und auch Diodor (5,32,6) schildern grausige Zeremonien wie das Verbrennen von vielen Menschen auf einmal in geflochtenen Weidenrutenkäfigen, das Aufspießen auf Pfählen und Verbrennen auf Scheiterhaufen. »Ein entsetzlicher Frevel«, wie Diodor bemerkt, wobei auch bei den Römern erst 97 v. Chr. Menschenopfer untersagt worden waren.

MAKABRE HEILIGTÜMER

In Nordostfrankreich, im Gebiet der Belger, gibt es rechteckige, von einer Palisade und einem oder mehreren Gräben eingefasste Heiligtümer unter freiem Himmel *(nemeta)* aus dem 3./2. Jh. v. Chr. Bei dem 38 m × 42 m großen *nemeton* in Gournay-sur-Aronde fanden sich im Inneren mit Holz ausgekleidete Gräben mit 3000 Tier- und Menschenknochen sowie über 2000 Waffen von über 300 Kriegerausrüstungen. Das hölzerne Tor war mit einem Dutzend abgeschlagener Schädel von Männern, Jugendlichen und Rindern geschmückt. Im Zentrum lag eine große, von neun Gruben umgebene »Opfergrube«. Zusammen mit Schweinen, Schafen, Ziegen und einigen Hunden wurde darin regelmäßig ein altes Rind geopfert, das bis zur Verwesung in der Grube liegen blieb. Der Schädel zierte anschließend das Tor, der Rest kam in den Graben. Ob es sich um ein *tropaion* handelt, wo erbeutete Waffen als Trophäen zur Schau gestellt und später – absichtlich unbrauchbar gemacht – als Opfergaben im Graben deponiert oder ganze Waffenausrüstungen als echte Opfergaben regelmäßig von der Kriegergemeinschaft dargebracht wurden, wird kontrovers diskutiert.

Fünfzig Kilometer entfernt liegt das Heiligtum von Ribemont-sur-Ancre. Die Anlage besteht aus einer rechteckigen und einer trapezförmigen Einfriedung. In der 50 m × 50 m großen, von einem Graben eingefassten Rechteckanlage fanden sich 20 000 menschliche Knochen, zum Teil mit Hiebverletzungen, von 140 Männern zwischen 15 und 40 Jahren – darunter kein Schädel – sowie 300 Waffen, ein Goldtorques und elf Münzen. Der Ausgräber Brunaux rekonstruierte daraus ein makabres *tropaion* aus enthaupteten, an der Luft mumifizierten Kriegern in voller Ausrüstung, aufgestellt auf einem überdachten Holzpodest, das mitsamt Leichenteilen und Waffen zusammenbrach. Es fanden sich außerdem zwei Blöcke aus übereinandergeschichteten Beinen und Armen, die – noch im Verband – entsprechend ange-

Zeichnerische Rekonstruktion des Heiligtums von Gornay-sur-Aronde mit schädelgeschmücktem Tor und zur Schau gestellten Waffen.

winkelt wurden, und in der Mitte eine mit menschlicher Knochenasche gefüllte Grube. Dort wurden die Leichen zergliedert und die Knochen zerschlagen.

In der trapezförmigen Anlage lagen zahlreiche Waffen, unter anderem Schwerter und Wagenteile sowie Menschenknochen, auch Schädel. Tierknochen und Tongefäße deuten auf Gastmähler. Im Innern befand sich ein runder, mit einem bemalten Flechtwerkwand eingefriedeter, gepflasteter Hof mit gewaltiger Grube und Feuerstelle. Offenbar wurden hier Opfer dargebracht und weitere sechzig

Makabres Siegesmal: Im Heiligtum von Ribemont-sur-Ancre wurde ein ganzes Heer von enthaupteten, mumifizierten, bewaffneten Kriegern zur Schau gestellt.

Leichen mit Spuren von Schwerthieben und Tierverbiss deponiert. Die wohl um 260 v. Chr. errichtete und nur kurze Zeit benutzte Anlage interpretiert Brunaux als *tropaion* einer Schlacht zwischen besiegten Aremorikanern und eingewanderten Belgern. Die etwa 1000 gefallenen Feinde wurden geköpft und als Trophäe aufgestellt den Göttern geopfert, während man für die gefallenen Sieger Leichenfeiern abhielt und die Toten innerhalb der runden Umfriedung den »heiligen« Geiern überließ. Weitere Heiligtümer im Nordwesten Frankreichs gehören mehrheitlich zum Typ Gournay, aber auch die zweite Variante zeichnet sich ab.

Auf dem Sandberg in Niederösterreich wurde vor kurzem ebenfalls ein Heiligtum vom Typ Gournay freigelegt, mit Opfergrube im Zentrum und in den Gräben deponierten Waffen, darunter Streitwagenteile und Tierknochen von Rind, Pferd, Schaf, Ziege, seltener Schwein und Hund. Auch dort gibt es einzelne Menschenknochen, vor allem Oberarme und Oberschenkel. Mit Funden aus der späten Frühlatène- und der Mittellatènezeit ist das Heiligtum jedoch älter als die französischen Anlagen. ■

In Acy-Romance (Dep. Ardennes) fand sich innerhalb der Siedlung ein Gemeinschafts- und Kultkomplex aus der Zeit um 180 v. Chr. mit einem eingefriedeten Platz, wo Rinder und Pferde geopfert wurden. Vor einem Großbau mit einem quadratischen holzgefassten Brunnenschacht von 7,60 m Tiefe fanden sich die zusammengekrümmten Skelette von neunzehn jungen Männern, die offenbar in quadratische Holzkisten gezwängt, im Brunnen versenkt, anschließend an der Luft getrocknet und dann in Erdgruben ohne Beigaben beigesetzt worden waren. Neben der Hauswand fand man einen jungen Mann in einer Grube, durch einen Axthieb auf die rechte Schläfe getötet, gefesselt und mit nach vorn gekrümmtem Oberkörper. Zu dieser Zeit war der Brunnen verschüttet, das Heiligtum wohl aufgegeben. Noch drei weitere Männer, einer davon vierzig bis sechzig Jahre alt, waren mit aufrechtem Oberkörper, sitzend getrocknet, in der Mitte eines Hofs bestattet worden.

Der Ausgräber Lambot vermutet, dass die Männern in einer Krisenzeit den chthonischen Mächten geopfert wurden. Die dafür notwendigen ausführenden Priester (»Druiden«?) fand er auf dem regulären Friedhof in Brandgräbern, mit kleinen Äxten, von denen eine in die Schädelverletzung passte, und Scheren, aber auch Bronzepfannen, Amphoren, Werkzeug und Kriegerausrüstung. Ein ganz ähnlich mumifizierter, aufrecht sitzender, 35 bis 45 Jahre alter Mann, beigesetzt irgendwann zwischen 250 und 50 v. Chr., wurde unter dem gallorömischen Rundtempel von Aventicum (Avenches, Schweiz) aufgedeckt.

Brückenheiligtümer

Die Frage nach Menschenopfern stellt sich auch bei der berühmten Fundstelle von La Tène. Die für eine ganze Epoche namengebenden Funde lagen im Bereich von zwei Holzbrücken. Außer Waffen, Fibeln, Werkzeug, Bronzekesseln, Pferdegeschirr- und Wagenbestandteilen, Holzgeschirr, Körben, Textilien und zweihundert Münzen – überwiegend der Mitte des 3. bis zur Mitte des 2. Jh. v. Chr. – fanden sich Tierknochen und Skelettreste von fünfzig bis hundert Individuen, von denen heute noch sechzehn Schädel von acht Männern, vier Frauen und zwei Kindern erhalten sind. Von diesen zeigen sieben Spuren von Gewalt: Hieben, stumpfen Schlägen und postmortalen Schädelabtrennungen. Noch vorhandene Gehirnmasse belegt, dass die Toten rasch versenkt und ein Auftauchen durch Anbinden verhindert wurde. Vieles spricht dafür, dass die Brücke als Opferplatz diente, wie auch die nur drei Kilometer entfernte, um 300 v. Chr. gebaute Brücke von Cornaux, unter der ebenfalls zwanzig Skelette lagen. Vielleicht wurden die Trophäen und Weihegaben zuerst zur Schau gestellt und später dem Wasser übergeben.

Wie lassen sich nun die Toten im Wasser erklären? Auch wenn sie teilweise Gewalteinwirkungen zeigen, so muss es sich doch nicht um Menschenopfer handeln. Zu denken wäre an eine strafrechtliche Komponente in Form einer Hinrichtung, wie sie ebenfalls in antiken Quellen belegt ist, wenn sich z. B. jemand an Gaben aus einem Heiligtum vergriff, oder an eine weitere Nuance der bereits geschilderten Sonderbestattungen. Möglicherweise wurden die Toten an diesem Sonderbestattungsplatz sogar besonders geehrt. Das Rätsel von La Tère bleibt trotz neuerer Untersuchungen ungelöst.

Quellen und Berge

Die meisten Opferstätten dürften unter freiem Himmel gelegen haben, an Stellen, wo der Zugang zu Göttern besonders leicht erschien, an Quellen und Gewässern, in Mooren und Höhlen, auf Bergen und an anderen exponierten Plätzen. Man opferte den Göttern Sachgüter, hauptsächlich Waffen, Fibeln, Schmuck, später auch Münzen, um sie zu ehren, sie um etwas zu bitten oder ihnen zu danken. Es gibt Orte, wo nur kurze oder einmalige Opferungen nachgewiesen sind, wie die »Riesenquelle« von Duchcov (Dux) in Böhmen, in deren Quellschacht ein Bronzekessel gefunden wurde, in dem und um den mindestens 850 Fibeln, 650 Armringe und einhundert Fingerringe lagen, vermutlich alle im 4. Jh. v. Chr. gemeinsam von Frauen geopfert (s. Abb. S. 41). Andere, wie das Heidentor bei Egesheim auf der Schwäbischen Alb dienten 300 Jahre lang als Opferplatz. Um das natürlich entstandene, beeindruckende

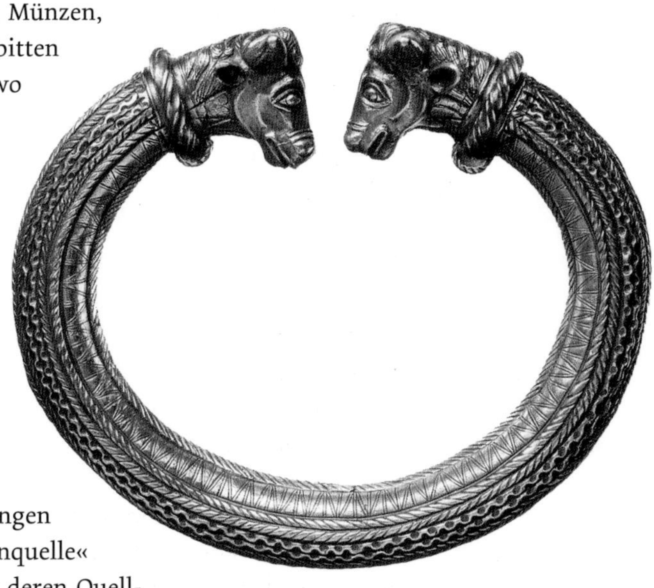

Der Silberring von Trichtingen wurde wohl im 2. oder 1. Jh. v. Chr. im thrakisch/achämenidischen Raum hergestellt und diente sicher kultischen Zwecken.

im Kopenhagener Nationalmuseum gehört zu den prominentesten Funden, die mit Kelten in Zusammenhang gebracht werden – und zu den umstrittensten. Er wurde 1891 in einem Torfmoor in Jütland (Dänemark) gefunden, wo er in Einzelteile zerlegt und offenbar als Opfergabe in einem trockenen Teil des Moores niedergelegt worden war. Er besteht aus dreizehn von ursprünglich wohl vierzehn Einzelplatten aus fast reinem Silber mit Spuren von Vergoldung, die 1892 zu einem Kessel von 69 Zentimeter Durchmesser und 42 Zentimeter Höhe rekonstruiert wurden.

Cernunnos, der Gott mit Hirschgeweih. Sein Name ist nur auf einem gallorömischen Weihestein der Pariser Flussschiffer überliefert.

Seine Herkunft wurde in Gallien oder in Südosteuropa vermutet, in letzter Zeit meist auf der Balkanhalbinsel in einer Kontaktzone zwischen keltischen Skordiskern und Thrakern. Hier sind technisch und stilistisch ähnliche Treibarbeiten in Silber bekannt, und die in einigen Motiven erkannte Nähe zur griechischen Kunst ist leicht erklärbar. Datiert wird der Kessel anhand von Stilmerkmalen in die Spätlatènezeit. Der Fundort weit außerhalb des keltischen Kulturraumes ließ an Kriegsbeute, Gastgeschenk oder dergleichen denken. Auch ein »Mitbringsel« heimkehrender Teilnehmer des Kimbernzuges (ca. 113–101 v. Chr.), der auch über die Balkanhalbinsel geführt hatte, wird erwogen.

Die Bodenplatte zeigt einen liegenden Stier, drei Hunde und eine menschliche Figur mit Schwert, zum Teil halbplastisch in Draufsicht. Auf den Platten der Außen- und Innenwandung sind Brustbilder männlicher und weiblicher Gestalten sowie weitere Menschen-, Tier- und Fabelgestalten dargestellt: Krieger zu Pferd und zu Fuß, Carnyx-Bläser, verschiedene Raubtiere, Kraniche, Hirsche, Stiere, Elefanten, ein Delfin mit Reiter, Schlangen mit Widderköpfen, geflügelte Greifenwesen, ein Einhorn mit Reiter und anderes. Die Krieger sind in merkwürdig trikotartige, eng anliegende und längs gestreifte Garnituren gekleidet, die Fußkämpfer mit Kniehosen, die Reiter in Hörnchensätteln mit ganz kurzen, vielleicht sogar ohne Hosen. Man trägt meist Bundschuhe, die Reiter mit Sporen, dazu Helme mit tiergestaltigen Aufsätzen. Die fast mannshohen Schilde zeigen einfache runde Schildbuckel, wie sie gegen Ende der Latènezeit üblich wurden.

Die drei bis – je nach Zählweise – 22 Figuren auf den einzelnen Platten nehmen mehr oder weniger deutlich Bezug aufeinander, so dass teilweise recht komplexe und schwer zu trennende Einzelszenen entstehen. Entsprechend schwierig gestaltet sich deren Deutung.

Schon die Bestimmung der als Gottheiten aufgefassten Brustbilder ist schwierig. Am wenigsten Differenzen bestehen hier über Taranis mit dem Rad und Cernunnos mit dem Hirschgeweih. Ganz unterschiedlich ist die Interpretation der dargestellten Szenen, insbesondere auf der Platte mit den Fuß- und Reiterkriegern (s. Abb. S. 2). So sehen die einen hier einen Druiden beim Menschenopfer über dem Kessel, andere eine Initiation mit Fußkriegern als Aspiranten und Reitern als bereits »Behandelten«, wieder andere erkennen den »Kessel der Wiedergeburt«, auf dem die Krieger dem Jenseits oder ihrem nächsten Leben entgegenreiten.

Da allerdings schon die keltische Götterwelt durch den Filter der griechisch-römischen Brille oder im entfernten Spiegel des irischen Frühmittelalters nur schemenhaft erkennbar ist, die dazugehörigen Mythen aber praktisch ganz verloren sind, bleiben alle Deutungen weitgehend Spekulation. ■

Fundort, Material und vieles an Dargestelltem und Darstellungsweise ist keineswegs »typisch keltisch«, dennoch steht der Gundestrup-Kessel oft für das Keltische schlechthin.

Felsentor fanden sich zahlreiche Fingerringe und Fibeln, die vielleicht zusammen mit den nicht mehr erhaltenen Kleidern dargebracht wurden. Höhlen und Erdspalten nutzte man vor allem in der Späthallstatt- und Frühlatènezeit als Opferplätze. Berühmt ist die Byči-Skála-Höhle bei Brünn in Südmähren, ein riesiger Brandopferplatz mit verbrannten Wagen, aber auch vierzig teils verstümmelten Leichen. Brandopferplätze mit oft meterhohen Ablagerungen sind zahlreich im Alpenraum nachgewiesen, wo auf Bergen und in exponierten Lagen – teilweise von der Bronzezeit bis in die späte Latènezeit und in die Römerzeit hinein – auf Brandaltären Haustiere und gefüllte Keramikgefäße, bei einigen auch Waffen und Schmuck dem Feuer übergeben wurden. Hinweise mehren sich, dass es entsprechende Brandopferplätze auch in anderen Bergregionen gab.

Daneben findet man Depots mit Objekten, die allerdings nicht immer den Göttern zugedacht waren. Auffallend ist eine Reihe von Horten mit wertvollen Ringen, wie die in einem Hohlraum zwischen zwei Felsblöcken gefundenen goldenen Hals- und Armringe von Erstfeld (Schweiz) aus der Zeit um 400 v. Chr. (s. Abb. S. 103) – ein Weihefund am Weg über den Gotthard? In Snettisham (East Anglia, Großbritannien) lagen in neun Horten 75 annähernd vollständige und einhundert fragmentierte Ringe aus Gold, Silber und Bronze aus der Zeit zwischen 100 und 50 v. Chr. Immer wieder Gegenstand der wissenschaftlichen Diskussion ist der fast sieben Kilogramm schwere Ring von Trichtingen bei Rottweil, der 1928 an einer sumpfigen Stelle ausgegraben wurde. Er besteht aus einem eisernen Kern und einer silbernen Ummantelung, zeigt ungewöhnliche Ornamentik sowie zwei mit Torques geschmückte Stierköpfe und ist zu eng, um über den Kopf gestülpt zu werden. Wie der Gundestrup-Kessel wohl im thrakischen Raum im 2. oder 1. Jh. v. Chr. nach achämenidischen Vorbildern angefertigt, diente der Ring sicher zeremoniellen Zwecken, vielleicht entsprechend einer Darstellung auf dem Gundestrup-Kessel, und könnte Abnutzungsspuren in der Mitte zufolge aufgehängt gewesen sein, vielleicht an einer Götterstatue (s. Abb. S. 161).

Hölzerne Götter und ein Goldbäumchen

In Genf, dem *oppidum* Genava, fand man im Bereich einer Hafenanlage – dendrodatiert auf 123–120 v. Chr. – die drei Meter hohe Eichenfigur eines Gottes. An der gegenüberliegenden Seite des Sees entdeckte man bei Villeneuve eine 1,25 m hohe Holzstatue aus dem 1. Jh. v. Chr. mit drei keltischen Münzen in einem Spalt der Ellenbogenbeuge. Aus dem *oppidum* Eburodunum (Yverdon-les-Bains) am Neuenburgersee stammt eine 1,40 m große Fi-

Das vergoldete Kultbäumchen von Manching trägt Eicheln und Efeublätter, Höhe ca. 70 cm. Es lag in einem vergoldeten Holzfutteral, 3. Jh. v. Chr. Links das Original, rechts die Rekonstruktion.

»Da stand ein Hain, seit Menschengedenken niemals entweiht. Mit verschränkten Zweigen bildete er einen Bereich voller Dunkelheit und Schatten, dessen Kuppel nie von den Strahlen der Sonne durchbrochen wurde. [...] Die Altäre waren mit grässlichen Schlachtbänken versehen und die Bäume von menschlichem Blut befleckt. [...] Dazu ergoss sich überall Wasser aus dunklen Quellen und finster standen – unförmig und roh aus Holz gehauen – Götterbilder da.« (Luc. 3,400–425)

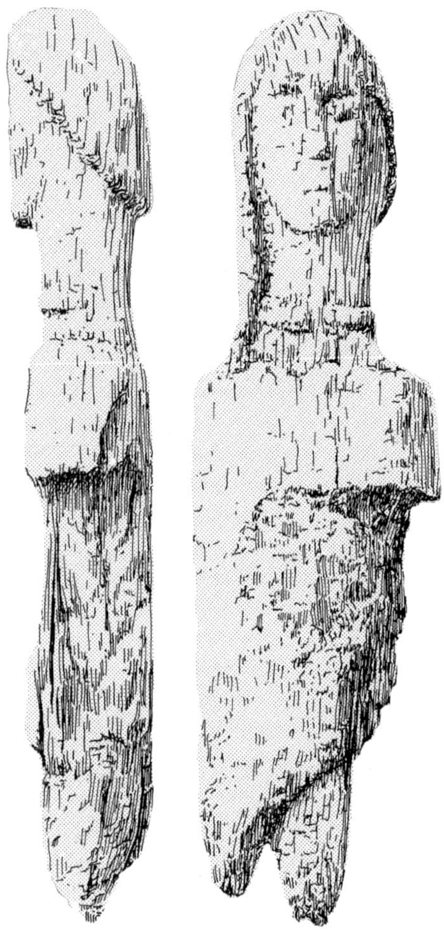

Die noch 70 cm hohe Eichenstatue einer Schutzgottheit stand am Eingang des *oppidums* Eburodunum/Yverdon am Neuenburgersee (Schweiz), 1. Jh. v. Chr..

gur mit einem Torques um den Hals und einem weiteren in der Hand. Die beiden 127 v. Chr. aus Holz geschnitzten Ziegenböcke aus dem Brunnen von Fellbach-Schmiden gehörten zu einer nicht mehr erhaltenen Gottheit der Tiere. Vermeintliche steinerne Götterstatuen oder Teile davon wie die von Holzgerlingen (s. Abb. S. 153), von Saint-Symphorien (Bretagne), von Roquepertuse und Entremont (Südfrankreich) oder der Kopf von Mšecké Žehrovice (Böhmen; s. Abb. S. 143) lassen sich oft schwer datieren.

Eine völlig andere Nuance keltischer Religion zeigt uns das siebzig Zentimeter hohe Kultbäumchen von Manching (3. Jh. v. Chr.), das an einem vergoldeten, geschwungenen Holzstamm vergoldete bronzene Efeublättern und Eicheln trägt und in einem mit Blattgold verziertem Holzfutteral lag. Gerne würden wir wissen, ob es als Sakralgerät oder bei Prozessionen benutzt wurde und welcher Gottheit es gewidmet war.

Beim Teutates – Wer waren die Götter?

Die keltischen Götter bleiben für uns namenlos bis in gallorömische Zeit, wo sie dann als Bestandteil des römischen Pantheons erscheinen und römische oder römisch-keltische Namen tragen. Vermutlich wurden sie durch die *interpretatio romana* auch immer mehr überprägt, so dass es schwierig ist, ihre ursprünglichen Zuständigkeiten zu rekonstruieren. Die zahlreichen Namen sprechen für viele regional oder lokal verehrte Gottheiten, wie Abnoba, Göttin des Schwarzwalds, Sequana, Göttin der Seine-Heilquelle, oder Artio, Bärengöttin. Zu den Hauptgöttern gehörten der mit Zeus gleichgesetzte Donnergott Taranis, für den man nach Lucan (1,443–446) Menschen verbrannte, der mit dem Kriegsgott Mars oder dem Handelsgott Merkur gleichgesetzte Stammvater Teutates, dessen Opfer mit dem Kopf voran in einem gefüllten Kessel erstickt wurden und der von Lucan mit Mars gleich gesetzte Esus, dessen Opfer erhängt wurden. Außerdem gab es einen geweihtragenden Hirschgott Cernunnos. Viele Götter treten paarweise auf, so der Schmiedegott Sucellos mit Nantosuelta, wohl einer Schutzgöttin für Heim und Herd, der Handelsgott Merkur mit der Schutzgöttin Rosmerta, der Heilgott Apollo-Grannus mit Sirona, Göttin-

Für sie gab es mangels römischem Pendant keine *interpretatio romana:* Epona, die keltische Pferdegöttin, erfreute sich in römischer Zeit großer Beliebtheit.

der Heilquellen. Sehr verehrt wurden die drei Matronen – Muttergottheiten, die ihre Wurzeln in keltischen und germanischen Glaubensvorstellungen haben. Eine richtige Karriere machte die Pferdegöttin Epona, zu der es offenbar kein römisches Pendant gab. Sie wurde bei der römischen Kavallerie verehrt und stand als Kultbild in den Pferdeställen.

Druiden – Gelehrte und Philosophen

Das Zitat von Plinius (s. Kasten) prägt bis heute das Bild des weißgewandeten, Misteln schneidenden Druiden. Doch wer waren diese Männer, die spätestens seit dem 3. Jh. v. Chr. bei griechischen Autoren als »Philosophen« bekannt waren? Der ausführlichen Beschreibung Caesars (bell. gall. 6,13,1–14,6) zufolge, die in vielem mit den Aussagen seiner Vorgänger übereinstimmt, besaßen die Druiden oberste Autorität in allen Religionsangelegenheiten und göttlichen Dingen wie Opferriten, religiösen Zeremonien und Vorschriften samt deren Auslegung.

Sie entschieden in öffentlichen und privaten Streitfällen, insbesondere Kapitalverbrechen, Erbschafts- und Grenzstreitigkeiten. Bei Nichtbeachtung des Urteils – ob durch Stamm oder Privatmann – wurde als höchste Strafe der Ausschluss von den Opfern, d. h. vom religiösen öffentlichen Leben verhängt, eine Exkommunikation, die einer Ächtung und Abstempelung

»Nichts ist den **Druiden** – so nennen sie ihre Magier – heiliger als die Mistel und der Baum auf dem sie wächst, wenn es eine Eiche ist. Schon deswegen wählen sie Eichenhaine und vollziehen kein Opfer ohne Eichenlaub. [...] Nachdem man das Opfer und das Festmahl unter dem Baum feierlich vorbereitet hat, bringen sie zwei Stiere von weißer Farbe herbei. [...] Ein Priester mit weißem Gewand steigt auf den Baum und schneidet die Mistel mit einer goldenen Sichel ab; diese wird in einem weißen Tuch aufgefangen. Dann werden die Opfertiere geschlachtet, und sie bitten den Gott, sein Geschenk denen zum Segen gereichen zu lassen, denen er es gegeben hat. Sie glauben, dass ein Trunk davon jedem unfruchtbaren Lebewesen Fruchtbarkeit verleiht und dass er ein Heilmittel gegen alle Gifte sei.« (Plin. nat. 16,249 ff.).

zum Verbrecher und dem Absprechen aller Rechte gleichkam. Druiden beschäftigten sich außerdem mit Astronomie, Geographie, Naturkunde und Moralphilosophie, sicher auch mit Medizin und Dichtung, unterrichteten Schüler und glaubten an die Unsterblichkeit der Seele und angeblich an Seelenwanderung: Grundlage für die sprichwörtliche keltische Todesverachtung? Die Verwandschaft dieser Ansichten mit denen der Pythagoräer wurde in der Antike mehrfach erörtert.

Nach Caesar gab es einen Oberdruiden, der aufgrund seiner Würde das höchste Ansehen genoss. Nach seinem Tod folgte ihm der Nächstwürdige. Gab es keine Einigkeit, wurde abgestimmt und unter Umständen sogar mit Waffen um diese einflussreiche Position gekämpft. Zu einer bestimmten Jahreszeit trafen sich alle Druiden im Gebiet der Carnuten an einem geweihten Ort, wohl dem »Delphi Galliens«. Dorthin konnten alle Streithähne kommen und sich dem weisen Urteil der Druiden unterwerfen. Privilegien wie die Befreiung vom Kriegsdienst sowie von allen Abgaben und Leistungen scheint eine große Anzahl von Schülern angelockt zu haben. Diese reisten zu intensiverer Ausbildung sogar nach Britannien, wo die Lehre der Druiden »aufgefunden« und von wo sie nach Gallien exportiert worden sein soll. Caesar sagt nicht, dass sie dort »entstanden« sei! Da die schriftkundigen Druiden ihre Lehren nicht schriftlich festhalten wollten und die Schüler diese auswendig lernen ließen, konnte deren Ausbildung bis zu zwanzig Jahre dauern. Die Druiden waren also in einer hierarchisch strukturierten Bruderschaft organisiert und unterschieden sich wohl auch in ihren Funktionen. Einige waren Aristokraten, vielleicht mit kürzerer Ausbildung. Einziges namentlich bekanntes Beispiel ist der Haeduer Diviciacus/Diviacus, der nach der Niederlage der Haeduer gegen Ariovist 61 v. Chr. in Rom um Hilfe ersuchte und dort, als Gast von dessen Bruder, Cicero traf. Dieser (de div. 1,41,90) schrieb, dass der Druide Diviciacus mit der Erforschung der Natur der Dinge (*physiologia*) vertraut sei und die Zukunft voraussehen könne. Dank der Schilderungen Caesars wissen wir, dass Diviciacus als Berater, Diplomat und Mittler wirkte, aber auch militärische Aufgaben erfüllte. Würden wir das Grab des Diviciacus finden, hätten wir vermutlich das Grab eines bewaffneten Adeligen vor uns. Welcher Gegenstand würde ihn wohl als Druiden ausweisen – ein Schere, eine Axt, wie in Acy-Romance vermutet, oder eine bronzene »Sichel« (wohl eher eine Hippe)?

Weiteres »Kultpersonal« wird von Diodor (5,31), Strabon (4,4,4) und Ammianus Marcellinus (15,9) erwähnt. Die *vates* befassten sich ebenfalls mit Naturkunde, der Durchführung der Opfer und wohl auch mit Wahrsagen. Die Barden waren Sänger und Dichter (s. Abb. S. 171).

KELTISCHE KALENDER

1897 fand man in Coligny (Dep. Ain) 153 Bruchstücke einer einst 148 cm × 90 cm großen Bronzetafel mit gallischem Text in lateinischer Schrift. Dem Buchstabentyp nach datiert sie ins 2. Jh. n. Chr.

In 16 Spalten stehen je vier Monate oder ein Schaltmonat plus zwei Monate, deren Tage mit Merksteckern zu markieren sind. Erst vor einigen Jahren gelang es, diesen Kalender ganz zu verstehen.

Basis ist ein Mondkalender von 371 Monaten in dreißig Jahren, unterteilt in vollständige mit 30 und unvollständige mit 29 Tagen. Die Monate sind namentlich genannt. Diese 30-jährige Spanne ist in Fünfjahreszyklen mit 62 Monaten unterteilt, was den von Diodor erwähnten fünfjährigen Festzyklus bestätigt. Zum Ausgleich des Fehlers dienen Schaltmonate. Durch zwei Verbesserungen mit weiteren Schalttagen, die letzte wohl bald nach 100 v. Chr., erreichte der Kalender die Präzision unseres Gregorianischen Kalenders. Mond- und Sonnenpositionen und damit die für Festtermine wichtigen Sonnenwenden und Tagundnachtgleichen konnten mit einem Tag Abweichung fünfhundert Jahre zurück- und vorausberechnet werden, was gründliche Kenntnisse in Mathematik und Astronomie voraussetzt.

Der irische Kalender mit den Festen Im(b)olc am 1.2., Beltane am 1.5., Lugnasad am 1.8. und Samain am 1.11. beruht entweder auf einem spezifisch irischen, landwirtschaftlich orientierten Sonnenkalender und hat mit dem von Coligny nichts zu tun oder hat dessen Verbesserungen nicht mitgemacht. Dann hätten die vier Feste den Sonnenwenden und Tagundnachtgleichen entsprochen, die durch den Fehler der Urfassung bis ca. 450 n. Chr. – Einführung des julianischen Kalenders in Irland – um 52 Tage gewandert wären. Das würde erlauben, seinen Ursprung zurückzurechnen auf etwa 800 v. Chr. (+/− rund dreihundert Jahre).

Ein anderer Ansatz auf Basis einer Angabe bei Plinius ergibt die erste Hälfte des 7. Jh. v. Chr. als Entstehungszeit. Trotz Unsicherheiten beider Berechnungen ist dieses Kalendersystem zweifellos eine eigenständige Entwicklung von Jahrhunderten. ■

Der Kalender von Coligny ist das bedeutendste gallische Schriftzeugnis und Beleg für astronomische wie mathematische Kenntnisse und Traditionen.

Druidinnen und Magierinnen

Die römischen Herrscher versuchten mehrfach, die Religion der Druiden zu unterbinden – offenbar mit mäßigem Erfolg. Während die Bezeichnung Druide in dieser Zeit nicht mehr auftaucht, ist erstmals von Druidinnen die Rede, bei denen sich die Kaiser Alexander Severus, Aurelian und Diokletian im 3. Jh. n. Chr. Rat holten. Offenbar fungierten sie vor allem als Wahrsagerinnen. Auf den Fluchtäfelchen aus gallorömischer Zeit sind Magierinnen oder Zauberinnen belegt. In den irischen Mythen tauchen zwar ebenfalls Druidinnen auf, da diese Quellen jedoch den bekannten Einschränkungen unterliegen, ist der Realitätsgehalt schwer zu überprüfen. Von weiblichen Kultverbänden hören wir bei Strabon (4,4,6) und Pomponius Mela (3,48). Strabon erzählt von einer Insel in der Loire, wo Frauen dem Dionysos-Kult huldigten und nur einmal im Jahr Umgang mit Männern auf dem Festland hätten. Jedes Jahr werde beim rituellen Dacheindecken des Heiligtums eine Frau zu Tode gestürzt und in Stücke zerrissen. Mela schildert die durch ihr Orakel berühmte Insel Mona an der bretonischen Küste mit neun jungfräulichen Priesterinnen, die durch Zaubersprüche Meer und Winde aufpeitschen, jedes Lebewesen verwandeln, heilen und Seeleuten die Zukunft vorhersagen können. Historischer Kern, Inspiration durch die Zauberin Kirke aus der Odyssee und / oder Vorlage für Avalon?

Die Rolle der Frauen im Kult ist sicher nicht zu unterschätzen, lässt sich aber schwer fassen. Wenn wir feststellen können, dass es Heilige Orte gab, an denen nur Frauen opferten, ist es wahrscheinlich, dass sie dabei auch von Priesterinnen angeleitet wurden. Vielleicht waren es die Frauen aus Vix und Reinheim oder andere in weniger prominenten Gräbern, die mit »Kultstäben« und besonderen Amuletten ausgestattet waren (s. S. 100 f.).

Mythen, Dichtung, Musik

Laut Cäsar mussten angehende Druiden bis zu zwanzig Jahre lernen, um das in Versen vorliegende Wissen auswendig zu können. Auch Vaten (Opfervollzieher und Seher) und Barden (Verfasser von Lobliedern und Satiren) schöpften aus mündlicher Überlieferung. Wir können nur erahnen, welche Schätze an Wissen, Epen, Mythen und Sagen uns verloren gegangen sind.

Einen beeindruckenden, aber nur noch schwer zu analysierenden Einblick bieten Heldensagen aus Irland und Wales, die uns eine archaische, mythische, »keltisch« anmutende Welt schildern. Zu den bekanntesten gehören der irische »Ulsterzyklus« mit dem Helden Cú Chulainn und das walisische Mabinogion (Bardenschülerbuch). Gälisch-irische Prosaerzählungen wurden seit dem 11. Jh. von christlichen Mönchen aufgezeichnet und werden bis in die Zeit um 700 n. Chr. zurückdatiert. Kymrisch-walisische Heldenlieder und Prosaliteratur liegen aus dem 13. Jh. vor und gehen auf das 9. oder sogar 6. Jh. zurück. Das walisische Mabinogion enthält auch die ältesten Erzählungen aus dem Arthur-Sagenkreis.

Durch Veränderungen, Überlagerungen und Zensur im Lauf der Jahrhunderte lässt sich der »keltische« Kern dieser Sagen und Mythen nur schwer erschließen. Da die eisenzeitliche Bevölkerung Irlands und der Britischen Inseln nicht keltisch war, sondern nur keltisiert wurde, könnten sich in den Sagen sogar noch ältere, vorkeltische Traditionen widerspiegeln.

Arthur, Merlin, Avalon Arthur/Artus war ein Häuptling oder Heerführer, der um 500 n. Chr. das keltisch-römische Britannien gegen die einfallenden Angelsachsen verteidigte. Er lebte in walisischen Sagen fort und wurde seit dem 12. Jh. in mehreren Romanen zum ritterlichsten und christlichsten aller Könige. Die Abenteuer von Artus und seiner Tafelrunde waren an den Höfen Europas sehr beliebt. Artus führt das auf Avalon, der Insel der Apfelbäume, gefertigte Schwert Caliburn/Excalibur. Schwer verwundet wird er dort von der Fee Morgane gesund gepflegt, um eines Tages zu seinem Volk zurückzukehren. Der Zauberer Merlin ist in einigen Versionen sein Berater. Ursprünglich noch Seher – *vates* – genannt, zeigt er später die typischen Eigenschaften eines Druiden. Bereits im Mittelalter schreibt man ihm die Errichtung von Stonehenge zu und legt damit den Grundstein für die heute noch weit verbreitete irrtümliche Verbindung der Kelten mit der rund 1000 Jahre älteren Kultanlage.

Leier und Carnyx

Wenn sich von der keltischen Musik auch keine Note erhalten hat, wissen wir doch aus bildlichen, archäologischen und antiken Quellen, dass vielfach musiziert wurde. Auf Bronzesitulen und Tongefäßen des Osthallstattkreises sind Leierspieler und -spielerinnen mit Tänzerinnen und Tänzern dargestellt, andere Musiker spielen Panflöte (Syrinx) oder seltener Horn. Eine Bronzestatuette aus Százhalombatta aus dem 6. Jh. zeigt einen Mann mit einer Doppelflöte (Aulos). Belegt sind auch einfache Knochenflöten. Ob Keramikrasseln, oft in Vogelform, als Kinderspielzeug oder Instrumente im kultischen Bereich verwendet wurden, bleibt fraglich. Dasselbe gilt für die in der Hallstattzeit häufig an Fibeln und andern Objekten hängenden Klapperbleche.

Die ebenfalls schon zu dieser Zeit häufig dargestellte, in mehreren Varianten belegte Leier wird später bei antiken Autoren als Begleitinstrument der Barden erwähnt. Sie findet sich stark stilisiert auf zahlreichen Münzen und eindrucksvoll bei einer in das 1. Jh. n. Chr. datierten Steinskulptur aus Paule/Camp des Saint-Symphorien in der Bretagne. Die für das späte Bardentum typische Rahmenharfe kommt erst seit dem 8. Jh. n. Chr. auf.

In welchem Maße Musik und Tanz kultischen Zwecken dienten oder Ausdruck purer Lebensfreude waren, wissen wir nicht. Nach einer antiken Quelle aus dem 2. Jh. setzten die Kelten sogar bei öffentlichen Versammlungen Musik ein, die beruhigend wirken sollte (sog. Pseudo-Skymnos, 183–187).

Die einzige überlieferte festlandkeltische Sage stammt aus einem byzantinischen Lexikon des 10. Jh. (Suda) und einem anonymen Traktat: die Gründungssage der Stadt Virunion, des späteren römischen Virunum auf dem Magdalensberg in Kärtnen. Das Land der Noriker wurde von einem Keiler verwüstet, den ein zürnender Gott gesandt hatte. Keiner konnte etwas gegen ihn ausrichten, bis ein ebenfalls gottgesandter Mann kam, ihn aufhob und sich um die Schultern legte. Die Noriker riefen »Ein Mann!«, was in ihrer Sprache »Virunus« hieß, und so wurde die Stadt Virunion genannt.

Hauptsächlich in kriegerischem Zusammenhang verwendet wurden gebogene Hörner, die auch aus Bronze oder im keltiberischen Raum aus Ton vorliegen. Ein entsprechendes Horn hat der »Sterbende Gallier« bei sich. Das typische keltische Kriegshorn war jedoch der seit dem 3. Jh. v. Chr. belegte Carnyx. Er findet sich auf zahlreichen keltischen, aber auch römischen Münzen und auf dem Kessel von Gundestrup. Teile von Carnyces kennt man aus unterschiedlichen Gegenden der keltischen Welt. Beeindruckend ist das Exemplar aus Deskford in Schottland, das eine hölzerne Schnarrzunge zur Klangverstärkung besaß. 2004 wurden im südfranzösischen Tintignac (Dep. Corrèze) im Bereich eines gallorömischen Tempels fünf vollständig erhaltene Carnices gefunden, deren Schalltrichter als Eberkopf und einmal als Schlangenkopf gestaltet ist. Sie lagen zusammen mit fast 500 Metallobjekten – darunter Waffen, Helme und Tierfiguren aus Bronzeblech – in einer Grube und sind wohl als Reste von erbeuteten, zur Schau gestellten Waffen *(tropaion)* zu deuten.

Vermutlich meint Diodor mit den »Trompeten von eigentümlichem und barbarischem Klang, die einen rauen und zum Kriegsgetöse stimmenden Schall wiedergeben«, Carnyces. Er beschreibt aber auch die Macht der Barden, die mit ihren Gesängen selbst angreifende feindliche Heere zum Stehen bringen können, und schließt mit dem schönen Kommentar: »So weicht auch bei den wildesten Barbaren die Leidenschaft der Weisheit, und Ares scheut sich vor den Musen« (Diod. 5,31,5).

Eine Sprache – Ein Volk? Sprache und Schrift

Schon Tacitus (Agr. 11) bemerkte, dass sich die Sprachen der Britannier und Gallier ähnlich waren. Dem schottischen Historiker George Buchanan verdanken wir, dass diese heute als keltische und nicht als gallische Sprachen bezeichnet werden. In seiner 1582 erschienenen »Rerum Scoticarum Historia«, einer Universalgeschichte Schottlands, stellte er fest, dass die noch lebenden inselkeltischen Sprachen mit den aus dem Altertum bekannten festlandkeltischen Sprachen verwandt waren und somit auf eine gemeinsame Vorstufe zurückgehen müssen. Die moderne keltische Sprachwissenschaft begann jedoch erst mit der Veröffentlichung der »Grammatica Celtica« von Johann Caspar Zeuss, die 1853 und in einer zweiten überarbeiteten Auflage 1871 erschien. Mit dieser Grundlage war es der historisch vergleichenden Sprachforschung möglich, das Verhältnis der keltischen Sprachen untereinander und zu den anderen indogermanischen Sprachen zu erforschen.

Keltische Sprachen und Dialekte

Das Keltische gilt als westlichste der indogermanischen Sprachen. Es wird nach einer Lautverschiebung in das ältere Q- und das jüngere P-Keltisch unterteilt. Zum Q-Keltischen zählen das Keltiberische, gebietsweise das Gallische und das Goidelische (das Gälische Irlands und Schottlands) sowie das in den 1950er Jahren ausgestorbene Manx auf der Isle of Man. Zum P-Keltischen gehört überwiegend das Gallische, das Lepontische, das Galatische und das Britannische. Letzteres wird unterschieden in das Altbritannische, das im Mittelalter ausgestorbene Kumbrische, das im nördlichen Britannien, in Südschottland und Cumberland gesprochen wurde, sowie das ihm nah verwandte Kymrische/Walisische, das im 18. Jh. ausgestorbene Kornische und das aus Frühaltkornischem und Gallischem vermischte

Der Leierspieler aus Paule / Camp des Saint-Symphorien (Bretagne) mit Torques stellt wahrscheinlich einen Gott dar; 2. Jh. v. Chr.

Die fünf Carnyces von Tintignac (Dép. Corrèze) nach der Auffindung. Die Restaurierung wird neue Erkenntnisse zu Bauweise und Funktion dieser Kriegstrompeten bringen; wohl 1. Jh. v. Chr.

Bretonisch, das in der Bretagne (Aremorica) noch lebt. Es sind also jeweils P- und Q-Variante sowohl auf den Britischen Inseln als auch auf dem Festland vertreten.

Schwierig ist die Zuordnung der piktischen Sprache in Schottland, von der nur wenige Zeugnisse erhalten sind. Sie reicht von Keltisch-Altbritannisch über Vorkeltisch-Indogermanisch bis zu Vorindogermanisch. Träfe letzteres zu, wären die Pikten die einzig namentlich bekannten Reste einer vorindogermanischen Bevölkerung auf den Britischen Inseln.

Die Sprachzeugnisse

Belegt sind diese Dialekte aus unterschiedlichen Zeiten: Das Lepontische ist von etwa vierzig Grabinschriften aus dem Gebiet der oberitalienischen Seen bekannt, die von der Mitte des 6. bis in das 1. Jh. v. Chr. erst in etruskischer und dann in lateinischer Schrift geschrieben wurden. Diese altertümliche Variante des Keltischen könnte auf eine dort altansässige keltische Exklave zurückgehen (s. S. 40). Das Gallische ist seit dem 5. Jh. v. Chr. durch einzelne Namen und seit Ende des 3. Jh. v. Chr. durch etwa 300 In-

Wörter keltischen Ursprungs

Deutsch u. a.	**Keltisch**	**Bedeutung**
Amt	ambaktos	Gefolgsmann
Brünne (Brustpanzer)	brusnjo	Brust
Eisen	isarno	
Karren	currus	
Lanze	lancea	
Vasall	vassoi	Knecht, Diener
Reich	rigjon	
(Birken)Pech	bitumen	Birke (kelt. betu)
Zarten	Tarodunum	
Kempten	Cambodunum	
Bologna	Bononia	Hauptstadt der Boier
Bregenz	Brigantium	
Genf	Genava	
Mailand	Mediolanum	
Wien	Vindobona	
Rhein	Reinos	
Tauber	Dubra	

schriften belegt, erst in etruskischer und griechischer, dann in lateinischer und iberischer Schrift. Es gibt rituelle Texte, Votivinschriften, Kalenderfragmente, magische Inschriften, Geschäftsnotizen und anderes. Zu den bedeutendsten gehören der Kalender von Colingny und eine bleierne Fluchtafel von Larzac bei La Graufesenque. Weitere gallische Wörter finden sich bei antiken Autoren, und eine Anzahl von gallischen Wörtern wurde ins Lateinische entlehnt.

Das Keltiberische ist seit dem 3. Jh. v. Chr. in iberischer und lateinischer Schrift überliefert. Es gibt Weihe- und amtliche Inschriften, Grabsteine und Eigennamen, darunter der längste bekannte festlandkeltische Text auf einer der Bronzetafeln von Bottorita bei Zaragoza.

Vom Galatischen, einem Dialekt des Gallischen, sind nur geringe Reste von Personen-, Götter-, Stammes- und Ortsnamen sowie Glossen bekannt. Der Kirchenvater Hieronymus hielt noch gegen Ende des 4. Jh. n. Chr. fest, dass die Sprache der Galater derjenigen von Trier sehr ähnlich sei – ein Beleg dafür, dass zu dieser Zeit in beiden Regionen noch keltisch gesprochen wurde.

Das Britannische kennen wir seit dem 1. Jh. v. Chr. durch Namen, Münzlegenden und seit dem 6. Jh. n. Chr. von Inschriften auf Stein und den erst im Hochmittelalter aufgezeichneten Heldendichtungen, die jedoch ältere Sprachformen aufweisen. Das Kornische und das Bretonische, das erst durch Immigranten aus Südwestengland im frühen Mittelalter auf den Kontinent kam, sind seit dem 9. Jh. n. Chr. in Glossen belegt. Das Goidelische ist seit dem 5. Jh. n. Chr. in Grabschriften der Ogamschrift fassbar.

Ogam ist ein irisches Schriftsystem, das sich aus Punkten und Strichen auf einer geraden Linie zusammensetzt. Es entstand wohl im 3. oder 4. Jh. n. Chr. unter dem Einfluss des Lateinischen und unterscheidet in der ältesten Form zwanzig verschiedene Laute. Die uns bekannten Schriftträger sind lediglich etwa dreihundert Grabsteine, eventuell auch Grenzsteine, von denen die meisten wohl aus dem 5. und 6. Jh. n. Chr. stammen.

Die altirischen Quellen setzen sogar erst im 8. Jh. n. Chr. ein. Goidelische Dialekte wie das Schottisch-Gälische wurden im 5. Jh. n. Chr. über Einwanderer aus Irland (*scotus* = Ire) nach Schottland gebracht und hatten sich im 12. Jh. auch bei den dort lebenden Pikten, Angelsachsen und Wikingern durchgesetzt. Schriftzeugnisse sind dort wie auch vom Manx der Isle of Man erst seit dem 16. und frühen 17. Jh. fassbar.

Innerhalb der keltischen Sprachgruppen gab es sicher viele Dialekte, was auch Strabon bezeugt (IV, 1,1; vgl. Caesar, bell. gall. 1,1,2).

Kelten und die Schrift

Bereits aus der Aufzählung der Schriftzeugnisse, anhand derer die verschiedenen keltischen Sprachen erst rekonstruiert werden können, geht hervor, dass Kelten schreiben konnten. Sie entwickelten kein eigenes Alphabet, sondern benutzten die von Etruskern, Griechen, Römern und Iberern. Die Ogamschrift entstand in Irland erst unter dem Einfluss des lateinischen Alphabets im 3. und 4. Jh. Die im 2. Jh. n. Chr. vermutlich auf Anregung der alpinen Räter im germanischen Sprachraum entwickelte Runen-Schrift wurde entgegen weit verbreiteter Meinung nicht für das Keltische benutzt.

Den vermehrten gallischen Schriftzeugnissen zufolge benutzte man seit dem 3. Jh. v. Chr. parallel zur Entwicklung der *oppida-Zivilisation* das griechische und seit der Mitte des 1. Jh. v. Chr. das lateinische Alphabet.

Cäsar schreibt (bell. gall. 6,14,3), die Druiden »halten es für Frevel«, ihr gesamtes Wissen »aufzuschreiben, während sie in fast allen Dingen im öffentlichen und privaten Bereich die griechische Schrift benutzen«. Der Feldherr konnte sich die für ihn befremdlich wirkende Handlungsweise nur so erklären, dass die Druiden ihre Lehre nicht allgemein bekannt machen und die Lernenden zwingen wollten, ihr Gedächtnis zu üben. Doch mit der Tradition, religiöse und heilige Texte nicht aufzuschreiben, stehen die Kelten nicht allein, auch Griechen und andere antike Völker kannten in diesem Bereich nur die mündliche Tradition: Nur das gesprochene Wort lebt und der Buchstabe tötet.

Schriftlich festgehalten wurden offenbar Verwaltungsakte – Diodor (5, 28) erwähnt Briefe an Verstorbene, die man bei Totenfeiern ins Feuer warf. Nicht zufällig finden sich die meisten Schriftzeugnisse im griechisch beeinflussten Südfrankreich und in Gallien aus der Zeit nach der römischen Eroberung. Weiheinschriften und Fluchtafeln spiegeln deutlich den römischen Einfluss wider.

Aus dem *oppidum* von Manching gibt es beinerne Griffel und Bronzerähmchen von Wachstafeln. In eine Scherbe ist der Name *boios* eingeritzt, vermutlich ein Mitglied des ostkeltischen Stammes der Boier. Nach der gewonnenen Schlacht gegen die Helvetier bei Bibracte 58 v. Chr. wurden im helvetischen Lager Tafeln in griechischer Schrift mit der Aufstellung der ausgewanderten waffenfähigen Männer, Kinder, Frauen und Greise gefunden (Cäsar, bell. Gall. 1,29). Auf der Klinge des spätlatènezeitlichen Schwertes aus Port (Schweiz) ist der Name *KORISIOS* mit griechischen Buchstaben eingeprägt. Auf einer Zinktafel von der Engehalbinsel bei Bern wird ein Schmiedegott *gobano* angerufen, *brenodor* könnte der Name des *oppidum* auf der Engehalbinsel sein.

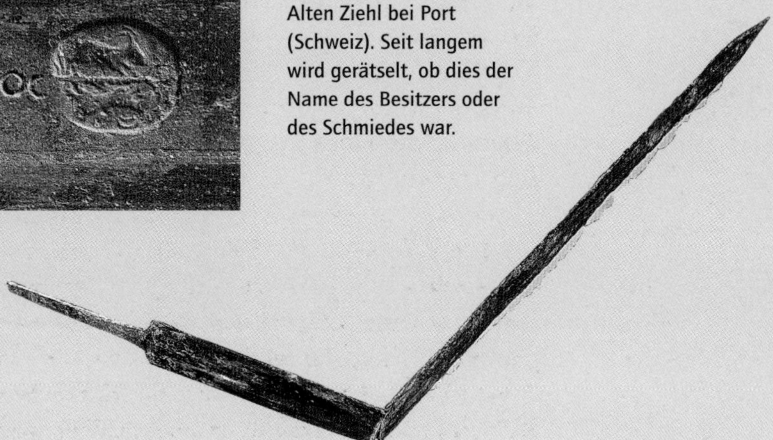

korosios steht auf der Schwertklinge aus der Alten Ziehl bei Port (Schweiz). Seit langem wird gerätselt, ob dies der Name des Besitzers oder des Schmiedes war.

h generatio

Kelten und kein Ende?

Je mehr man erfährt, desto mehr Fragen entstehen – in den weitläufigen Gefilden der Kelten kann man sich leicht verlieren. Geschichte, Sprache, Kunst, Handwerk und Technik, Gesellschaft, Religion und Kult, Nachleben: Wenig, was hier nicht gleichermaßen faszinieren könnte.

»Keltische Kultur« – Versuch eines Fazits

Der Versuch, aus all den verschiedenen Fakten so etwas wie einen gemeinsamen Nenner zu finden, erweist sich als schwierig: Was ist keltische Kultur?

In erster Linie, so scheint es, ist »keltisch« immer wieder anders, im Raum und in der Zeit. Die Hallstattkultur mit ihren Wurzeln in der Urnenfelderkultur hat ihren begrenzten Raum und ist etwas anderes als die Latènekultur, die aus ihr erwächst. Diese expandiert mit einer ungeheueren Dynamik in geographisch und kulturell teilweise weit entfernte Gegenden, wo sie sich entsprechend verändert.

Diese Expansion hatte verschiedene Gesichter: die kulturelle Diffusion, das Wandern der Sachkultur, auch von Sitten oder vom Ethos des Kriegers. Dann die gewaltsame Ausbreitung, wo wirklich Scharen wanderten und alles überrollten. Wir wissen nicht, wie die davon Betroffenen dies empfanden: sicherlich nicht selten als blanke Gewalt, zumindest als Überfremdung. Nicht alle werden damals die heutige Begeisterung für die Kelten geteilt haben, erst recht nicht im mediterranen Speckgürtel der Griechenstädte, von dem sich einige dieser Scharen jahrzehntelang schmarotzend bedienten: Plünderer und Schutzgelderpresser für die einen, stolze Krieger für die anderen. Dazwischen aber auch die friedliche, ja integrative Koexistenz der Skordisker oder am Monte Bibele, zuletzt auch in Galatien, über Generationen bis hin zur Ausprägung neuer, eigener Kulturzüge.

Die Schmuckseite aus dem Book of Kells zeigt die typisch irisch-christliche Verschmelzung keltischer Motive mit germanischer Flechtbandornamentik, um 800 n. Chr.

Ein charakteristisches keltisches Merkmal ist die Anpassungs- und Lernfähigkeit, die noch Caesar hervorhebt und zu spüren bekam. In der Poebene folgte zwar dem Galliereinfall zunächst der Niedergang der Stadtkultur, aber nicht auf Dauer. Dort spielten Mediolanum und andere Städte als »Prototypen« eine Schlüsselrolle für die Entstehung der *oppida*-Zivilisation Mitteleuropas. Auch sonst wird die Fähigkeit zur Innovation spürbar. Die Qualität des Handwerks spricht für sich, über die Landwirtschaft äußerten sich selbst römische Autoren anerkennend. Die schnelle und überaus erfolgreiche Integration Galliens ins Römische Reich sprich Wirtschaftssystem sagt genug.

Diese Kultur war offen: Vielerlei Anregungen wurden bereitwillig aufgenommen, jedoch – und hier liegt die große Leistung der Latènekultur – nicht bloß kopiert. Die Ergebnisse, vor allem in der Kunst, sind zweifellos etwas ganz Eigenes.

An den Grenzen gab es auch Ausstrahlungen nach außen, nicht zuletzt zu den Germanen. Die Offenheit zeigt sich hier gerade im Verschwimmen der Grenzen. Caesars Rheinlinie – hier gallisch, dort germanisch – ist ein Konstrukt, altbekannt, aber dennoch bis heute wirksam. Jüngere Forschungen zeigen mehr und mehr die kulturelle Durchdringung auch in dieser Richtung.

Mit der *oppida*-Zivilisation standen die keltischen Kernlande an der Schwelle zur Hochkultur. Die Wirtschaft war arbeitsteilig und spezialisiert; es gibt Indizien für eine bereits manufakturmäßige Produktion. Münzgebrauch war alltäglich, Fernhandel ebenso, die Verbindungen reichten weit. Der Organisationsgrad in den Bergwerks- und Salinenbetrieben war beachtlich – die Umweltzerstörung allerdings auch. Schriftgebrauch war im kommerziellen Alltag wahrscheinlich verbreiteter als gemeinhin angenommen, stand jedoch wegen der Tabuisierung nicht für Kulturäußerungen zur Verfügung – aus heutiger Sicht äußerst bedauerlich.

Die Stolpersteine auf der Schwelle tragen Namen: Caesar, Ariovist und Burebista. Die *oppida*-Zivilisation geriet zwischen expandierende Kräfte: die Römer im Süden, die Germanen im Norden und die Daker im Nordosten. Letztlich geriet wohl die Annäherung ans mediterrane Vorbild zum Verhängnis – sie machte Gallien attraktiv für Caesar und Rom, aber auch angreifbarer. Roms Scheitern in Germanien ist ein Lehrstück: Dort gab es keine festen angreifbaren Strukturen, keine wirtschaftlichen Interessen und keine Zentralorte als Schlüssel zu einer Region.

Für die Spätzeit ist die *oppida*-Zivilisation sicher das charakteristische Merkmal keltischer Kultur – zusammen mit dem Kunststil, der vom 4. bis ins 1. Jh. v. Chr. und über große Teile Europas hinweg nicht unverändert, aber unverwechselbar blieb und dessen ästhetische Qualität noch heute faszinieren kann.

Jedoch gehören auch heute makaber, wenn nicht gar abstoßend wirkende Züge zur keltischen Kultur: die mehr als seltsam anmutenden Gebräuche bei der Behandlung von Toten. Nirgends sonst wird deutlicher, wie fern uns der geistige Hintergrund der zum Teil altbekannten dinglichen Überreste ist, wie sehr sich die geistige Kultur dem Zugriff entzieht und Raum für Spekulationen bietet. Das wird nicht der geringste Grund sein für die Faszination, die von den Kelten ausgeht.

Zukunftsaussichten

Wie geht es weiter mit den Kelten?

Die noch lebenden keltischen Sprachen sind nach wie vor auf dem Rückzug, den aller Ehren werten Bemühungen zum Trotz. Sie können jedoch eine bedeutende Rolle spielen für die Bewahrung und Förderung regionaler Identität und des Selbstwertgefühls. Die Gewissheit der eigenen Identität ist eine wichtige Voraussetzung, dem Fremden unbefangen, das heißt ohne Angst vor Minderwertigkeit gegenüberzutreten.

Als Träger der Europa-Ideologie sind die Kelten ebenfalls gut geeignet, wie das ja bereits die große Ausstellung von 1991 im Palazzo Grassi in Venedig verkündete: *I Celti, la prima Europa – The Celts, The Origins Of Europe*. Wenn sie das gewusst hätten ... hätten sie sich dann mehr angestrengt, damals vor Alesia? Wäre Brennus in Rom geblieben, statt gegen Lösegeld wieder abzuziehen? Jedenfalls wäre dann die Lage heute eine andere, dann wären sie wirklich Europa – und als fernes Ideal nicht mehr brauchbar.

Das wären dann vielleicht die Römer oder die Bronzezeit. So aber eignen sich die Kelten einfach besser als beispielsweise die Bronzezeit, sie sind nicht so anonym, uns scheinbar näher, aber auch nicht so fest gefügt wie alles Römi-

Das **keltische Baumhoroskop** geht auf den britischen Dichter Robert Graves (1895–1985) zurück, der in seinem Buch »The White Goddess« (dt. »Die weiße Göttin. Sprache des Mythos« 1985) 1948 willkürlich Ogam-Zeichen einzelnen Bäumen zuordnete und einen Baumkalender entwickelte. Die heute verbreitete Form ist jedoch die Erfindung einer französischen Journalistin für die Zeitschrift »Marie Claire« im Jahr 1971. Das 1984 veröffentlichte deutschsprachige Baumhoroskop beruft sich auf eine angeblich uralte, aber frei erfundene Texttradition. Obwohl keine antike oder mittelalterliche Quelle einen solchen Brauch belegt und die moderne Entstehung gerichtlich geklärt und veröffentlicht wurde, ist das Horoskop bis heute Bestandteil neuheidnischer Religionen. Als Erholungsort und Touristenattraktion wurden und werden in Deutschland und Österreich immer noch »keltische« Baumkreise angelegt. Sie gelten als Symbole der Verbundenheit der Kelten mit der Natur.

sche: Sie lassen offenbar genügend Raum für eigene Interpretationen unter einem pankeltischen Dach im Europa der Regionen.

Unpolitisch?

Sie sind ja auch, aus deutscher Sicht, vermeintlich unpolitisch – das jedoch ist ein Irrtum. Schon *la prima Europa* war ja eine politisch-programmatische Aussage. Wenn dann, wie geschehen, in Frankreich jemand die Werbetrommel rührt, um als erster Abgeordneter der »keltischen Nation« nach Brüssel zu kommen, mag man darüber noch lächeln. Wenn unter den erstaunlich zahlreichen »Keltengruppen« Oberitaliens manche auf ihren Webseiten merkwürdige Vorstellungen von Heimat und Heimatrecht äußern, die spontan und etwas überspitzt formuliert an »Blut und Boden« auf Keltisch erinnern – »keltische Heimaterde« in Oberitalien! –, schon weniger. Eines wird klar: Vorgeschichte ist immer potentiell politisch gewesen und ist es noch überall da, wo es um Legitimation und Ansprüche geht, ob nun vor oder nach dem Ersten Weltkrieg oder in neu gegründeten Staaten, wo, so scheint es, manche Menschen glauben, nun ein Identitätsproblem zu haben, dem man mit der Berufung auf ein »Urvätervolk« – wie etwa im konkreten Fall die Veneter – beikommen muss. Die Beispiele ließen sich vermehren. Zu wünschen wäre, dass Faktenwissen möglichem Missbrauch vorbeugt – die diesbezüglichen Erfahrungen sind jedoch zwiespältig.

Das Bedürfnis gerade auch neu entstandener Gemeinschaften, sich der eigenen Herkunft als Teil der Identität zu versichern und sich notfalls eine zu schaffen, entspricht offenbar einem menschlichen Grundmuster, das

schon für die Stammesverbände der Völkerwanderungszeit beobachtet werden konnte, das für keltische Stammesbildungen der Wanderzeit angenommen werden darf und das in individualisierter Form vielleicht auch einen Teil des heutigen Interesses an den Kelten speist.

Man darf gespannt sein, wie lange der Boom noch andauert: Wie viele Keltenausstellungen wird es noch geben, wie viele Keltenfeste werden noch veranstaltet, wie viele Keltendörfer noch von der EU gefördert, wie viele Stadtverwaltungen werden noch keltische Baumkreise anlegen, wie viele Keltenromane noch geschrieben werden ...

Noch ist kein Ende abzusehen. Besonderes Potential, nicht zuletzt in ökonomischer Hinsicht, beweist hier seit jeher der esoterische Aspekt und treibt bisweilen bizarre bis makabre Blüten: von »Druidenschulen« bis hin zur versuchten Opferung des eigenen Sohnes durch einen selbsternannten »Druiden« zur Wiedererlangung der eigenen Lebenskraft – so geschehen 1992 in einem »keltischen« Nachbarland. Ein Jahrhundert zuvor scheint in Wales ein ähnlicher Versuch »geglückt« zu sein.

Sollte man sich anfangs irgendwann gefragt haben, wohin das alles führen soll, so sieht man nun, dass es ziemlich weit führen kann – so weit, dass es mit Kelten nicht mehr viel zu tun hat.

Wahrscheinlich werden sie auch das überleben.

Kelten und kein Ende: »Pax Celtica« 2004 in Rottenburg (Kr. Tübingen) mit 170 Teilnehmern aus Frankreich, Belgien, Tschechien, USA und Deutschland.

Antike Autoren

Die Liste enthält nur die im Buch erwähnten antiken Autoren und Werke mit Auflösung der Abkürzungen.

Amm.: Ammianus Marcellinus (ca. 330–395 n. Chr.). Römische Geschichte *(res gestae)*.

Arist.: Aristoteles (ca. 384–322 v. Chr.). Politik *(zu Kelten 1324 B, 1327 B, 1336 A)*; Nikomachische Ethik *(1115 B)*; Eudemische Ethik *(1229 B)*.

Arr.: Flav. Arrianus (2. Jh. n. Chr.). Der Alexanderzug.

Athen.: Athenaios von Naukratis (um 200 n. Chr.). Das Gelehrtenmahl.

Avienus, Rufius Festus (2. Hälfte 4. Jh. n. Chr.). Ora maritima *(Küstenbeschreibung auf Basis älterer, umstrittener Vorlagen)*.

Caes.: G. Iulius Caesar (100–44 v. Chr.). Der Gallische Krieg (bell. gall.); Bürgerkrieg (bell. civ.).

Cic.: M. Tullius Cicero (106–43 v. Chr.). Über das Wahrsagen *(de divinatione)*; pro Fonteio.

Dio: Cassius Dio (ca. 150–235 n. Chr.). Römische Geschichte.

Diod.: Diodorus Siculus (1. Jh. v. Chr.). Weltgeschichte.

Enn.: Q. Ennius (239–169 v. Chr.). Annalen *(epische Geschichte Roms)*.

Epheros v. Kjme (4. Jh. v. Chr.). Historien.

Flavius Iosephus (geb. 37/38 n. Chr.). Der judäische Krieg.

Front.: Frontin (1. Jh. n. Chr.). Kriegslisten *(strategemata)*.

Gregor von Tours (ca. 540–594). Geschichte der Franken; Heiligen- und Wundergeschichten.

Hekataios von Milet (ca. 500 v. Chr.). Erdbeschreibung *(nur Fragmente)*.

Herodot von Halikarnassos (ca. 485–430/35 v. Chr.). Historien.

Hieronymus (ca. 345–420). Kirchenvater. Kommentar zum Paulusbrief an die Galater.

Homer (8. Jh. v. Chr.). Ilias *(Kampf um Troja; Patroklos' Leichenfeier im 23. Gesang)*.

Iust.: Iustinus (ca. 2. Jh. n. Chr.). Epitome *(Auszüge der Weltgeschichte des Pompeius Trogus)*.

Klaudios Ptolemaios (2. Jh. n. Chr.) Geographie *(Liste von Orten mit geogr. Längen und Breiten)*.

Liv.: Titus Livius (59 v. – 17 n. Chr.). Geschichte Roms *(ab urbe condita)*.

Mela: Pomponius Mela (1. Jh. n. Chr.). Erdbeschreibung *(als Periplus)*.

Paus.: Pausanias (2. Jh. n. Chr.). Reisen in Griechenland *(der »Baedeker der Antike«)*.

Plato(n) (428/27–349/48 v. Chr.). Gesetze *(Leg.; zu Kelten 637 D–E)*.

Plin. nat.: Plinius d. Ä. (23/24–79 n. Chr.). Naturgeschichte.

Plut.: Plutarchos von Chaironeia (45 – nach 120 n. Chr.). Parallele Leben (u. a. Caesar; Camillus); über heldenhafte Frauen; Moralia.

Polyaenus (2. Jh. n. Chr.). Strategika.

Polyb.: Polybios (ca. 200–120 v. Chr.). Universalgeschichte.

Pompeius Trogus (Ende 1. Jh. v. Chr.). Geschichtswerk *(Auszüge bei Iustin überliefert).*

Poseidonios von Apameia (ca. 135–50 v. Chr. *Nur Zitate bei späteren Autoren*).

Pseudo-Skymnos (ca. 110 v. Chr. *Anonymes Lehrgedicht*).

Pytheas von Massilia (4. Jh. v. Chr. *Beschreibung einer Küstenfahrt mindestens bis Britannien*).

Sidonius Apollinaris (ca. 430–486 n. Chr. *Briefe und kleine Schriften*)

Sil.: Silius Italicus (ca. 35–100 n. Chr.). Punica *(Epos über den 2. Punischen Krieg).*

Strab.: Strabon von Amaseia (64/63 v. – nach 23 n. Chr.). Geographika.

Suet.: C. Tranquillus Suetonius (geb. ca. 70 n. Chr.). Caesarenleben *(zwölf Kaiserbiographien von Caesar bis Domitian).*

Tac.: P. Cornelius Tacitus (geb. ca. 55/56 n. Chr.). Leben des Agricola; Germania; Annalen; Historien.

Timaios von Tauromenion (1. Hälfte 3. Jh. v. Chr. *Fragmente eines Geschichtswerkes*).

Varro: M. Terentius Varro (116–27 v. Chr.). Über Landwirtschaft *(sowie viele andere Fragmente).*

Antike Quellen in Auszügen (mit Übersetzungen)

Koch, J. T./Carey, J. (ed.): The Celtic Heroic Age. Malden, Massachusetts 1995

Hofeneder, A.: Die Religion der Kelten in den antiken literarischen Zeugnissen (2 Bde.). Wien 2005/2008

Tomaschitz, K.: Die Wanderungen der Kelten in der antiken literarischen Überlieferung. Wien 2002

Literaturauswahl

Genannt sind vor allem neuere Einführungen und Werke, die Zugang zu weiterführender und älterer Literatur bieten sowie einige neuere Einzeluntersuchungen (ND = Neu- oder Nachdruck, Sonderausgabe).

Überblickswerke und Lexika

RGA: Beck, H. u.a. (Hg.): Reallexikon der germanischen Altertumskunde. Berlin ²1973 ff. *(enthält auch viele Artikel zu Kelten)*

Maier, B.: Lexikon der keltischen Religion und Kultur. Stuttgart 1994

Cancik, H. v./Schneider, H. (Hg.): Der Neue Pauly. 26 Bde. Stuttgart 1996–2003

Ziegler, K. u.a.: Der kleine Pauly. 5 Bde. München 1964–75, ND 1979

Benz, M./Maise, Chr.: Archäologie. Theiss WissenKompakt. Stuttgart 2006

Bayer-Niemeier, E. u.a. (Hg.): Donau, Fürsten und Druiden. Ausstellungskatalog Asparn a.d. Zaya u.a. 2006–08. Haugsdorf 2006

Birkhan, H. (Hg.): Bausteine zum Studium der Keltologie. Wien 2005

Birkhan, H.: Kelten – Bilder ihrer Kultur. Wien 1999 *(üppiger Bildband)*

Birkhan, H.: Kelten. Versuch einer Gesamtdarstellung ihrer Kultur. Wien 1997 *(sehr umfangreich mit vielen weiterführenden Literaturangaben)*

Brun, P./Ruby, P.: L'âge du Fer en France. Paris 2008

Buchsenschutz, O.: Les Celtes de l'âge du Fer. Paris 2007

Collis, J.: The Celts. Origins, Myths and Inventions. Stroud 2006

Cunliffe, B.: The Celts: a Very Short Introduction. Oxford 2003

Dannheimer, H./Gebhard, R.: Das keltische Jahrtausend. Ausstellungskatalog Rosenheim. Mainz ³1993 *(mit grundlegenden Aufsätzen)*

Die Welt der Kelten. Ausstellungskatalog Stuttgart. Ostfildern 2012

Fries-Knoblach, J.: Die Kelten. Stuttgart 2002 *(bietet guten, gezielten Zugriff auf weiterführende Literatur zu Spezialthemen)*

Green, M. (ed.): The Celtic World. London/New York 1995 *(umfangreich)*

Grewenig, M.M. (Hg.): Die Kelten. Ausstellungskatalog Völklingen 2010

Haywood, J.: Die Zeit der Kelten. Ein Atlas. Frankfurt 2002

James, S.: Das Zeitalter der Kelten. Düsseldorf 1996, ND Augsburg 1998

Kuckenburg, M.: Die Kelten in Mitteleuropa. Stuttgart 2004

Maier, B.: Die Kelten. Aufstieg und Niedergang einer Kultur. München 2000

Moscati, S. u.a. (Dir.): The Celts. Ausstellungskatalog Venedig 1991. Milano 1991 *(sehr umfangreich mit über 130 Einzelartikeln von Spezialisten zu unterschiedlichen Themen)*

Müller, F./Lüscher, G.: Die Kelten in der Schweiz. Stuttgart 2004

Pauli, L. (Red.): Die Kelten in Mitteleuropa. Ausstellungskatalog Hallein. Salzburg 1980 *(immer noch grundlegend)*

Rieckhoff, S./Biel, J.: Die Kelten in Deutschland. Stuttgart 2001

Teegen, W.-R. u. a.: Studien zur Lebenswelt der Eisenzeit. Festschrift für Rosemarie Müller. Berlin 2006

Trésor Celtes et Gaulois. Le Rhin supérieur entre 800 et 50 av. J.-C. Ausstellungskatalog Colmar 1996. Strasbourg 1996

Zimmer, St.: Die Kelten. Mythos und Wirklichkeit. Stuttgart ^{3}2012

Online

www.ag-eisenzeit.de (Zusammenfassungen von Tagungsbeiträgen)

www.ausgegraben.org

Wer waren die Kelten?

Winkler, E.-M.: Kelten heute. Wien 2006

Kremer, B.: Das Bild der Kelten bis in augusteische Zeit. Stuttgart 1994

1000 Jahre keltische Geschichte

Angeli, W. (Ltg.): Die Hallstattkultur. Ausstellungskatalog Steyr. Linz 1980

Archäologie der Schweiz 14/1, 1991 *(Themenheft zu den Helvetiern)*

Bader, T. u. a.: Silber der Illyrer und Kelten im Zentralbalkan. Ausstellungskatalog Hochdorf/Enz 2004/05. Eberdingen 2004

Birkhan, H. (Hg.): Kelteneinfälle an der Donau. Kolloquium Linz 2005. Wien 2007

Bofinger, J. u. a.: Glanz und Gloria. Die Keltenfürsten. Portrait Archäologie 2. Esslingen 2006

Bräuning, A. u. a.: Kelten an Hoch- und Oberrhein. Esslingen 2005

Dobesch, G.: Ausgewählte Schriften, Bd. 2.: Kelten und Germanen. Köln u. a. 2001

Ecole du Louvre: Les princes celtes et la méditerranée. Kolloquium Paris 1987. Paris 1988

Goudineau, C./Guichard, V./Kaenel, G. (ed.): Celtes et Gaulois, l'Archéologie face à l'Histoire. Collection Bibracte 12/6, Glux-en-Glenne 2010

Griesa, I./Weiss, R.-M.: Hallstattzeit (Kat. Mus. VFG Berlin 2). Mainz 1999

Kemenczei, T. u. a.: Schätze der Keltenzeit aus Ungarn. Ausstellungskatalog Hochdorf/Enz 1998/99. Eberdingen 1998

Krausse, D. HG.): Die kelten. Auf den Spuren der keltenfürsten. Stuttgart 2006, ^{2}2009

Maise, Chr.: Archäoklimatologie – Vom Einfluss nacheiszeitlicher Klimavariabilität in der Ur- und Frühgeschichte. Jahrbuch der Schweizerischen Gesellschaft für Ur- und Frühgeschichte 81, 1998, S. 197–235

Pallottino, M. (Präs.): Die Etrusker und Europa. Ausstellungskatalog Berlin 1993. Paris/Milano 1992

Raftery, B.: Pagan Celtic Ireland. London 1994

Rübekeil, L.: Diachrone Studien zur Kontaktzone zwischen Kelten und Germanen. Wien 2002

Schickler, H.: Heilige Ordnungen: zu keltischen Funden im Württembergischen Landesmuseum. Stuttgart 2001

Schmidt, S. u. a. (Red.): Imperium Romanum. Roms Provinzen an Neckar, Rhein und Donau. Ausstellungskatalog Stuttgart 2005/06. Esslingen 2005

Strobel, K.: Die Galater, Bd.1. Berlin 1996.

Die Kelten und ihre Kultur

Einige wichtige Fundorte

Biel, J.: Der Keltenfürst von Hochdorf. Stuttgart 1985, ^{4}1998

Das Rätsel der Kelten vom Glauberg. Ausstellungskatalog Frankfurt. Stuttgart 2002

Echt, R.: Das Fürstinnengrab von Reinheim. Bonn 1999

Egg, M./Kramer, D.: Krieger, Feste, Totenopfer. Der letzte Hallstattfürst von Kleinklein in der Steiermark. Mainz 2005

Guggisberg, M. A. (Hg.): Die Hydria von Grächwil. Kolloquium Bern 2001. Bern 2004

Guillaumet, J.-P. (Hg.): Etudes sur Bibracte. Glux-en-Glenne 2006

Haffner, A.: Gräber – Spiegel des Lebens. Mainz 1989 *(Wederath-Belginum)*

Joachim, H.-E.: Waldalgesheim. Köln/Bonn 1995

Knez, T.: Hundert Jahre archäologische Forschungen in Novo Mesto 1890–1990. Ausstellungskatalog Novo Mesto 1990

Krausse, D. (Hg.): „Fürstensitze" und Zentralorte der frühen Kelten. Kolloquium Stuttgart 2009. Stuttgart 2010

Kull, B. (Zusst.): Sole und Salz schreiben Geschichte. Mainz 2003 *(Bad Nauheim)*

La Tène. Die Untersuchung – die Fragen – die Antworten. Ausstellungskatalog Biel/Zürich/Bibracte. Biel 2007

Müller, F.: Münsingen-Rain, ein Markstein der keltischen Archäologie. Kolloquium Münsingen/Bern 1996. Bern 1998

Willms, Chr.: Der Keltenfürst aus Frankfurt. Ausstellungskatalog Frankfurt/M. 2002

Gesellschaft

Alt, K. W. u. a.: Biologische Verwandtschaft und soziale Struktur im latènezeitlichen Gräberfeld von Münsingen-Rain. In: Jahrb. d. Römisch-Germanischen Zentralmuseums Mainz 52, 2005, Teil 1, S. 157–210

Burmeister, St.: Geschlecht, Alter und Herrschaft in der Späthallstattzeit Württembergs. Münster u. a. 2000

Dobesch, G.: Caesar als Ethnograph. In: Ders., Ausgewählte Schriften, Bd. 1.: Griechen und Römer. Köln u. a. 2001, S. 453–505

Fischer, F.: KEIMHΛIA. Germania 51, 1973, S. 436–459

Karl, R.: Altkeltische Sozialstrukturen. Budapest 2006

Kuckenburg, M.: Das Zeitalter der Keltenfürsten. Stuttgart 2010

Trebsche, P. u. a. (Hg.): Die unteren Zehntausend – auf der Suche nach den Unterschichten der Eisenzeit. Tagung Xanten 2006. Langenweißbach 2007

Frauen

Amann, P.: Die Etruskerin. Wien 2000

Brandt, H.: Frauen in der keltischen Eisenzeit. In: Auffermann, B./Weniger, G.-Chr.: Frauen – Zeiten – Spuren. Mettmann 1998, S. 271–301

Cordie, R. u. a. (Hg.): Alltag und Pracht. Ausstellungskatalog Bibracte/Belginum/Prag/Manching 2005–2008. Manching 2007

Eibner, A.: Die Stellung der Frau in der Hallstattkultur anhand der bildlichen Zeugnisse. Mitteilungen der Anthropologischen Gesellschaft in Wien 130/131, 2000/01, S.107–136

Wegner, T.: Die Stellung der keltischen Frau anhand altirischer Rechtstexte. Wien 2001

Reichtum, Handwerk, Handel

Biel, J. (Hg.): Experiment Hochdorf. Stuttgart 1996

Cordie-Hackenberg, R. u. a. (Bearb.): Hundert Meisterwerke keltischer Kunst. Trier 1992

de Izarra, F.: Hommes et Fleuves en Gaule romaine. Paris 1993

Dobiat, C. u. a.: Dürrnberg und Manching. Kolloquium Hallein/Bad Dürrnberg 1998. Bonn 2002

Furger, A./Müller, F.: Gold der Helvetier. Ausstellungskatalog Zürich u. a. 1991/92. Zürich 1991

Kern, A. u. a. (Hg.): Salz-Reich. 7000 Jahre Hallstatt. Wien 2008

Lang, A./Salač V. (Hg.): Fernkontakte in der Eisenzeit. Konferenz Liblice 2000. Praha 2002

Müller, F. u. a.: Kunst der Kelten. Ausstellungskatalog Bern 2009

Nick, M.: Gabe, Opfer, Zahlungsmittel. Rahden/Westf. 2006

Pleiner, R.: Iron in Archaeology (2 Bde.). Praha 2000/2006

Trebsche, P. u. a. (Hg.): Architektur: Interpretation und Rekonstruktion. Kolloquium Mannheim 2008. Langenweißbach 2009

Wieland, G.: Keltische Flussschiffahrt in Südwestdeutschland. In: Röber, R. u. a. (Red.): Einbaum, Lastensegler, Dampfschiff: Frühe Schifffahrt in Südwestdeutschland. Stuttgart 2000, S. 77–92

Zeller, K. W.: Der Dürrnberg bei Hallein. Hallein 2001

Siedlungen

Biel, J./Krausse, D. (Hg.): Frühkeltische Fürstensitze. Älteste Städte und Herrschaftszentren nördlich der Alpen? Stuttgart 2005

Kamber, P. u. a.: Stadt der Kelten. Ausstellungskatalog Basel 2002

Krausse, D. (Hg.): Frühe Zentralisierungs- und Urbanisierungsprozesse. Kolloquium Blaubeuren 2006. Stuttgart 2008

Krause, R.: Der Ipf. Stuttgart 2004

Kuckenburg, M.: Vom Steinzeitlager zur Keltenstadt. Stuttgart 2000

Landesdenkmalamt Baden-Württemberg: Fürstensitze Höhenburgen Talsiedlungen. Archäologische Informationen aus Baden-Württemberg 28. Stuttgart 1995

Lobisser, W.: Die eisenzeitlichen Bauhölzer der Gewerbesiedlung im Ramsautal am Dürrnberg bei Hallein. Rathen / Westfalen 2005

Rieckhoff, S./Fichtl, S.: Keltenstädte aus der Luft. Stuttgart 2011

Sievers, S.: Manching – Die Keltenstadt. Stuttgart 1999, ^{2}2007

Wieland, G. (Hg.): Keltische Viereckschanzen. Stuttgart 1999

Landwirtschaft und Ernährung

Lüning, J. u. a.: Deutsche Agrargeschichte. Vor- und Frühgeschichte. Stuttgart 1997

Pfeiffer, A. (Hg.): Vom Mammutfleisch bis zur Kartoffel. Frankfurt/M. 1992

Währen, M.: Brot und Gebäck in keltischen Brandgräbern und römischen Aschengruben. Trierer Zeitschr. 53, 1990 S.195–224

Kleidung und Schmuck

Adler, W.: Der Halsring von Männern und Göttern. Bonn 2003

Banck-Burgess, J.: Hochdorf IV. Stuttgart 1999

Böhme-Schönberger, A.: Kleidung und Schmuck in Rom und den Provinzen. Stuttgart 1997

Freigang, Y.: Die Grabmäler der gallo-römischen Kultur im Moselland – Studien zur Selbstdarstellung einer Gesellschaft. In: Jahrb. d. Römisch-Germanischen Zentralmuseums Mainz 44/1, 1997, S. 277–440

Grömer, K.: Experimente zur Haar- und Schleiertracht in der Hallstattzeit. Mitteilungen der Anthropologischen Gesellschaft in Wien 134/135, 2004/05, S.115–134

Grömer, K.: Prähistorische Textilkunst in Mitteleuropa. Wien 2010

v. Kurzynski, K.: »... und ihre Hosen nennen sie bracas«. Espelkamp 1996

Lenneis, E.: Die Frauentracht des Situlenstiles – ein Rekonstruktionsversuch. Archaeologia Austriaca 51, 1972, S.16–57

Religion

Brunaux, J.-L.: Druiden. Stuttgart 2009Cain, H.-U./Rieckhoff, S.: *fromm – fremd – barbarisch.* Die Religion der Kelten. Ausstellungskatalog Leipzig u. a. Mainz 2002

Gschaid, M.: Ein keltischer Kalender: Der Bronzekalender von Coligny. In: Germanisches Nationalmuseum Nürnberg (Hg.): Gold und Kult der Bronzezeit. Ausstellungskatalog Nürnberg 2003, S. 267–271

Haffner, A. (Hg.): Heiligtümer und Opferkulte der Kelten. Sonderheft AiD 1995. Stuttgart 1995. ND Hamburg 2000

Huth, Chr.: Menschenbilder und Menschenbild. Berlin 2003

Kull, B.: Tod und Apotheose. Bericht der Römisch-Germanischen Kommission 78, 1997, S. 197–467

Maier, B.: Die Religion der Kelten. München 2001

Müller, F.: Götter – Gaben – Rituale. Mainz 2002

Stegmaier, G.: Aufgebahrt und Ausgestellt. In: Ritus und Religion in der Eisenzeit. Tagung Halle/S. 2007. Langenweißbach 2008

Mythen und Musik

Dobesch, G.: Zu Virunum als Namen der Stadt auf dem Magdalensberg und zu einer Sage der kontinentalen Kelten. Carinthia I 187, 1997, S. 107–129

Lochner, M. (Hg.): Sitularia (Audio-CD & Booklet). Wien 2011

Stichworte »Hallstatt-Kultur« und »Kelten« in: Flotzinger, R. (Hg.): Oesterreichisches Musiklexikon Bd. 2. Wien 2003

Musée de Préhistoire d'Ile-de-France à Nemours (Hg.): Préhistoire de la musique. Ausstellungskatalog Nemours 2002

Sprache

Cunliffe, B./Koch, J.T. (ed.): Celtic from the West. Oxford 2012

Stüber, K.: Sprachliche Spuren der Kelten in der Schweiz. Helvetia archaelogica 37, 2006 – H. 145, S. 2–21

Maier, B.: Kleines Lexikon der Namen und Wörter keltischen Ursprungs. [2]München 2004

Kelten und kein Ende?

Birkhan, H.: Kelten. Versuch einer Gesamtdarstellung ihrer Kultur. Wien 1997 *(moderne Menschenopfer: S. 13 Anm. 2).*

Glossar

Amphore Zweihenkeliges großes Transportgefäß aus Ton, v. a. für Wein.

anthropogen vom Menschen verursacht.

Anthropologie »Lehre vom Menschen«, in Deutschland hauptsächlich auf den menschlichen Körper bezogen (»physische Anthropologie«).

Apotheose Vergöttlichung, Versetzung unter die Götter, v.a. von Verstorbenen.

Aristokratie Herrschaft des Adels.

Befund Zusammenhang, in dem Funde zueinander stehen, sowie →anthropogene Veränderungen, z. B. Verfärbungen durch Bodeneingriffe (»Funde kann man mitnehmen, Befunde muss man dokumentieren«).

Berserker (germ.) ursprünglich Menschen, die Tiergestalt annehmen und tierhaft, wie rasend und mit übermenschlicher Kraft kämpfen.

Brettchenweben alte, weit verbreitete Webtechnik für Borten und Bänder. Jeder Kettfaden wird durch ein Loch in den Ecken kleiner Brettchen geführt; gezieltes Drehen der Brettchen öffnet verschiedene Fächer für den Schussfaden und ermöglicht teils hoch komplexe Muster.

Briquetage Salzsiedekeramik zur Salzgewinnung durch Einkochen von →Sole.

brünieren (mehrfaches) Eintauchen glühenden Eisens oder Stahls in Öl o. ä.; Oberflächenbehandlung als Zierde und Rostschutz.

Carnyx →Karnyx.

Chagrinage flächendeckende →Punzierung.

chthonisch der Unterwelt, dem Totenreich zugehörig.

Damaszierung →feuerverschweißen von Eisen und →Stahl, um Elastizität mit Härte zu verbinden; bei Kelten nur als einfacher Streifen- oder Stabdamast.

Dendrochronologie Altersbestimmung von Holz durch Jahrringvergleich.

Diadochen Nachfolger Alexanders d. Großen, die sein Reich unter sich aufteilten und sich gegenseitig bekämpften.

Eklektizismus allg.: willkürliches Zusammenstellen von Einzelelementen unterschiedlicher Herkunft.

Email farbiger Glasfluss, für Ziereinlagen in Metallgegenständen.

ferrum noricum (lat.) von den Römern besonders geschätzte Eisensorte aus Noricum (Kärnten).

feuerverschweißen verschweißen von Eisen oder Stahl im Schmiedefeuer, durch zusammenhämmern bei Weißglut.

furor (lat.) Kampfeswut, Raserei.

Glosse Anmerkungen und Erklärungen zum Text in Handschriften.

graecophil »griechenfreundlich«, mit Vorliebe für alles Griechische.

Heilige Hochzeit Hochzeit zwischen Göttern oder Göttern und Menschen.

Hercynischer Wald ungefähr der Mittelgebirgsgürtel Deutschlands und Böhmens, gelegentlich bis zu den Karpaten.

Hierogamie, *hieros gamos* (griech.) →Heilige Hochzeit.

Hydrophore »Wasserträgerin« in der griech. Kunst; Trankspenderin.

Initiation Aufnahme eines Außenstehenden in die Gemeinschaft, insbesondere der Jugendlichen in die Welt der Erwachsenen mittels Initiationsriten (religiösen Bräuchen)

interpretatio romana Gleichsetzung fremder Gottheiten mit und Benennung nach römischen Göttern, die ungefähr ähnliche »Aufgabenbereiche« haben.

ithyphallisch »mit aufgerichtetem Glied«, bei Statuen und Bildern als Symbol für Stärke, Lebenskraft, Fruchtbarkeit.

Januskopf nach dem römischen Gott Janus mit den zwei Gesichtern.

Karnyx keltische Kriegstrompete mit Tierkopf als Schalltrichter.

keimelia (griech.) Gastgeschenke.

keltiké (griech.) keltischer Lebensraum, Gebiet der keltischen Kultur.

Kline Liegestatt, auch beim →*symposion* (vgl. »Klinik«).

Knieholm urtümliche Schäftung für Beile, Hämmer etc. aus einem dünnen Stammabschnitt als Griff mit Astansatz, an dem die Beilklinge o. ä. befestigt wird (s. Bild S. 107, quer liegend).

Koprolithen fossile Exkremente.

Krater (griech.) Kessel oder Krug aus Ton, Bronze oder Edelmetall zum Mischen von Wein und Wasser bei Gelagen

Lautverschiebung Phänomen in der Entwicklung von Sprachen: Ein Lautwert wird mit der Zeit durch einen andern verdrängt, etwa q durch p.

Oligarchie Herrschaft »der Wenigen«, einer kleinen Gruppe.

oppidum stadtartige, befestigte keltische Großsiedlungen, 2./1. Jh. v. Chr.

Paläopathologie Lehre von den Krankheiten und Leiden (lange) Verstorbener (ohne gerichtlichen Hintergrund).

Pantheon alle »offiziell« verehrten Götter, etwa der Römer (»römisches P.«).

Parther Reitervolk südlich des Kaspischen Meeres, 3. Jh. v. – 3. Jh. n. Chr.

Periplus Küstenbeschreibung, von See aus gesehen.

Pikten von lat. *picti* »die Bemalten«, Ureinwohner unklarer Herkunft und Sprache im Norden Schottlands.

Pollenprofil, -diagramm Bestimmung und Auszählung von Blütenpollen in aufeinanderfolgenden Schichten, etwa eines Moores, um die Vegetation und ihre natürlichen oder →anthropogenen Veränderungen zu rekonstruieren.

postmortal nach Eintritt des Todes.

Potin Münzmetall, Bronze mit hohem Zinnanteil; oft gegossen statt geprägt.

punzen Verzierung durch Einschlagen kleiner Muster mit Metallstempeln.

Radiocarbon-Datierung Altersbestimmung anhand der Zerfallskurve natürlichen radioaktiven Kohlenstoffs (^{14}C) in Resten von Pflanzen oder Lebewesen.

Regenbogenschüsselchen keltische Goldmünzen, durch das Prägen leicht schüsselförmig; im Volksglauben am Ende eines Regenbogens zu finden.

sakrosankt hochheilig, unantastbar.

Situla Bronzeeimer für Wein o. ä., gern mit Figurenfriesen verziert.

Scoten, Skoten Iren, die seit dem 4. Jh. n. Chr. nach Schottland einwanderten und diesem den Namen gaben.

Sole salzhaltiges Wasser, meist aus natürlichen Salzquellen.

Stahl (härtbares) Eisen mit einem Kohlenstoffgehalt von min. 0,15–0,2 %.

Stele frei stehende Platte, Säule oder Figur, v. a. als Grabdenkmal.

symplegma (griech.) Beischlaf.

symposion (griech.) Gastmahl, bei dem man meist auf →Klinen lag.

tesserae (lat.) »Freundschaftstäfelchen«, vor allem in Iberien; tragen eine Bestätigung gegenseitiger Verpflichtung zu Gastfreundschaft und Beistand.

Tetrarch Anführer eines von je vier Teilstämmen, in die die drei Hauptstämme der Galater Kleinasiens gegliedert waren.

Timokratie abgestuftes Wahl- oder Mitwirkungsrecht nach Vermögensklasse.

Toilettebesteck Set aus Pinzette, Ohrlöffelchen und Nagelschneider.

Torques metallener Halsring, glatt oder gewendelt, meist vorne offen. Würdezeichen, auch im Orient; seit 1. Jh. v. Chr. militärische Auszeichnung bei Römern. In antiken Darstellungen keltisches »Markenzeichen«, ab dem 3. Jh. v. Chr. mehr und mehr bei Göttern. Als Grabfund bei Frauen häufiger als bei Männern.

Trepanation Öffnen des Schädels durch Schaben, Bohren oder Sägen.

tropaion (griech.) Siegesmal mit erbeuteten Waffen und Ausrüstungsstücken.

Überfangguss Verfahren, um Werkstücke fest zu verbinden, indem ein Teil des einen in die Gussform des anderen ragt und mit eingegossen wird.

Wandgräbchen schmaler Graben, worin die Wände vorgeschichtlicher Häuser in den Boden eingelassen waren; als Bodenverfärbung bei Ausgrabungen erkennbar, ermöglicht dann die Rekonstruktion des Grundrisses.

Register

Kursive Seitenzahlen verweisen auf Abbildungen.

Personenregister

Ortsregister

Sachregister

Nachwort

Wir möchten allen danken, die uns dabei unterstützt haben: mit Rat und Tat, Informationen und anregenden Diskussionen sowie viel Verständnis und Geduld.

Bildnachweis

akg: 6, 63, 85, 98, 143,152 – Aus: AiD 1/2005, S. 4: 172 – Alamy: 75 – Arch. Museum der Westfälischen Wilhelms-Universität Münster, Inv. 386, Photo U. Gericks: 90 – Arch. Staatssammlung München: 58, 110, 118, 119, 128, 134, 163 – J. Bahlo (RGK): 118 – Aus: J. Banck-Burgess, Hochdorf IV. (1999), S. 78: 140 – L. Beckel, Bad Ischl: 23 – Aus: H. Birkhan, Kelten. Bilder ihrer Kultur (1999), Abb. 298: 65/Abb. 586: 50 – bpk: 34, 40, 43, 49 – Aus: H. Brandt, Frauen in der keltischen Eisenzeit: S. 100 – British Museum: 39, 70 – W. David: 129 – A. Dunn, Cambridge: 14 – Aus: Die Kelten, Auf den Spuren der Keltenfürsten (2005), S. 80: 122 – Ed. Errance, Paris: 59, 156 – R. Hajdu, Stuttgart: 113, 148 – Heuneburgmuseum Hundersingen: 120 – Hist. Museum Basel: 57 – Hist. Museum Bern: 27, 67, 175 – Aus: G. Jacobi, Werkzeug und Gerät aus dem Oppidum von Manching (1974): 109 – Keltenmuseum Hallein: 62, 137, 140 – Aus: H. Koch, Grabfunde der Hallstattzeit aus dem Isartal bei Niedererlbach, Lkr. Landshut (1992), Abb. 17: 96 – Aus: W. Krämer, Das keltische Gräberfeld von Nebringen (1964), Tf. 8: 97 – B. Kull: 139 – Aus: H. Lorenz, Rundgang durch eine keltische Stadt (1986), Abb. 43: 134 – Landesamt für Denkmalpflege Hessen: 76, 150, 151 (Foto: U. Seitz-Gray) – Landesamt für Denkmalpflege im Regierungspräsidium Stuttgart: 5, 30, 31, 82, 112, 124, 125 (Überarbeitung: P. Palm), 145, 149, 165 – Landesinstitut für Pädagogik und Medien Saarbrücken, K. Heinzel: 132 – Landesmuseum Mainz: 130 – Landesmuseum Württemberg: 36, 153, 159 – Laténium: 21, 87, 116 – Aus: W. Lucke/O.-H. Frey, Die Situla von Providence (1962), Tf. 73: 136 – Luftbild Schweiz, Dübendorf: 15 – Mainfränkisches Museum Würzburg: 105 – M. Hees, Heilbronn: 171 – Musée Calvet, Avignon: 87 – Musée cantonal d'archéologie et d'historie Lausanne: 55, 111, 119 – Muzeul Nat. de Ist. a Rom, Bukarest: 47 – Nat. Museum of Ireland: 74 – Naturhistorisches Museum Wien: 107 – J.Obmann: 18 – Picture-alliance: 2, 10, 17, 24, 26, 41, 53, 81, 101, 107, 160, 161, 176 – Picture Desk/The Art Archive: 167 – Posavski muzej BreÏice: 48 – J. Rehmet, Tübingen: 29, 180/81 – Rhein. Landesmuseum Bonn: 34 – Rhein. Landesmuseum Trier: 127, 137 – RP Karlsruhe, Ref. Denkmalpflege (Zeichnung: R. Barcsay-Regner): 105 – Salzburg Museum: 35 – Schweiz. Landesmuseum Zürich: 86, 103, 164 – K. Sieber-Seitz, ARCHÄO Rottenburg: 84, 138 – Stadtmuseum Wiener Neustadt: 144 – Aus: S. James, Das Zeitalter der Kelten (1998), S. 53: 79/S. 57: 73/S. 77: 88–89/S. 112: 71/S. 139: 95 – Aus: The Celts (1999): 45 – Universitätsbibl. Amsterdam: 13 – Westfälische Wilhelms-Universität Münster: 9 – Aus: G. Wieland (Hg.), Keltische Viereckschanzen (1999): 123 (Tf. 12/13, Zeichnung: J. Sailer), 157 (Tf. 16, Aquarell: C. Nomdedeu) – M. Zaugg, Bern; M. Binggeli, Bern; G. Embleton, Prêles: 139 – A. u. M. Zimmermann, Vex leg VIII Aug. Römermuseum Mengen-Ennetach: 68

Bibliografische Information der Deutschen Nationalbliothek
Die Deutsche Nationalbliothek verzeichnet diese Publikation in der Deutschen Nationalbibliografie; detaillierte bibliografische Daten sind im Internet über http://dnb.d-nb.de abrufbar.

Umschlaggestaltung: Stefan Schmid, Stuttgart, unter Verwendung von Abbildungen von Walter Gasche, Büdingen (Grabhügel Glauberg), der picture-alliance (Gundestrup-Kessel, Detail; Initial aus dem Book of Kells) sowie des Landesamts für Denkmalpflege Hessen (Statue vom Glauberg)

2., aktualisierte Auflage 2012

Lektorat: Thomas Theise, Regensburg
Kartografie und Zeittafel: Peter Palm, Berlin
Reihen-Gestaltung und Satz: Katrin Kleinschrot, Stuttgart
und Primustype Hurler GmbH, Notzingen (Neuauflage)
Reproduktionen: Reproteam Siefert, Ulm
Druck und Bindung: Offinzin Andersen Nexö Leipzig GmbH, Zwenkau
ISBN: 978-3-8062-2721-5

Besuchen Sie uns im Internet: www.theiss.de